西南大學創新團隊項目『古文字與出土文獻研究』（SWU2009108）

出土文獻綜合研究集刊

劉釗題

西南大學出土文獻綜合研究中心
西南大學漢語言文獻研究所
主辦

第十四輯

巴蜀書社

中文社會科學引文索引（CSSCI）來源集刊

出土文獻綜合研究集刊

古文字和出土文獻研究的第一要義是求真、務實，亟望你們的刊物能辨出自己的特色，儘可能刊登有價值的文章。

裘錫圭

二〇二〇年一月十八日

目　録

Contents

談談豆形器的自名以及它與燈名的關係
——以出土資料爲中心 *

謝明文

摘　要： 文章通過對豆形器的自名作全面的整理與研究，並對燈名與豆形器自名的關係作深入分析，可以發現豆形器自名中，用共名者有“彝”“器”兩類，用其他器類之名代稱者有“簋”“敦”兩類，用專名者有“豆”“鋪”“登/鐙”“鉦/錠”“巻”“用/庸”“鋁/盉”等類，其中“豆”“鋪”“登/鐙”“鉦/錠”四類自名可以肯定在燈的自名中沿襲下來，“巻”“用/庸”兩類自名則疑似在燈的自名中沿襲下來。

關鍵詞： 金文；豆形器；自名

周代金文中，豆形器的自名既可用專名，亦可用通名，還可用其他器類之名代稱，情況比較複雜，即便是專名者，亦有多種不同的稱呼。下面我們分類揭示豆形器的自名，並對燈名與豆形器專名間的關係略作討論。

---

* 本文爲國家社科基金冷門絶學研究專項學術團隊項目“中國出土典籍的分類整理與綜合研究”（20VJXT018）、國家社科基金一般項目“商周甲骨文、金文字詞關係研究”（21BYY133）的階段性研究成果。拙文蒙匿名審稿專家批評指正，謹此致謝。本文初稿曾於2018年12月21、28日在研究生課程《殷周金文選讀》上講授。2020年11月中旬據《銘三》等新著録的一些資料加以增補。《山西珍貴文物檔案（8）》（山西省文物局編，科學出版社，2019年，第86頁）新著録了一件山西曲沃晉侯墓地出土的晉侯喜父鋪及銘文照片（銘文倒置），其銘作“唯五月初吉庚寅，晉侯喜父作朕文考剌侯寶□，子子孫孫其永寶用”，“剌侯寶”後面之字照片上不清晰。聯繫晉侯墓地出土的晉侯喜父盤（《銘圖》14501）、晉侯喜父盉（《銘圖》14784）、晉侯喜父匜（《山西珍貴文物檔案（8）》，第137頁），銘文“剌侯寶”後面皆爲器物專名，除此之外其餘銘文與晉侯喜父鋪銘文相同來看，我們認爲晉侯喜父鋪銘文“剌侯寶”後面之字也應是器物專名而非共名。至於它是不是從“甫”之字抑或其他的字，則有待更清晰的銘文照片或拓本的公布。另《銘三》0599著録一件豆銘，其中“冢”後之字是否是豆形器的自名，有待進一步研究。另本文曾提交並宣讀於福建師範大學主辦的“《中國文字》出刊100期暨文字學國際學術研討會”（福州，2020年12月12日）。

一、專名類

（一）豆（9器）

《説文》：“豆，古食肉器也。从口，象形。”從古文字看，“豆”是豆形器的象形字，金文中它作豆形器自名者，見於以下諸例：

（1）凡父作旅豆①。（凡父豆，《銘三》②0596，西中③）

（2）孟免旁作父旅母豆④，眉壽萬年永寶用。（孟免旁豆，《銘三》0605，西中）

（3）太師虘作烝尊豆，用召格朕文祖考，用祈多福，用匄永命，虘其永寶用享。（大師虘豆，《集成》⑤04692，《銘圖》06158⑥，西中後段）

（4）單旲生作羞豆，用享。（單旲生豆⑦，《集成》04672，《銘圖》06129，西晚）

（5）周生作尊豆，用享于宗室。（周生豆甲，《集成》04682，《銘圖》06141；周生豆乙，《集成》04683，《銘圖》06142，西晚）

（6）姬寏母作太公、庸公、[奉]公、魯仲、憲伯、孝公、静公豆，用祈眉壽，永命多福，永寶用⑧。（姬寏母豆，《集成》04693，《銘圖》06159，西晚）

（7）史盄父作寶豆，其萬年子子孫孫永寶用。（史盄父豆，《銘三》0607，西晚）

---

①“旅”後之字不太清晰，《銘三》釋作“豆”，此暫從之。此器在器形上實與自名與鋪的那一類豆形器接近。

②《銘三》是吴鎮烽《商周青銅器銘文暨圖像集成三編》（上海古籍出版社，2020年）的簡稱。

③西中表示西周中期，其他依此類推。

④《銘三》備注認爲“父旅母豆”似應作“父母旅豆”。

⑤《集成》是中國社會科學院考古研究所《殷周金文集成》（中華書局，1984-1994年）的簡稱。

⑥《銘圖》是吴鎮烽《商周青銅器銘文暨圖像集成》（上海古籍出版社，2012年）的簡稱。

⑦此器在器形上實與自名與鋪的那一類豆形器接近。

⑧銘文據1992年9月陝西扶風縣召公鄉巨浪海家村出土的師宝鐘（《銘圖》15266）銘文校正。

（8）郙比父作孟姜豆，子子孫孫永亯用。（郙比父豆，《善齋吉金録》9.17[①]，春秋早）

膏燈之“燈”與豆形器關係非常密切，孫機（2008:405）曾指出：

燈是從食器中的豆轉化來的。《爾雅·釋器》：“瓦豆謂之登。”郭璞注：“即膏燈也。”它大約出現於春秋；至戰國時，燈的式樣就比較繁多了。但直到西漢，燈的基本形制還和豆差別不大，所以河北鹿泉高莊西漢常山王劉舜墓出土銅燈的銘文中仍自名爲“燭豆”。

孫機説法可從。燈是從食器中的豆轉化來的，因此“燈”的自名與豆形食器的自名關係當非常密切，前者常承襲後者的自名而來，也就是説“燈”的許多自名與豆形食器的自名是一脉相承的。如“豆”是豆形食器的一類自名（參看上文），“燈”的自名亦常作“豆”（參看徐正考，2007:404-405）[②]。了解這一點非常重要，因爲這是本文論證過程中的核心指導思想，下文我們將多次提及這一點。

（二）鋪[③]（27器）

從器形看，“鋪”應屬於豆形器（參看張懋鎔，2006:134；張翀，2015:36）[④]。其自名有“甫”“箭”“痡”“匬”“盙”“鋪”“鈇”七類寫法，表示青銅器自名之字常可以“金”“皿”“匚”作義符，因此“匬”“盙”“鋪”“鈇”可看作這類豆形器的專字，它們彼此是異體關係。“箭”表示這種豆形器亦可以竹爲材質，它與“匬”“盙”“鋪”“鈇”亦當是異體關係，“甫”“痡”表示“鋪”則屬於假借。這些字用作豆形器自名的辭例如下：

1. 甫（10器）

（1）□叔頌父作杜孟祁尊甫（鋪），子子孫孫永寶用享。（叔頌父鋪，《銘圖》06147，西晚）

①劉體智《善齋吉金録》二十八卷（1934年）。郙比父豆是否僞銘，有待進一步研究。《善齋吉金録》9.18著録了一件齊侯豆，自名亦作“豆”。從銘文來看，齊侯豆定是僞作。

②上林燈（《陝西金文集成》1867）自名作“”，張天恩（2016:101）釋作“燈”。據字形，它當改釋作“斢”。商周金文中，用作器名之字常可加義符“斗（或升）”，“斢”可能與之相類，也係在豆形食器自名“豆”上添加義符“斗”而來。由於“豆”“斗”音近，“斢”也可能係在“豆”上添加聲符“斗”而來，或可看作是“豆”“斗”皆聲的雙聲字。不管屬於哪一種情况，上林燈“斢”當用作“豆”，它顯然亦是源於豆形食器的自名“豆”。

③虢姜鋪（《銘圖》06128，西晚）“虢姜作旅□，永寶用”，其中自名之字作“”，待考。《善齋吉金録》9.19著録了一件叔賓父鋪，自名爲“盨”，銘文似僞。

④下文引及的鄴陵君鈇自名作“鈇（鋪）”，但器形與同時的豆接近，可知把鋪類器看作豆形器是合理的。此外，“豆”“鋪”兩類名稱在銅燈自名中都得到傳承（參看正文），而燈是從食器中的豆轉化來的，這亦可知把鋪類器歸入豆形器是合理的。

（2）飳叔作德人旅甫（鋪）。（飳叔鋪，《集成》04669，《銘圖》06124，西晚）

（3）姜休母作羞甫（鋪）。（姜休母鋪甲，《銘圖》06119；姜休母鋪乙，《銘圖》06120，西晚）

（4）王季姜作羞甫（鋪）。（王季姜鋪甲，《銘三》0597①；王季姜鋪乙，《銘三》0598，西晚）

（5）曾仲斿父自作寶甫（鋪）。（曾仲斿父鋪甲，《集成》04673，《銘圖》06130；曾仲斿父鋪乙，《集成》04674，《銘圖》06131，春秋早）

（6）虢季作甫（鋪），子子孫孫用享。（虢季鋪甲，《銘圖》06144；虢季鋪乙，《銘圖》06145，春秋早）

2. 簠（5器）

（7）微伯瘐作簠（鋪），其萬年永寶。（微伯瘐鋪，《集成》04681，《銘圖》06140，西中）

（8）有殷天乙湯孫宋公固，作濫叔子饆簠（鋪），其眉壽萬年，子子孫孫永保用之。（宋公固鋪甲，《銘圖》06157，蓋器同銘；宋公固鋪乙，《銘圖續》0531；宋公固鋪丙，《銘圖續》0532，蓋器同銘；宋公固鋪丁，《銘三》0612，蓋器同銘，春秋晚）

3. 脯（1器）

（9）唯九月初吉庚寅，晉侯對作鑄尊脯（鋪），用旨食大饕，其永寶用。（晉侯對鋪，《銘圖》06153，西晚）

4. 匩（3器）

（10）魯大司徒厚氏元作膳匩（鋪），其眉壽萬年無疆，子子孫孫永寶用之。（厚氏元鋪甲，《集成》04690，《銘圖》06154，蓋器同銘；厚氏元鋪乙，《集成》04691，《銘圖》06155，蓋器同銘；厚氏元鋪丙②，《集成》04689，《銘圖》06156，春秋中）

①看校補記：《銘三》0597著録的王季姜鋪甲銘文拓本有誤，實是王季姜鋪乙（《銘三》0598）銘文的誤置，參看山西省文物局（2020:134-135）。

②厚氏元鋪丙“子”“孫”下無重文號。

5. 亩（3器）

（11）虢仲作旅亩（鋪）。（虢仲鋪，《銘圖續》0527，春秋早）

（12）曾公得自作薦亩（鋪）。（曾公得鋪，《銘三》0600，春秋早）

（13）門臺[1]之亩（鋪）。（門臺鋪[2]，戰國）

6. 鋪（3器）

（14）[illegible]公作杜祁尊鋪，永寶用。（[illegible]公鋪，《集成》04684，《銘圖》06143，西晚）

（15）遣盄父作寶鋪，其萬年永寶用。（遣盄父鋪，《銘圖續》0528，西晚）

（16）楙大叔弃作雷叔姜寶鋪，其萬年眉壽無疆，子子孫孫永保用亯。（楙大叔弃鋪，《銘三》0611，春秋早）

7. 鈇（2器）

（17）𨛭陵君王子申攸𢦏造鈇盍（合？），攸泣歲嘗，以祀皇祖，以會父兄，永用之館，攸無疆。（𨛭陵君鈇甲，《集成》04695，《銘圖》06160；𨛭陵君鈇乙，《集成》04694，《銘圖》06161，戰國晚）

例（17）𨛭陵君鈇是豆形器，其中“鈇”是自名，李家浩（1986:84）指出即青銅器中自名爲“笸”“匩”的那類“淺盤平底豆形器”，這類器物又見於信陽楚墓遣册，寫作從“竹”“夫”聲。此説可從。漢代銅燈銘文中有如下兩例：

（18）銅行燭薄，重二（？）斤九兩。九年工從造，第二鼻。（九年行燭薄，《陝西金文集成》[3]0982）

（19）行燭薄，重一斤十二兩半。元年工從造，第丙。（元年行燭薄[4]）

從器形看，九年行燭薄就是漢代習見的那類淺盤、有短足、有鋬的器物，其自名有“行鐙”“行錠”“行燭”等稱呼。郭永秉（2017、2018）對九年行燭薄、元年行燭薄的自名“薄”有詳細討論，他根據漢代的燈是從食器“豆”轉

①“臺”字釋讀蒙傅修才先生告知，謹致謝忱。

②游國慶（2015:110-111）。

③張天恩（2016）。

④轉引自下引郭永秉文。

化的，從而指出上述兩例“薄”應該讀作金文中那類淺盤平底豆形器名稱“鋪”[①]。郭説無疑是正確的，這是燈的自名承襲豆形器自名的又一個實例。

（三）登/鐙

目前金文資料中尚未見“登/鐙”用作豆形器自名的確定例子，但在古書中却有迹可循。《爾雅·釋器》：“瓦豆謂之登。”《詩經·大雅·生民》：“卬盛于豆，于豆于登。”毛傳：“木曰豆，瓦曰登。豆，薦葅醢也。登，大羹也。”《儀禮·公食大夫禮》：“大羹湆不和，實于鐙。宰右執鐙，左執蓋，由門入，升自阼階。”鄭注：“瓦豆謂之鐙。”這是傳世古書中豆形器稱作“登/鐙”之例。古書中燈亦可稱作“鐙”。如《楚辭·招魂》：“蘭膏明燭，華鐙錯些。”《急就篇》“鍛鑄鉛錫鐙錠鐎”，顔師古注：“鐙，所以盛膏夜然燎者也，其形若杅而中施釭。有柎者曰鐙，無柎者曰錠。柎謂下施足也。”漢代銅器銘文中豆形燈自名亦常作“登/鐙”（參看徐正考，2007:395-401），羅泊灣一號漢墓《從器志》“燭徵”即“燭鐙”（參看李家浩，1986:85），則以“徵”爲豆形燈之“鐙”。很顯然，燈的自名“登/鐙”亦當是承襲豆形器的自名“登/鐙”而來。

（四）鉦/錠（3器）

（1）唯正月吉日丁亥，饚子嬰（？）作鑄行鉦，眉壽無疆，子子孫孫永保用之。（饚子鉦甲，《銘圖續》0530，蓋器同銘，春秋晚）

（2）唯王正月丁亥日，[饚]子鑄其饙鉦，子子孫孫永保用之。（饚子鉦乙，《銘三》0609，蓋器同銘，春秋晚）

（3）唯正月吉日[丁]亥，饚子嬰（？）作行（？）鉦，眉壽無疆，子子孫孫永保用之。（饚子鉦丙，《銘三》0610，春秋晚）

上述三器顯係同人所作。從器形看，上述三件饚子鉦屬於豆形器。例（1）的“鉦”，吴鎮烽（2016:304）讀作“鐙”，查飛能（2019:119-120）贊同此説。例（2）、（3）之“鉦”，吴鎮烽（2020:241、244）讀作“豆”。“鉦”字既能作樂器自名，也能作三足爵形器的自名（參看謝明文，2015a:4-12；謝明文，2017:298-308）。例（1）至例（3）三器之“鉦”是作豆形器的自名，與樂器之“鉦”、三足爵形器之“鉦”表示的顯然不是同一個詞，彼此可看作同形字關係。

“登/鐙”作爲豆形器的自名，見於傳世古書（參看前文）。又“正”與

①郭永秉：《何謂“行燭薄”？》，復旦大學2017漢語史國際研討會論文集，第44-49頁。郭永秉：《〈陜西金文集成〉識小録》第四則《何謂“行燭薄”》，第二届小學專書與文獻考訂學術研討會論文集（北京，2017年10月28-29日），第44-47頁。郭永秉：《〈陜西金文集成〉識小録》之《何謂“行燭薄”》，第二届古代文明研究前沿論壇會議論文集（貴陽，2018年3月30-4月2日），第105-109頁。

“證”，研究者或認爲可通（參看張儒、劉毓慶，2002:80），古書中“证”“證”又有異文關係，因此吴鎮烽（2016:304）將例（1）的“鉦”讀作“鐙”似乎很有道理。但“正”上古屬於耕部，“登”屬於蒸部，兩者韻部並不是很近，在出土先秦文字資料中兩系字亦缺乏直接相通的例子。因此將從“正”聲的“鉦”讀作“登/鐙”實可疑。而“鉦”與“豆”讀音更不近，吴鎮烽（2020:241、244）將“鉦”讀作“豆”顯然不妥。

《説文》:“定，安也。从宀、从正。”小徐本作“從宀、正聲”。“定”當從“正”聲，出土文獻中“定”“正”兩系字亦關係密切（參看白於藍，2017:1154）。比起“登/鐙”來，“鉦”與“錠”的語音關係要密切得多，我們認爲上述三件鼄子鉦之“鉦”應該讀作“錠”。《説文》:“錠，鐙也。从金、定聲。”“鐙，錠也。从金、登聲。”“錠”“鐙”互訓①。在漢代銅器銘文中，燈自名爲“鐙”者多見，自名爲“錠”者亦多見（參看徐正考，2007:395-408）。隆慮家連釘（《漢金文録》3.31.4）、館陶家行釘（《漢金文録》3.37.1）器形爲燈，自名爲“釘”。古文字中“定”亦可從“丁”聲作“”類形，亦可加注“丁”聲作“”類形（參看湯志彪，2013:1105-1106）。《詩經·鄘風·定之方中》“定之方中”之“定”，安大簡《詩經》作“丁”（黄德寬、徐在國，2019:51）。《詩經·周南·兔罝》“椓之丁丁”之“丁”，安大簡《詩經》作“正”（黄德寬、徐在國，2019:10）。作爲燈自名的“釘”與作爲燈自名的“錠”以及鼄子鉦銘文中作爲豆形器自名的“鉦”表示的也應該是同一個詞。根據我們關於鼄子鉦之“鉦”的釋讀意見，可見燈自名爲“錠”或“釘”，實亦是承襲豆形器的自名“鉦（錠）”而來，這與燈的自名“豆”“鋪”“鐙”承襲豆形器的白名而來同例。

（五）巹（2器）

（1）哀成叔之盤（巹）。（哀成叔豆，《集成》04663，《銘圖》06116，春秋晚）

（2）富子之上官隻之畫鍇銅（？）鉄（巹）十，以爲大役②之從鉄（巹），莫其𥐰。（上官豆，《集成》04688，《銘圖》06149，戰國）

哀成叔豆“盤”、上官豆“鉄”皆作爲豆形器的自名，它們顯然是一字異體，洛陽博物館（1981:66）、李家浩（1986:84-85）、李學勤（1983:98；

①陽信家燈（《陝西金文集成》1159）是一件豆形燈，其銘作“陽信家銅錠，高尺六寸，重九斤”，其中“錠”，《陝西金文集成》（10卷159頁）讀作“燈”，不可信。《説文》“錠”“鐙”互訓，又“錠”在漢代作燈的自名多見，陽信家燈“錠”實没有必要破讀。

②參看劉洪濤（2013:80-84）。

1990:237）、何琳儀（1998:151）釋讀作“瓦豆”之“登”或“鐙”字。林澐（1990）則認爲上官豆“鉷”應釋作《説文》訓爲“豆屬”的“豋（巻）”[①]，裘錫圭（2012:435）贊同此説，董蓮池（2011:576）從林説。

粡室門鍵（《集成》10456，《銘圖》19444）銘文作“粡室門”，其中“門”後自名之字，舊一般釋作“鉼（鉷）”，董蓮池（2011:576）隸作“鉷”，認爲：“讀爲楗或扃。”我們將它與哀成叔豆“𧯷”、上官豆“鉷”以及清華簡《芮良夫毖》簡22“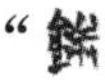”字聯繫起來，認爲它們係一字，這些字形所從偏旁是“关（廾）”而不是“弆”。又根據古文字中“●”演變爲“一”比較自然，反之則不太自然的字形演變條例，指出“廾”形中間從“●”可能是比較早的寫法，而中間部分從“一”是相對較晚的寫法，“”演變作“”則與“益”字的變化同例，“”中的一横如作兩横則演變作東周時期“廾”最典型的寫法“”（參看謝明文，2015b:33-36；2017:339-343）。

值得注意的是，在盤、盆自名的位置也出現“𧯷”字。

（3）轉作寶艦（𧯷/巻）。（轉盤，《集成》10055，《銘圖》14359，西早）

（4）仲阪父作戎伯寶益（𥁕/巻），萬年子子孫孫永享用。（仲阪父盆，《小校經閣金文拓本》9.95.6，蓋器同銘，西晚）

（5）斁仲姜作好𧯷（巻），永寶用。（斁仲姜盆，《銘圖續》0537，西晚）

轉盤“寶”後之字，原作“”，董蓮池（1995:250）認爲即𧯷字省去“”旁。董蓮池（2011:614）亦認爲右上從“关”省聲，並將它與哀成叔豆“𧯷”等相關之字一併歸入“𥁕”字頭下。

仲阪父盆銘文曾著録於劉體智《小校經閣金文拓本》9.95.6、《善齋吉金録》9.58，“寶”後之字，蓋銘、器銘分别作“”“”，據形可隸作“益”。由於自名比較特殊，我們於2010年就開始特别關注此盆銘文，並於2011年獲得了它不清晰的銘文照片，且得知該盆“器身原係衛聚賢收藏，器蓋爲孔德成收藏，後均由衛氏所收。由衛聚賢1951年捐獻給西南博物院（今重慶中國三峽博物館）”。當時我與鄔可晶先生曾將仲阪父盆自名當作“益”字並有所討論，而轉盤“寶”後處於自名位置之字我也以爲是從“益”的，並且把兩器自名聯繫起來。我的這種認識一直到2016年才得以改變。因爲同年9月斁仲姜盆銘文出現於網絡，其自名之字作“”，它與哀成叔豆“𧯷（巻）”顯係一

①林澐：《新版〈金文編〉正文部分釋字商榷》第73、201條，中國古文字學會第八届年會論文，1990年。

字。由㲋仲姜盆自名“𥂴（卷）”字遂悟仲阪父盆自名所謂“益”當看作“关”省聲，轉盤“寶”後所謂“艗”應如董蓮池（1995:250；2011:614）所言看作“𥂴”字之省①。我們當時覺得相關資料比較重要，於是作了資料長編，並取名《談談盆形器的一類自名》，準備寫一篇小文。㲋仲姜盆後來正式著録於2016年9月出版的《銘圖續》0537號，2016年11月19-20日西南大學舉辦“商周青銅器與先秦史研究青年論壇”會議，我在評論石小力先生《〈商周青銅器銘文暨圖像集成續編〉釋文校訂》一文時也强調以上相關諸字應聯繫起來看作從“关（𢍏）”得聲。同一字處於“豆”“盆”“盤”三種器物銘文的自名位置，它們之間的關係該如何梳理，如盆形器自名作“𥂴（卷）”究竟是看作代稱還是將它讀爲其他的詞看作一種異稱，抑或有另外其他的原因，由於我自己没有找到一種滿意的解釋，故資料長編一直擱置未敢正式成文。

近來周博（2018:91-92）又著文對仲阪父盆加以重新著録，公布了銘文彩照，並認爲盆銘自名之字似可讀爲“彝”。盆銘的重新公布引起了研究者的關注。如付强（2018）將仲阪父盆自名之字與㲋仲姜盆自名“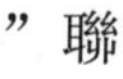”聯繫起來，認爲它們從“弅”，仲阪父盆自名之字可讀爲“盆”②。李春桃（2018）將仲阪父盆“”、㲋仲姜盆“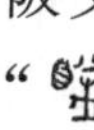”、轉盤“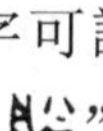”聯繫起來，認爲它們從“关（𢍏）”得聲，並對“𥂴（卷）”出現在“豆”“盆”“盤”三種器物銘文的自名位置加以解釋，認爲“盆”具有食器功能，“豆”也屬於食器，所以㲋仲姜盆、仲阪父盆自名作“卷”，與豆類器自名相同，是屬於器物之間代稱之例。而轉盤“轉作寶𥂴”之“𥂴”讀爲“盥”，屬於器名修飾語，只是器名用字省略而已③。馬超、鄒芙都（2019:19-25）認爲轉盤“艗”字從“益”聲讀爲“盤”，㲋仲姜盆“𥂴”從“关”聲讀作“盆”，仲阪父盆之字釋作“益”讀爲“盆”。

馬超、鄒芙都（2019:19-25）在語音方面的論證過於寬泛，且將皆用作盆形器自名而在形體上又有緊密聯繫的兩個字形分别看待，恐有不妥。金文中器名用字省略的現象常見，因此李春桃（2018）關於轉盤“𥂴”的意見似可備一説。但問題是“盥/浣+器名”的辭例從目前已發表金文資料看，其出現時間似不早於西周中期。“盥/浣”作爲盤、匜等器物的修飾語基本上是出現在東周金文中，西周

①謝明文（2018:238）認爲益餘敦（《銘圖》06072）“”字左上之“亼”即“（关）”省，文章中雖没有舉例子，但在寫作時的根據就是仲阪父盆、轉盤之字與㲋仲姜盆之字之間的關係。

②付强：《談談仲阪父盆的自名》，“古文字强刊”微信公衆號，2018年11月10日。

③李春桃：《談青銅器盆的一種自名》（未刊稿）。蒙李先生惠賜大作（2018年11月21日），謹致謝忱。李先生文後來提交於南京大學文學院、南京大學漢語史研究所主辦的“紀念方光燾、黄淬伯先生誕辰120周年國際學術研討會”，2018年12月29-30日。

中晚期金文僅見個别用例（如欒伯盤，《集成》10167，《銘圖》14527）。而轉盤一般認爲屬於西周早期器，因此將其銘中的“盤”讀作“盥/浣”也就不無可疑了。此説是否正確，還有待將來有更多的材料，作進一步的研究。

器物之間的代稱現象在金文中也是常見的，李春桃（2018）已經引及前人的衆多研究成果，並且對此類例子加以補充。我們在此再補充兩例器名代稱現象。宋人所謂觶這類青銅器，根據其自名，可知在西周當時應該有一類自名稱作“鑵”。曩仲飲壺（《集成》06511）、伯作姬飲壺（《集成》06456）自名爲“壺”，但器形與舊所謂“觶”即“鑵”相近。謝明文（2017a:344–353）認爲鑵類器自名爲壺大概是由於鑵、壺兩者功能相近而代稱的緣故。山西盜掘出土的一件西周青銅壺（參看山西省公安廳、山西省文物局，2018:130–131），壺上端帶所謂觶即我們所説的鑵，這亦可證鑵、壺之間確有密切關係，那麽鑵類器自名用壺來代稱也是很自然的了。2017年10月28–29日，“商周青銅器與金文研究學術研討會”在鄭州舉行，黄鳳春（2017；2018:228–232）提及曾侯墓地M61出土一件銅匜，其自名作“”①。李春桃（2018:104）指出應隸作“枓”，左面所從爲“主”，是後來增加的聲符。又提及吴業恒在“商周青銅器與金文研究學術研討會”會議中介紹了陸渾戎墓地發掘情況，該墓地出土一件斗，其自名寫法與曾侯墓地M61銅匜自名“枓”寫法基本一致。吴業恒提及的這件有銘斗已經公布，銘文作“宗之枓”②。《銘圖續》0912、0913分别著録了黄子戌斗與曾公子棄疾斗，其銘文分别作“黄子戌之盥枓（斗）”“曾公子棄疾之辻（沐）③斗”。從器形看，這幾件自名爲“斗”的器物實即一般稱作“勺”的那類器物④。

大家熟知，盤、匜是古代盥洗器皿，因此金文中盤、匜前常以“盥/浣”修飾。盤以盛水，匜以注水。由黄子戌斗銘文“盥”作“斗”的修飾語來看，可知“斗”亦可用於盥洗，在盥洗過程中“斗”當是注水之器。在注水之器這一點上，“斗”“匜”的功能是一樣的。因此曾侯墓地M61出土銅匜可自名“斗”⑤，這亦當是器名代稱之例。

從金文中器物之間的代稱現象非常普遍來看，李春桃（2018）認爲毁仲姜盆、仲阪父盆自名作“鲞”也是屬於器物之間的代稱，這是完全可能的。但結合相關資料看，盆形器的自名似還可略作補充。

①黄鳳春：《釋曾國文字中的“占”字——兼談隨州葉家山西周墓地青銅器銘文中的“犺”字》，“商周青銅器與金文研究學術研討會”會議論文集，2017年10月28–29日，第164–169頁。

②國家文物局（2018:58）。

③參看廣瀨薰雄（2010:504–509；2012:441–448）。

④此類器物，西漢猶有稱“斗”之例，參看平邑家斗（《陝西金文集成》1166）。

⑤漢代青銅匜仍見自名“斗”之例，參看賈樹（2012:56）。

西替盆（《集成》03710，《銘圖》06257，戰國）“西替作其妹靳鐈鉦鑰”之“鉦”，李家浩（2012:507；2013:273）讀爲“蓋”，謝明文（2017b:79-83）認爲宜讀爲“征行”之“征”。𦉢氏諺鑰（《集成》10350，《銘圖》19243，西晚）銘文作“𦉢氏諺作膳鑰”。從器形看呈盆形，其銘的“鑰”與西替盆的“鑰”表示的顯然是同一個詞。如果西替盆、𦉢氏諺鑰是自名省略的話，那其中的“鑰”則與金文中用於器物自名前的修飾語“會”“鑰”“適”等表示同一個詞。但據器形與文例看，西替盆、𦉢氏諺鑰兩“鑰”字用作盆的一種自名的可能性不能徹底排除①。

從時代方面看，仲阪父盆、毀仲姜盆二器屬於西周晚期。哀成叔豆屬於春秋晚期，上官豆屬於戰國時期。也就是説，據現有資料看，“巻”作爲盆形器的自名要遠遠早於它作爲豆形器的自名。從這一點看，將仲阪父盆、毀仲姜盆的“巻/盤”看作是豆形器名代稱盆形器是值得懷疑的。如果確實要從代稱的角度考慮，還不如説“巻”本是盆形器名，後來用來代稱豆形器，而後人對此不了解，遂將作爲豆形器代稱的“巻”作爲豆形器本身的名稱。但豆形器與盆形器在功能上的聯繫並不密切，如果僅僅是因爲兩者有食器功能就認爲可以代稱，總覺論證不充分。從目前資料看，器物的自名非常複雜，同一器類往往可有不同的自名（即有數種異稱），而不同器類亦可用同一字形來表示（即同一字形可用作不同器類的自名）。如據“鉦”既可以作豆形器的自名（參看上文），也可以作樂器自名，還可以作三足爵形器自名但彼此無關來看，盆形器自名“巻”與豆形器自名“巻”很可能沒有關係，它們表示的完全有可能是兩個不同的詞。

清華簡《封許之命》叙述周成王賞賜吕丁一組薦彝，相關簡文如下（李學勤，2015:37-44、117-123）：

> 贈尔廌（薦）彝，斵□脉絀，龍蠿（鬲）、緣（璉）、雚（罐）、鉦、者歹、盤、監（鑑）、鑅（鋈）、豆、周（雕）匿（匚）、鼑（鼎）、盤（簋）、鈋（觥）、鋊（卣）、急（格）。

其中“簋”後之字原作“”，整理者隸作“鈋”，讀作“觥”。石小力（2015）指出“整理者隸定作從金從北，讀作‘觥’之字，當隸定作從金從

①會，匣母月部字，從“龹”之卷、捲是見母元部字，古書中會聲字與龹聲字有輾轉相通之例。如“冠”與“會”“官”聲字都有相通之例（參看張儒、劉毓慶，2002:723），而古文字中“龹”聲字常用作“官”聲字。西替盆、𦉢氏諺鑰銘文中“鑰”不知是否與仲阪父盆、毀仲姜盆銘文中作爲“盆”自名的“巻”有關。由於“會”“龹”讀音實際上並不近，兩聲系字也缺乏直接相通的例子，因此西替盆、𦉢氏諺鑰銘文中“鑰”該如何釋讀，還有待進一步研究。

卵。”[1]王寧（2015）贊成此說，認爲簡文指“舡”這種器物[2]。網友子居（2015）贊成整理者的意見[3]。我們認爲此字從卯的意見可從，它可隸作“鉚”。網友“邊城古文字”（2015）指出“從金從卯的字當爲盥字，見於包山簡265”[4]。

謝明文（2015:4-12；2017a:298-308）曾指出清華簡《封許之命》周成王賞賜吕丁的這一組薦彝，其内部排列大體依類相從。如“鬯（鬲）”“緐（璉）”皆是食器。“盤”“監（鑒）”“鎜（鎜）”皆是水器，䍉是壺屬，壺既可以作爲酒器，也可以作爲水器，故䍉次於“盤”“監（鑒）”“鎜（鎜）”之後。“匩”可讀作“匡”或“匠（簠）”，是食器，故“鼑（鼎）”“毀（簋）”排列於其後。“雚（鑵）”是宋人所謂觶這一類酒器，“鉦”即金文中的三足爵形酒器“鉦”，“雚（鑵）”“鉦”皆是酒器，且考古發現中這兩類器物往往相配，故兩者排列在一塊。但對於“鉚”“鋊”兩字，該文則採用了整理者分別讀作“觥”“卣”的意見。但“鉚”字從“卯”聲，整理者讀作“觥”的意見顯然不可從。又目前已發表金文資料中皆未見自名爲“卣”者，青銅器中現在稱作“卣”的那類器物亦皆未見自名，整理者把“鋊”讀作“卣”的意見實可疑。因此“鉚”“鋊”未必是酒器之屬，我們認爲“鉚”很可能與其前的“鼎”“簋”屬於一類，是一種食器的名稱[5]。

望山二號墓楚簡46號簡、53號簡以及包山二號墓楚簡265號簡均有“卵缶”一語，金文中見於次尸祭缶（《銘圖》14093）。“卵缶”之“卵”，或認爲是就缶的外形而言，或認爲讀作“盥”（參看朱曉雪，2013:668）。從包山二號墓楚簡265號簡“卵缶”與“辻（沐）缶”“湯鼎”並列來看，“卵”似應與“辻（沐）”“湯”相類，也應是與用途相關而不是指形狀，因此“卵”讀作“盥”的意見似更合理一些。

金文中器名前常出現一字作“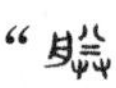”“”等形，舊一般釋作“朕/賸”，讀作“媵”。李家浩（2002:194-211）指出它們從“关（弄）”，應該讀作“浣”。董蓮池（1995:248-250；2011:615）贊成“”“”等相關字形從

①武漢大學簡帛網簡帛論壇•簡帛研讀•《清華五〈封許之命〉初讀》第17樓發言，2015年4月11日，http://www.bsm.org.cn/bbs/read.php?tid=3246&page=2。

②王寧：《讀〈封許之命〉散札》，復旦大學出土文獻與古文字研究中心網站，2015年4月28日，http://www.gwz.fudan.edu.cn/Web/Show/2507。

③子居：《清華簡〈封許之命〉解析》，清華大學出土文獻研究與保護中心網站，2015年7月16日，http://www.ctwx.tsinghua.edu.cn/publish/cetrp/6831/2015/20150716121655713431246/20150716121655713431246_.html。

④武漢大學簡帛網簡帛論壇•簡帛研讀•《清華五〈封許之命〉初讀》第39樓發言，2015年4月17日，http://www.bsm.org.cn/bbs/read.php?tid=3246&page=4。

⑤“鉚”後“鋊”“㑒”具體所指器物不明，有待進一步研究。

“关”且把它們釋作“盥”，認爲“盥”爲會意字，而“朕”類形爲形聲字。“盥”“浣”音義皆近，因此將“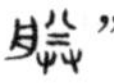”及相關諸形釋讀作“盥”或“浣”皆可。“卵缶”之“卵”如讀作“盥”可信，那麼它與“浣”讀音亦當接近，而金文中“盥/浣”從“𢍏”聲，因此“卵”“𢍏”當音近。

《上海博物館藏戰國楚竹書（四）• 逸詩》（馬承源，2004）兩見“間關”一詞，“關”寫作“”“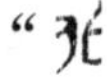”（3、4號簡），或釋作“丱”，或釋作“卵”。白於藍（2017:1194）、鄔可晶、郭永秉（2017:232）根據楚簡“卵”作“”（望山M2簡46）、“”（《上博（二）• 子羔》簡11）等形，認爲《逸詩》此字應釋作“卵”，可從。《逸詩》是借“卵”爲“關”。出土文獻中，“𢍏”聲字常用作“管”。而傳世文獻中，“管”“關”相通多見（張儒、劉毓慶，2002:720）。《潛夫論 • 志士姓》：“豢龍逢以忠諫，桀殺之。”其中“豢龍逢”之“豢”字，《莊子 • 人間世》《荀子 • 宥坐》《漢書 • 古今人表》《韓詩外傳》等作“關”。可見“𢍏”聲字與“關”音近，又《逸詩》“關”用“卵”來表示，亦可證“卵”“𢍏”當音近。

“卵”“䜌”讀音相近，兩聲系字音近相通[①]。安大簡《詩經》從“廾”“䜌”聲之字用作“卷耳”之“卷”（黄德寬、徐在國，2019:7），這亦可證“卵”“𢍏”當音近。

根據“鉚”很可能是一種食器的名稱與“鼎”“簋”並列以及“卵”“𢍏”音近，我們懷疑它與“鋑”是異體關係，它可釋讀作“鲞”，既可能是指食器盆，也可能是指食器豆。但從考古資料以及傳世古書看，“豆”在禮制方面的重要性要遠遠大於盆，因此我們認爲《封許之命》的“鉚”宜讀作表示豆形器的“鲞”。青銅豆與簋功能相近，在春秋中晚期至戰國早期墓葬出土的青銅禮器組合中，青銅豆逐步取代了簋的地位（張懋鎔，2015），春秋時期青銅豆還可自名“簋”（參看後文），可見豆與簋關係密切。因此《封許之命》將豆形器“鉚（鲞）”置於“簋”後是極其自然的了。

湖南長沙東門外柳家大山西漢墓曾出土一件閪翁主釭鐙，這是一件西漢時期的釭燈。其銘文有三處，一處在釭的肩部，有“閪翁主銅釭鐙一具”8字；一處在鐙的外壁，有“閪主釭中鐙”5字；一處在蓋的瓣紋上，有“閪主釭鐙蓋”5字（查瑞珍，1979:92；洪銀興、蔣贊初，2002:24）。查瑞珍（1979:92）對該器銘文作了很好的研究，他認爲“鐙”即“盞”的異體。“銅釭鐙一具”應指全器而言，此器全名應爲“釭鐙”，它雖是銅燈的一種，却有別於其他無“釭”

①張儒、劉毓慶（2002:690）。戰國文字中“關”或借“卵”爲之，或從“卵”聲（鄔可晶、郭永秉，2017:232-233），安大簡《詩經 • 關雎》“關”從“䜌”聲（黄德寬、徐在國，2019:5），這亦可見“卵”“䜌”讀音相近。

的銅燈。就其特點而言，亦可省稱爲“釭”。“釭中鋗”，意爲居於釭燈中間的鋗。可知那個銅盤應稱爲“鋗”。“釭鋗蓋”即釭鋗的“蓋”。

查瑞珍（1979:92）認爲那個銅盤應稱爲“鋗”，這是有一定道理的，但這個盤一側裝有扁鋬，這種平底淺盤有扁鋬之物實亦即行燈，與一般習見的行燈相比，後者只不過增加了三柱或蹄足而已。從“銅釭鋗”一語來看，“鋗”應該是中心語，我們認爲“鋗”應該是燈的一種自名。《釋名·釋車》：“釭，空也，其中空也。”“釭鋗”是表示有中空導煙管的燈，“釭”是修飾語，表明這一類燈的形制特點。宋代王黼《博古圖》18. 41著録一件漢虹燭錠，器形與銘文如下（圖1、圖2）：

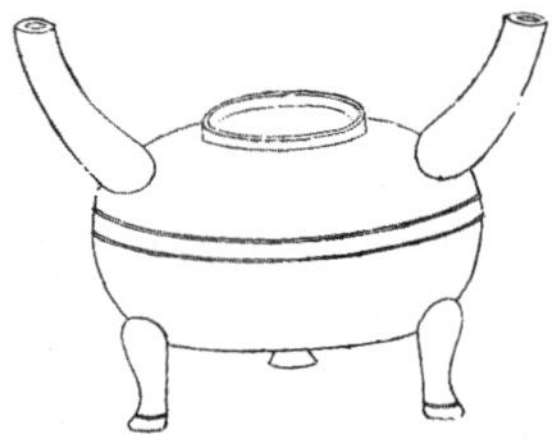

圖1

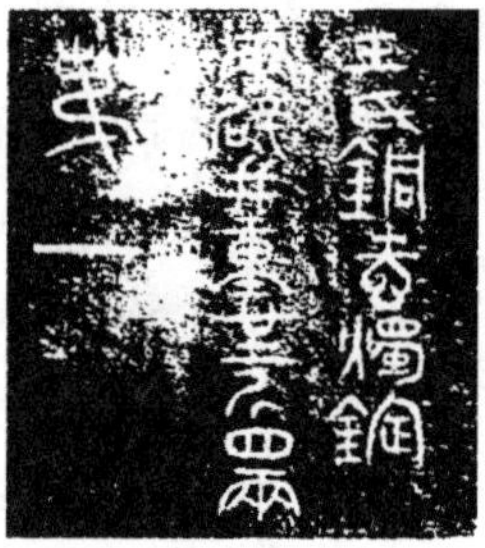

圖2

《博古圖》釋文作“王氏銅虹燭錠，兩辟并重二十二斤四兩，第一”，並説：“《説文》以錠爲鐙，鐙則登而有用者。銘曰‘虹燭’者，取其氣運如虹之義，殆薦熟食之器，但闕其盖而不完。曰‘王氏’者，未審其爲誰也。曰‘第一’則知爲虹燭者數不特此耳。”（王黼，2004-2005:107）

明代胡文焕《古器具名》卷上25-26亦著録一件漢虹燭錠，器形與銘文如下（圖3）：

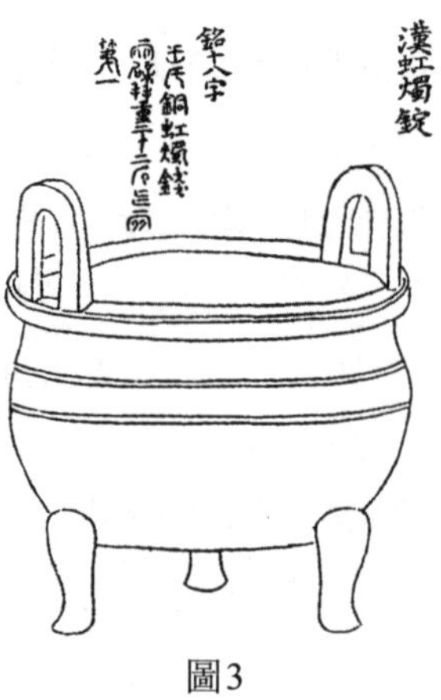

圖3

《古器具名》對該器尺寸、重量等方面的描述以及銘文的考釋與《博古圖》對它所著録的漢虹燭錠的描述以及銘文的考釋完全相同（胡文焕，2004-

2005:369)，由此可知《古器具名》的相關意見當是承襲《博古圖》而來，兩書所録的漢虹燭錠當是同一件器，但《古器具名》所録器形明顯是一件鼎，與《博古圖》所録器形完全不同，如此看來兩書所録器形必有一誤。

孫機（2008:410）認爲《博古圖》所録漢虹燭錠“王氏銅虹燭錠”之“虹”字應爲“釭”字之假。

從字形看，《博古圖》所録漢虹燭錠釋文似當作“王氏銅忎燭錠，兩辟（臂）并重二十二斤四兩，第一”。“辟”似當讀作“臂”，指器體上部兩側的管狀物。《古器具名》所録漢虹燭錠字形多有走樣或訛誤，如“兩”作“”，“錠”訛作近似“錢”等，至於銘文中的“虹”當是據《博古圖》釋文而轉寫的。

《西清古鑑》30.27著録一件素錠，其形如下（圖4）：

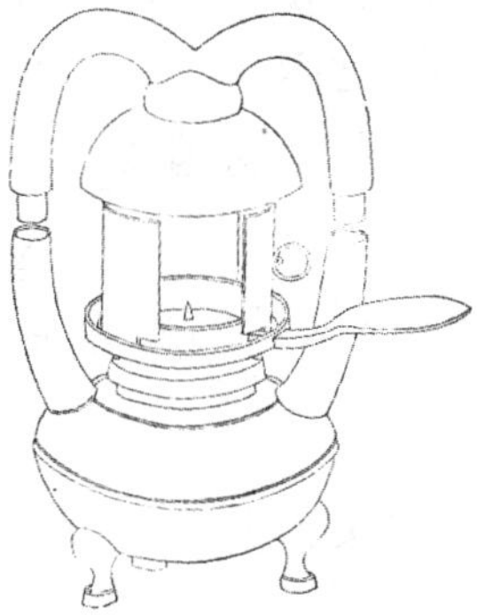

圖4

《西清古鑑》説：“《説文》以錠爲鐙。古燈字皆作鐙，非即豆登之謂。《博古圖》載有王氏銅虹燭錠，止有鐙座而無盤蓋。云‘薦熟食之器，銘曰虹燭者，取其氣運如虹之義’。此器盤、蓋俱全。盤有仰錐有圓影，其爲燃燭者無疑。蓋作雙管下垂接於座，其取製之法不可知，然以爲薦熟食如豆登之登，固可按器而决其非也。”（乾隆，2004-2005a:171）

《西清古鑑》的上述説法可從，從器形看，它著録的這件素錠就是漢代標準的釭燈[①]。比較《西清古鑑》這件釭燈與《博古圖》18.41所著録的漢虹燭錠，可知後者所録的器形確是釭燈的鐙座，它是燈的一部分，只不過缺盤、蓋而已，這與其自名“錠”指燈正相合，亦可知《古器具名》所録器形作鼎是錯誤的，而孫機（2008:410）認爲“王氏銅虹燭錠”之“虹”是“釭”的假借是正確的，《博古圖》所著録的這件漢虹燭錠可命名爲王氏銅釭燭錠。王氏銅釭燭錠原是一件釭燈，自名爲“錠”，“忎（釭）”是“錠”的修飾語。由“王氏銅忎（釭）燭錠”，可知“闆翁主銅釭鐶一具”之“鐶”應是燈的一種自名，其前

①同樣的釭燈，江西南昌海昏侯墓出土了5件（《文物》2018年11期17-19頁）。

的“釭”也是修飾語。由於“釭”是釭燈最顯著的特徵，後來古書中釭燈亦可省稱作“釭”。

《詩經 · 周南 · 關雎》“悠哉悠哉，輾轉反側”之“輾”，馬王堆帛書《五行》作“婘”，這是“展”聲字與“龹（𢍏）”聲字有異文之例，白於藍（2017:1223）看作通假關係[①]。如此説可信，又根據燈名多源於豆形器名之例，閵翁主釭⿰金展銘文中作爲燈自名的“⿰金展”似與豆形器自名“⿱龹豆”有關。這兩例“展”聲字與“龹（𢍏）”聲字發生關係的例子，時代皆在西漢，地域皆在長沙，彼此在時代與地域兩方面都有一致性，可能不是偶然的。展，端母元部，龹（𢍏），見母元部。聲母方面，雖然端系字有不少跟見系字發生關係（參看楊劍橋，1986:110；陳初生，1989:26-34；陳劍，2007:33-34；魏克彬，2013:311-319），但“展”與“龹（𢍏）”開合口亦不同，它們讀音還是距離得比較遠，難以相通[②]。因此不排除這兩例“展”聲字與“龹（𢍏）”聲字之所以發生關係[③]，可能含有方音或其他方面的因素。

（六）用/庸（1器）

河南陝縣上村嶺（今屬三門峽市湖濱區）虢國墓葬曾出土一件春秋早期的豆形器，現藏中國國家博物館，其銘文作：

蘇貉作小用。（蘇貉豆，《集成》04659，《銘圖》06112，春秋早）

“作”後之字，舊一般釋作“小用”二字[④]。關於銘文中的“用”，研究者很少討論。我們認爲銘文的斷句有兩種可能，第一種可能是在“小”後面斷讀，“用”單獨作一句，類似的“用”字如：

（1）[illegible]作父癸寶尊彝，用。（[illegible]觶，《集成》06501，《銘圖》10647，西中前段）

（2）仲姜作爲桓公尊壺，用。（仲姜壺，《銘圖》12247、12248，春秋早）

---

①從“輾轉”作爲一個聯綿詞來看，研究者或將“輾”及其異文“婘”分别解釋，未必妥當。

②歌月元三部非唇音的開合兩呼之間較難相通。參看程少軒《試説戰國楚地出土文獻中歌月元部的一些音韻現象》，復旦大學出土文獻與古文字研究中心網站，2009年06月10日，http://www.gwz.fudan.edu.cn/Web/Show/811。

③單純從讀音看，這兩例“展”聲字與“龹（𢍏）”聲字更可能無關，則燈自名“⿰金展”是否源自豆形器名，有待進一步研究。

④此器器形與自名爲“鋪”的豆形器相同。政協陝西省寶雞市陳倉區委員會（2018年，第330頁）將“作”後之字釋作“甫”一字，讀作“鋪”。如此説可信，則此條相關論述當删，此例當歸入“甫”表“鋪”例。該字究竟是釋作“小用”還是“甫”，有待將來更清晰的銘文拓本或照片來作進一步的認定，本文暫從前一説。

如果蘇貉豆“用”單獨作一句，那“小”的理解有兩種可能，一種是用作豆形器名，一種是看作修飾語而省略了豆形器自名。前者從古文字資料以及傳世文獻看，都没有絲毫相關綫索，因此此種可能性不大。後者要同時滿足“用”單獨作一句以及“小”後面省略自名，可能性亦不大。

蘇貉豆銘文斷句的第二種可能是整個銘文作一句讀，在文義上，又有兩種解釋，第一種解釋是“用”後面省略了自名，如叔我鼎（《集成》01930，《銘圖》01264，西中）“叔我作用”，比較㺇伯盤（《集成》10063，《銘圖》14366，西中前段）“㺇伯作用盤”，伯雍父盤（《集成》10074，《銘圖》14391，西中前段）“伯雍父自作用器”，旨盉（《銘圖》14697，西中前段）“旨作用盉”，可知叔我鼎“用”後面省略了器名，蘇貉豆亦可能屬於此例。但從目前已經公布的資料看，豆形器似未見省略自名而僅出現修飾語之例。我們贊成蘇貉豆銘文整個作一句讀，但在文義理解上還有另外一種可能，試比較下列銘文：

（3）伯雍倗寍（？）小妻（齍）鼎。（伯雍倗鼎，《銘圖》01782，西早）

（4）嬴霝德作小鼎。（嬴霝德鼎，《集成》02171，《銘圖》01622，西中前段）

（5）競（景）之羕之少（小）貞（鼎）。（競之羕鼎[①]，《銘三》0177、0178，戰中）

（6）唯王正月之初吉丁亥，此余王□君（？）作鑄其小鼎……子子孫孫永寶是尚。（此余王鼎，《銘圖續》0220，春秋晚）

（7）牧[illegible]作父丁少（小）飤簋。（牧[illegible]簋，《集成》03651，《銘圖》04493，西早）

（8）復公仲若我曰：其擇吉金，用作我子孟媿寢小尊媵簋。（復公仲簋蓋，《集成》04128，《銘圖》05105，春秋晚）

（9）作小鬲，永寶用。（作小鬲，《西清續鑑》甲編14.13[②]）

（10）徐王之元子柒之少（小）爐爐。（徐王元子柒爐，《集成》10390，《銘圖》19267，春秋晚）

以上是“小”作“鼎”“簋”“鬲”“爐”修飾語的例子。比較上述諸例，可

①武漢大學、湖北省文物考古研究所、宜城市博物館（2018:35）。匿名審稿專家認爲：“此鼎形制較有特殊，其鼎足細長高挑，頗疑‘少鼎’當讀爲‘鐈鼎’，少、喬聲近韻同，《説文》云‘鐈，似鼎而長足。’與競之羕鼎形制吻合，已著録的鐈鼎也與該鼎形制類似。”謹致謝忱。

②乾隆（2004-2005b:366）。

知蘇貉豆"蘇貉作小用"之"小"亦可看作修飾語，"用"則很可能是豆形器的一類自名。爲了更進一步討論這一類自名，我們先看看從豆分化而來的燈的一類自名。

長沙馬王堆一、三號漢墓遣册中各有一處"大燭庸"的記載：

（11）大燭庸二。（《馬王堆一號墓遣册》239）

（12）大燭庸二。（《馬王堆三號墓遣册》300）

關於"燭庸"的解釋，各家説法很多，裘錫圭（2014:208）在羅列分析諸家意見時説：

> 一號墓報告隸爲燭剸，剸字左旁上半未詳。《説文·刀部》剃，从刀、歬聲，隸變作前，前即剪之本字。燭剪，夾燭燼用。周世榮對照三號墓遣册釋爲"庸"字（《文物》一九七四年第九期五三頁）。今按：亦見於三號墓遣册簡300。二、三號墓報告隸定爲"庯"括注"庸"，可從。但解"庸"爲"僕傭"，又説"燭爲舉火者，今引申爲燭燈之燈"，實不可信。李家浩（1986）認爲"燭庸"當讀爲"燭豆"："古人把點燭的燈或稱爲'豆'。古音'豆'屬侯部，'庸'屬東部，侯東二部陰陽對轉。'庸'的聲母在中古屬喻母四等，按曾運乾上古音喻四歸定的説法，與'豆'同屬於定母。"劉釗（2003）認爲"庸"讀爲"鐙"："'鐙'即古'燈'字，'大燭庸'即'大燭燈'，指大的點燭的燈。古音'庸'在喻紐東部，'鐙'在端紐蒸部，聲爲一系，韻爲旁轉，可以相通。'燭燈'一詞羅泊灣一號漢墓《從器志》作'燭徵'，漢《鼎胡宫鐙》作'燭鐙'。《説文·金部》：'鐙，錠也。从金登聲。'徐鉉曰：'錠中置燭，故謂之鐙。''錠中置燭'正是對'燭鐙'最恰當的解釋。"伊强（2005）指出："蒸、東二部雖都是陽聲韻，但還是有一定距離，並且古書裏也缺乏這兩部字通假的例子。因此，將'庸'讀爲'鐙'似不合適。還是以李家浩'"燭庸"當讀爲"燭豆"'之説爲勝。"

包山楚墓二號墓遣册中有"二燭銿"的記載，湖北省荆沙鐵路考古隊（1991:62）："銿，借作僮，指未成年之童。燭僮，即秉燭之僮。出土的實物中有二件童子秉燈，與簡文相符。"周世榮（1994:231；1998:240）曾將馬王堆一、三號漢墓遣册中的"大燭庸"與之聯繫，並説："對照M1與M3出土實物，有陶鐙或木鐙各二件，其狀如豆。值得注意的是，湖北《包山楚墓》二號墓《遣册》中有'……二熣銿'等記載。文中解釋説：'人擎燈，二件，遣册記爲'二燵銿’。由燈盤，柱和銅人兩部分組成。’又注中說：‘燵（燭），燭字。銿借作僮，指未成年之童，燭僮，即秉燭之僮。出土的實物中有二件童子秉燭，與簡文相符。’根據圖形觀察，執燭者爲一高髻髮長服的宫女，並非孩童。而馬王堆《遣册》作‘燭庯’。‘銿’與‘庯’通，證明燭銿就是‘燭庯’。《廣雅》：‘廝、徒、牧、圉、侍、御、僕……庯、童，役謂之使也。’説明‘庯’乃僕庯之意。馬王堆M1僅見燭鐙。而不見庯人執燭，也許‘燭庯’似可泛指燭鐙。”

劉信芳（2003:280）認爲包山簡遣册的“燭銿”讀爲“燭俑”，出土實物中有二件“銅人擎燈”即簡文所記“二燭俑”，“俑”謂擎燈之銅人。《禮記·檀弓下》：“爲俑者不仁。”鄭玄注：“俑，偶人也。”

范常喜（2017:245-251）認爲馬王堆一、三號漢墓遣册中的“大燭庯”之“庯”讀作“豆”或“鐙”，最大的問題都在於無法找到直接相通的證據。而包山楚墓二號墓出土的2件人擎燈下部銅人不是未成年孩童形象，因此整理者將“銿”讀作“僮”的意見不可從。“俑”一般指用於陪葬的偶人，有其專指義。而此類人擎銅燈製作精美，顯然是墓主生前所用之物，故其名也當是現實生活中的實用名，自然不會以葬具之俑稱之。因此劉信芳（2003:280）“燭銿”讀爲“燭俑”的意見亦不可信。

范常喜（2017:245-251）根據古人多用僕庯或其他徒役作“執燭”之事，而包山二號墓的人擎銅燈應即僕庯執燭的寫照，從而認爲包山遣册簡“二燭銿”的“銿”當從周世榮（1994:231；1998:240）讀作“庯”，訓作僕庯。又結合人擎燈上部的燈盤可以單獨命名等信息推測説：“包山二號墓遣册所記‘燭銿（庯）’很可能本來僅指執燈僕庯，但人擎燈與一般豆形燈最大的不同就在於底部的執燭徒庯，楚人在命名時爲了突出這一特點，便將下部燭庯和上部的燈盤一起稱作了‘燭銿（庯）’。與此相應，馬王堆一、三號墓遣册簡‘大燭庯二’中的‘燭庯’也應當如此理解。戰國時期長沙屬於楚地，西漢初年仍然保留着‘燭庯’一詞自屬情理中事。”

包山二號墓出土銅燈共4件，除了2件人擎燈之外還有2件豆形燭燈（湖北省荆沙鐵路考古隊，1991:189、193、圖版57.1、57.2）。馬王堆一號墓出土陶豆燈2件，三號墓出土陶豆燈1件、木豆燈1件（湖南省博物館、中國科學院考古研究所，1973:124-125、圖版241、圖版242；湖南省博物館、湖南省文物考古研究所，2004:67、彩版45），一、三號墓出土實物中皆未見到人擎燈。范常喜（2017:245-251）根據漢代豆形燈的形制與包山二號墓出土的豆形燈相差不大，多有自名“燭豆”“燭徵”“燭錠”“燭燈”，認爲馬王堆漢墓遣册中的“大燭庯二”可能與楚簡中的情况一樣，所指實爲人擎燈。但這與馬王堆一、三號墓出土實物只有豆形燈的現實不合，范常喜（2017:245-251）對此解釋説：

馬王堆一、三號墓遣册中所記“燭庸”的確切所指有兩種可能：一種可能是指執燭木俑，因爲一、三號墓出土了大量各類木俑，其中很可能包含了兩名執燭僕庸，只是目前尚無法確認出來。另外一種可能是，由於時代的變遷，詞義範圍的擴大，原楚地長沙到了漢初，“燭庸”一詞可能已用於指豆形燭鐙。三號墓遣册中記述奴僕木俑數量之時，數詞後多加“人”，如簡7：“偶（偶）人二人，其一人操僊（遷）蓋，一人操矛。”簡28/44：“美人四人，其二人楚服，二人漢服。”記述器用衣物之時則多只以數詞稱之，如簡218/319：“毋尊繟衣一。”232/31：“劍枝一。”若據此記述特點來看，“燭庸”似當爲用器，因此將其理解爲豆形在楚地的方言名稱可能更加合適一些。可見，周世榮先生對“燭庸”的解釋最爲可信。

燈是從食器中的豆轉化來的。因此“燈”的自名與“豆”的自名關係非常密切，前者常承襲後者的自名而來，前文我們已經多次談到了這一點。蘇貉豆“蘇貉作小用”之“用”是豆形器的一類自名，如果僅從金文資料看，證據算不上充分。但如果聯繫馬王堆一、三號墓遣册中“燭庸”、包山楚墓二號墓遣册中“燭鏞”來看，這恐怕不是偶然的。“用”“庸”“鏞”表示的顯然是同一個詞。聯繫上了蘇貉豆自名“用”以後，“燭庸”之“庸”及“燭鏞”之“鏞”表示“僕庸”之“庸”的意見顯然不可信了。“燭鏞/庸”之“鏞/庸”與“燭豆”之“豆”，“燭錠”之“錠”，“燭燈/徵”之“燈/徵”，“燭薄（鋪）”之“鋪”一樣，本應該就是燈的一類自名，雖然得名緣由不清楚，但肯定與“僕庸”之“庸”無關。蘇貉豆的“用”指食器豆，馬王堆一號墓遣册“大燭庸二”指的就是該墓出土的2件陶豆燈，三號墓遣册“大燭庸二”指的就是該墓出土的1件陶豆燈與1件木豆燈。根據蘇貉豆的“用”以及馬王堆一、三號墓遣册“大燭庸二”的“庸”所對應實物來看，包山楚墓二號墓遣册中的“二燭鏞”之“鏞”所指更應該是同墓出土的2件豆形燭燈而不是2件人擎燈。

（七）鋁/盇（3器）

（1）卲之御鋁。（卲方豆甲，《集成》04660，《銘圖》06113；卲方豆乙，《集成》04661，《銘圖》06114[①]，春秋晚）

（2）卲之飤盇。（卲方豆，《集成》04662，《銘圖》06115，蓋器同銘，春秋晚）

（3）楚叔之孫克黄之錡。（克黄豆，《銘圖》06132，春秋中）

---

①昭器蓋（《銘圖》19300）實即卲方豆（《銘圖》06114，《集成》04661），其中“鋁”字，《銘圖》19300誤釋作“盂”。

“鋁”“盉”“錡”都是豆形器的自名。“盉”之於“錡”猶如豆形器名“盙”之於“鋪”，匜銘“㝗”之於“鉈”，盨銘“盨”之於“鎮”，“盉”“錡”是異體關係，表示的顯然也是同一個詞[①]。至於卲方豆自名“鋁”與它們是否有關以及它們的得名緣由[②]，則有待進一步研究。

二、器名代稱類

（一）簠（4器）

（1）公簠。（公豆甲，《集成》04654，《銘圖》06104；公豆乙，《集成》04655，《銘圖》06105；公豆丙，《集成》04656，《銘圖》06106；公豆丁，《集成》04657，《銘圖》06107，春秋中）

（2）伯𨗨父作雪（錯）[③]簠。（伯𨗨父簠，《銘圖》04358，西晚）

（3）衛㚸作饙𠙽簠。（衛㚸簠甲，《集成》04666，《銘圖》06121，蓋器同銘；衛㚸簠乙，《集成》04667，《銘圖》06122，蓋器同銘，西晚）

（4）姜林母作霅（錯）簠。（姜林母簠，《集成》03571，《銘圖》04376，西晚）

（5）㠱侯作㠱邢姜妢母媵尊簠，其萬年子子孫孫永寶用。（㠱侯簠蓋，《銘圖》04939，西晚）

（6）此（？）兒䢅朝作寶簠，其萬年眉壽，永寶用享。（此兒䢅朝簠甲，《銘圖》04806；此兒䢅朝簠乙，《銘圖》04807，西晚）

1977年山東沂水縣院東頭鄉劉家店子村曾出土一批青銅器，其中蓋豆7件，有4件蓋豆的銘文已經公布，其銘文即上引例（1）“公簠”二字。比較同出的

---

①鄔可晶（2015:420）疑指方豆或豆形器的“盉”“錡”（包括“琦”）等代表的是一個與上官登、哀成叔豆“巻”音義相關的同源詞。從器形與讀音兩方面看，宜將豆形器自名“巻”與“盉/錡”作爲兩類處理。

②諸家之説參看趙彤《方豆考》（“第十八届中國文字學國際學術研討會”，輔仁大學，2007年5月；復旦大學出土文獻與古文字研究中心網站，2008年1月2日），黄鳳春（2011），黄鳳春、黄婧（2012:279-286），劉秋瑞（2013），鄔可晶（2015:419-420），趙平安（2011:90），蔡一峰（2018:120-130），查飛能（2019:115-117）。

③參看王輝（2007:14）。姜林母簠“霅簠”、伯多父盨（《集成》04419，《銘圖》05591）“霅盨”之“霅”與“雪（錯）簠”之“雪（錯）”表示同一個詞。

公鑄壺（《集成》09513，《銘圖》12091）“公鑄壺”，可知“公簋”之“簋”必是器物自名。那麽這幾件公豆可以看作是豆形器稱名“簋”之例。

例（2）、（3）、（4）所屬器類，或稱之爲豆，或稱之爲簋。

張懋鎔（2008:19-24）從腹部深度、紋飾等方面論證例（2）、（3）、（4）所屬器類應該是“簋”而不是“豆”，並把這一類外形如豆的簋稱作“豆形簋”。按張懋鎔（2008:19-24）的意見，例（6）“此兒𧙈朝簋”亦屬於豆形簋。

從伯㴑父簋、衛姒簋、姜林母簋、此兒𧙈朝簋等豆形簋可知，簋這種器形在發展過程中，其中有一類簋變得圈足高，腹部淺，外形與豆接近。此外，從春秋到戰國，青銅豆體量增大，腹部變深，此時的豆器身上多加蓋，這種有蓋深腹豆的形態與西周時期的有蓋簋很接近。在功能方面，東周的青銅豆具備了簋的功能，在春秋中晚期至戰國早期墓葬出土的青銅禮器組合中，逐步取代了簋的地位（張懋鎔，2015）。正因爲簋與豆在演變過程中，由於外形與功能兩方面皆發生了密切關係，所以例（1）公豆自名爲“簋”也就很自然了，這可看作“簋”“豆”因演變過程中器形接近、功能相關而代稱之例[①]。

（二）敦（3器）

> （1）滕侯昃之御敦。（滕侯昃豆，《集成》04635，《銘圖》06057，春秋晚）
>
> （2）唯王正九月，辰在丁亥，𣏌（？）可忌作厥元子仲姞媵敦。（可忌豆[②]甲，《銘圖》06152；可忌豆乙，《雪齋學術論文二集》[③]72頁，春秋晚）

滕侯昃敦，1982年4月山東滕縣洪緒鎮杜莊村出土，蓋上有三環形鈕，口沿兩側對稱兩環形耳，器形如下（圖5）：

①陳劍（1999:359）在討論公豆時認爲：“最初的蓋豆就是把簋的圈足加高、變細而來。因爲圈足變得近似豆之校，可以握持，故又常省去雙耳。由於蓋豆是從簋發展而來，因此可自名爲簋。”將公豆自名作“簋”看作是器名代稱，可從，但認爲蓋豆是從簋發展而來則可商榷。

②《銘三》0595著録了同人所作的另一件敦，形制與可忌豆乙基本相同，銘文較可忌豆甲、乙兩器多出了嘏詞部分。由於不知它原來是否有長柄，故本文不與可忌豆甲、乙一塊討論。

③張光裕（2004）。

圖5：《銘圖》06057

滕縣博物館（1984:337）説："此器銘文稱敦，但因器底有殘痕，也可能是豆。"陳公柔（1986:180）認爲"柄部雖殘，確爲戰國早期的銅豆"。

可忌豆甲乃山東淄博市臨淄區白兔丘村出土，現藏齊文化博物院。它作細柄，喇叭形圈足，腹兩側二環耳。口爲子口，可能原來有蓋，已失（張龍海，1990:1045）。可忌豆乙是張光裕從香港古玩市場購得的，與可忌豆甲同名，該器外底正中央有一外凸小銅塊，張光裕（2004:67）認爲該器是一缺足之豆形器。可忌豆甲[①]、可忌豆乙（復原了足部）器形如下（圖6、圖7）：

圖6：可忌豆甲

圖7：可忌豆乙

陳劍（1999:359）對滕侯昃豆、可忌豆甲自名爲"敦"做過討論，並認爲：

> 從器物組合上，"縱觀春秋時期青銅禮器的基本組合形式，經歷了諸如'鼎、簋（或簠）'→'鼎、豆'→'鼎、敦'的相繼交替階段"[②]。"簋、蓋豆、敦是相繼交替的器物。"[③]可見，中原地區、山東地區的銅

①李伯謙（2018:285）著録了可忌豆甲器形與銘文的清晰彩照。

②引者按，原注：劉翔（1988:95）。

③引者按，原注：高明（1981:92）。

敦有可能是由銅蓋豆發展而來的[①]，因此，蓋豆可以自名爲“敦”。

馮峰（2014:198）討論滕侯昃豆、可忌豆時認爲“其實它本身就是敦的一種，無所謂‘分化’；以往所以稱之爲豆，主要因其柄，但其實用功能與豆相去甚遠”，並指出它們除去柄，其器身形制與敦相近。

滕侯昃敦如果不計其殘柄的話，確是一件標準的敦。而可忌豆甲如若研究者所言原來有蓋，那這件器的上部也是敦。可見與當時一般的豆相比，滕侯昃敦、可忌豆只不過是柄上部分作敦形而已，這一類器實可稱作“敦豆”。

東周的深腹有蓋青銅豆具備了敦的功能，在春秋中晚期至戰國早期墓葬出土的青銅禮器組合中，青銅豆逐步取代了敦的地位（張懋鎔，2015）。正因爲功能的接近以及豆形器把上部變作類似敦形，因此豆可以用敦來代稱。

三、共名類

（一）彝（7器）

（1）康生作文考癸公寶尊彝。（康生豆，《集成》04685，《銘圖》06139，西早）

（2）霸伯作大[廟]寶尊彝，其孫孫子子萬年永用。（霸伯豆甲，《銘圖續》0529，《考古學報》2018年第1期第110頁，西中）

（3）霸伯作大廟尊彝，其子子孫孫永寶。（霸伯豆乙，《考古學報》2018年第1期第110頁；霸伯豆丙，《考古學報》2018年第1期第110頁；霸伯豆丁，《銘三》0603，西中）

（4）唯弌日，王命競（景）之定救秦戎，大有功于洛之戎，用作尊彝。（競之定豆甲，《銘圖》06150；競之定豆乙，《銘圖》06151，春秋晚）

（二）器（4器）

（1）黄君孟自作行器，子子孫孫永祜福。（黄君孟豆甲，《集成》04686，《銘圖》06146；黄君孟豆乙，《信博》[②]119頁，春秋中）

---

①引者按，原注：陳夢家先生曾指出：“齊地圓形的敦，可能是‘有蓋豆’的變形。”見陳夢家（1956）。

②信陽博物館（2018）。

（2）黄子作黄夫人行器，則永祜福，靈終靈後。（黄子豆甲，《集成》04687，《銘圖》）06148；黄子豆乙，《信博》120頁，春秋中）

從目前已經發表的資料看，豆形器自名用共名或通名者有“彝”“器”兩類，其中共名用“彝”者共7器，西周早期1器，西周中期4器，春秋晚期2器；共名用“器”者4器，皆見於春秋中期。

綜上所述，豆形器自名中，用共名者有“彝”“器”兩類，用其他器類之名代稱者有“簋”“敦”兩類，用專名者有“豆”“鋪”“登/鐙”“鉦/錠”“卷”“用/庸”“盌/盉”等類[①]，其中“豆”“鋪”“登/鐙”“鉦/錠”四類自名可以肯定在燈的自名中沿襲下來，“卷”“用/庸”兩類自名則疑似在燈的自名中沿襲下來。

參考文獻：

白於藍　2017　《簡帛古書通假字大系》，福建人民出版社。

蔡一峰　2018　《出土文獻與上古音若干問題探研》，中山大學博士學位論文。

陳初生　1989　《上古見系聲母發展中一些值得注意的綫索》，《古漢語研究》第1期。

陳公柔　1986　《滕國、邾國青銅器及其相關問題》，《中國考古學研究——夏鼐先生考古五十年紀念論文集》，文物出版社。

陳夢家　1956　《壽縣蔡侯墓銅器》，《考古學報》第2期。

陳　劍　1999　《青銅器自名代稱、連稱研究》，《中國文字研究》（第1輯），廣西教育出版社。

陳　劍　2007　《據郭店簡釋讀西周金文一例》，《甲骨金文考釋論集》，綫裝書局。

董蓮池　1995　《〈金文編〉校補》，東北師範大學出版社。

董蓮池　2011　《新金文編》（上册），作家出版社。

范常喜　2017　《馬王堆漢墓遣册“燭庸”與包山楚墓遣册“燭”合證》，《戰國文字研究的回顧與展望》，中西書局。

馮　峰　2014　《從出土器物看〈儀禮〉的成書年代》，《海岱學刊》第14期，齊魯書社。

高　明　1981　《中原地區東周時代青銅器研究（中）》，《考古與文物》第3期。

廣瀨薰雄　2010　《釋“卜缶”》，《古文字研究》（第28輯），中華書局。

廣瀨薰雄　2012　《釋卜鼎——〈釋卜缶〉補説》，《古文字研究》（第29輯），中華書局。

國家文物局　2018　《2017中國重要考古發現》，文物出版社。

何琳儀　1998　《戰國古文字典——戰國文字聲系》，中華書局。

洪銀興　蔣贊初　2002　《南京大學文物珍品圖録》，科學出版社。

湖北省荆沙鐵路考古隊　1991　《包山楚簡》，文物出版社。

湖南省博物館　中國科學院考古研究所　1973　《長沙馬王堆一號漢墓》，文物出版社。

湖南省博物館　湖南省文物考古研究所　2004　《長沙馬王堆二、三號漢墓·第一卷：田野考古發掘報告》，文物出版社。

胡文煥　2004-2005　《古器具名》，《金文文獻集成》第2册，香港明石文化國際出版有限公司。

---

①據竹書資料與傳世古書，豆形器還有一類自名“籩”，由於它既不見於金文資料，亦未與燈名發生關係，故本文未予討論。

黄德寬　徐在國　2019　《安徽大學藏戰國竹簡（壹）》，中西書局。
黄鳳春　2011　《説方豆與宥坐之器》,《江漢考古》第1期。
黄鳳春　2018　《釋曾國文字中的“𠚤”字——兼談隨州葉家山西周墓地青銅器銘文中的“犺”字》《青銅器與金文》(第2輯)，上海古籍出版社。
黄鳳春　黄　婧　2012　《楚器名物研究》，湖北教育出版社。
賈　樹　2012　《賈文忠金石傳拓集》，文物出版社。
李伯謙　2018　《中國出土青銅器全集》第6册，科學出版社、龍門書局。
李春桃　2018　《從斗形爵的稱謂談到三足爵的命名》，《“中研院”歷史語言研究所集刊》第89本第1分。
李家浩　1986　《關於郷陵君銅器銘文的幾點意見》，《江漢考古》第4期。
李家浩　2002　《信陽楚簡“澮”字及從“𢍏”之字》,《著名中年語言學家自選集・李家浩卷》，安徽教育出版社。
李家浩　2012　《葛陵村楚簡中的“句鄂”》,《古文字研究》(第29輯)，中華書局。
李家浩　2013　《安徽大學漢語言文字研究叢書・李家浩卷》，安徽大學出版社。
李學勤　1983　《考古發現與東周王都》，《歐華學報》第1期。
李學勤　1990　《新出青銅器研究》，文物出版社。
李學勤（主編）　2015　《清華大學藏戰國竹書（伍）》，中西書局。
劉洪濤　2013　《戰國文字考釋兩篇》，《出土文獻研究》（第12輯），中西書局。
劉秋瑞　2013　《説“盌”》,《中原文物》第2期。
劉　翔　1988　《論黄君孟銅器群》，《江漢考古》第4期。
劉信芳　2003　《包山楚簡解詁》，藝文印書館。
洛陽博物館　1981　《洛陽哀成叔墓清理簡報》，《文物》第7期。
馬　超　鄒芙都　2019　《仲阪父盆自名與古圭國研究》，《中國文字研究》（第30輯），社會科學文獻出版社。
馬承源　2004　《上海博物館藏戰國楚竹書（四）》，上海古籍出版社。
乾　隆　2004-2005a　《西清古鑑（四十卷）》，《金文文獻集成》第4册，香港明石文化國際出版有限公司。
乾　隆　2004-2005b　《西清續鑑甲編》（二十卷），《金文文獻集成》第5册，香港明石文化國際出版有限公司。
裘錫圭　2012　《〈説文〉與出土古文字》，《裘錫圭學術文集》第3卷《金文及其他古文字卷》，復旦大學出版社。
裘錫圭　2014　《長沙馬王堆漢墓簡帛集成》第6册，中華書局。
山西省公安廳　山西省文物局　2018　《國寶回家：2018山西公安機關打擊文物犯罪成果精粹》，文物出版社。
山西省文物局　2019　《山西珍貴文物檔案（8）》，科學出版社。
山西省文物局　2020　《山西珍貴文物檔案（10）》，文物出版社。
孫　機　2008　《漢代物質文化資料圖説（增訂本）》，上海古籍出版社。
湯志彪　2013　《三晉文字編》，作家出版社。
滕縣博物館　1984　《山東滕縣發現滕侯銅器墓》，《考古》第4期。
王　黼　2004-2005　《博古圖》，《金文文獻集成》第2册，香港明石文化國際出版有限公司。
王　輝　2007　《讀扶風縣五郡村窖藏銅器銘文小記》，《考古與文物》第4期。

魏克彬　2013　《温縣盟書T4K5、T4K6、T4K11盟辭釋讀》，《出土文獻與古文字研究》（第5輯），上海古籍出版社。
武漢大學　湖北省文物考古研究所　宜城市博物館　2018　《湖北宜城跑馬堤東周兩漢墓地》，科學出版社。
鄔可晶　2015　《上古漢語中本來是否存在語氣詞“只”的問題的再檢討——以出土文獻所見辭例和字形爲中心》，《出土文獻與古文字研究》（第6輯），上海古籍出版社。
鄔可晶　郭永秉　2017　《從楚文字“原”的異體談到三晉的原地與原姓》，《出土文獻》（第11輯），中西書局。
吴鎮烽　2016　《商周青銅器銘文暨圖像集成續編》第2卷，上海古籍出版社。
吴鎮烽　2020　《商周青銅器銘文暨圖像集成三編》，上海古籍出版社。
謝明文　2015a　《談談青銅酒器中所謂三足爵形器的一種别稱》，《出土文獻》（第7輯），中西書局。
謝明文　2015b　《金文叢考（二）》，《出土文獻綜合研究集刊》（第3輯），巴蜀書社。
謝明文　2017a　《商周文字論集》，上海古籍出版社。
謝明文　2017b　《新出登鐸銘文小考》，《中國文字學報》（第7輯），商務印書館。
謝明文　2018　《金文叢考（四）》，《古文字研究》（第32輯），中華書局。
信陽博物館　2018　《信陽博物館藏青銅器》，文物出版社。
徐正考　2007　《漢代銅器銘文綜合研究》，作家出版社。
楊劍橋　1986　《論端、知、照三系聲母的上古來源》，《語言研究》第1期。
游國慶　2015　《吉金耀采——院藏歷代銅器》，臺北故宫博物院。
查飛能　2019　《商周青銅器自名疏證》，西南大學博士學位論文。
查瑞珍　1979　《翁主釭鐲》，《文物》第7期。
張　翀　2015　《中國古代青銅器整理與研究・青銅豆卷》，科學出版社。
張光裕　2004　《雪齋學術論文二集》，藝文印書館。
張龍海　1990　《山東臨淄出土一件有銘銅豆》，《考古》第11期。
張懋鎔　2006　《試論中國古代青銅器器類之間的關係》，《古文字與青銅器論集》（第2輯），科學出版社。
張懋鎔　2008　《關於青銅器定名的幾點思考——從伯湄父簋的定名談起》，《文博》第5期。
張懋鎔　2015　《試論中國古代青銅容器器形演變與功能轉化的互動關係》，《中國古代青銅器整理與研究・青銅豆卷》（序），科學出版社。
張　儒　劉毓慶　2002　《漢字通用聲素研究》，山西古籍出版社。
張天恩　2016　《陝西金文集成》第16卷，三秦出版社。
趙平安　2011　《金文考釋四篇》，《金文釋讀與文明探索》，上海古籍出版社。
政協陝西省寶雞市陳倉區委員會　2018　《虢國青銅器銘文輯録》。
周　博　2018　《重慶中國三峽博物館藏仲阪父盆》，《文物》第10期。
周世榮　1994　《湖南出土漢魏六朝文字雜考》，《湖南考古輯刊》（第6輯），《求索》雜志社。
周世榮　1998　《金石瓷幣考古論叢》，嶽麓書社。
朱曉雪　2013　《包山楚簡綜述》，福建人民出版社。

On the Self-Indicated Name of the Dou(豆)-Shaped Vessels and its Relationship with the Name of Deng(燈): Focusing on Unearthed Materials

Xie Mingwen

Abstract: This paper makes a comprehensive arrangement and research on the self-indicated name of the Dou(豆)-shaped vessels, and makes an in-depth analysis of the relationship between the name of Deng(燈) and the self-indicated name of the Dou(豆)-shaped vessels. It is pointed out that among the self-indicated name of the Dou(豆)-shaped vessels, the names of Gui(簋) and Dun(敦) can be used as substitutes for the names of the Dou(豆)-shaped vessels, the names of common vessels can be used as Yi(彝) and Qi(器), and the proper names can be used as Dou(豆), Pu(鋪), Deng(登/鐙), Zheng(鉦)/Ding(錠), Juan(巻), Yong(用/庸) and Zhi(鋻)/Qi(盉). Among them, the self-indicated names of Dou(豆), Pu(鋪), Deng(登/鐙) and Zheng(鉦)/Ding(錠) can certainly be inherited in the self-indicated name of lamps, Juan(巻) and Yong(用/庸) are likely to be inherited in the Deng(燈)'s self-indicated name.

Key words: inscriptions on bronze; Dou(豆)-shaped vessels; self-indicated name

（謝明文，復旦大學出土文獻與古文字研究中心/
“古文字與中華文明傳承發展工程”協同攻關創新平臺　上海　200433）

淺議北白鵝虢季甗中的“匽姬”

吴鎮烽

摘　要：山西垣曲縣北白鵝墓地出土春秋初期的虢季甗，銘文有“虢季爲匽姬媵甗”，有部分學者以爲此匽有可能是姞姓南燕，匽姬是虢季的宗女。筆者通過該墓地出土遺物，結合傳世文獻分析，認爲此匽是太保召公所建立的姬姓北燕，匽姬不是虢季的宗女，而是北燕的女子，甗是虢季爲同姓燕國出嫁之女所作的媵器，與姞姓南燕無關。

關鍵詞：虢季；匽姬；北燕；南燕

山西省考古研究院於2020年12月8日在“考古匯”公衆號發布《山西垣曲北白鵝出土周代虢國重器》一文，介紹了山西運城市垣曲縣英言鎮北白鵝村重大考古發現。該村發現一處兩周之際到春秋早期的貴族墓地，目前發掘了9座大中型墓葬，出土帶有銘文的青銅器近50件套，其中有西周中期的奪簋、春秋初期的虢季甗（圖1）等。

圖1

圖2

虢季甗没有公布銘文照片，僅公布了釋文是“虢季爲匽姬作媵甗，永寶用享”12字。其後，山西省考古研究院於2020年12月11日在“文博中國”公衆號發表的《山西北白鵝墓地殷遺民or周人貴族？專家直呼讓人捉摸不透》一文，公布了該甗的銘文照片（圖2）。可知銘文爲11字，其中並没有“作”字。我的釋文是“虢季爲匽（燕）姬䐛（媵）獻（甗），永寶用亯（享）”。有學者懷疑“這裏的匽會不會是春秋時期的姞姓南燕國”，有的學者以該墓地M6出土9件編鐘13件石磬，符合春秋早期國君級墓葬會用到甬鐘，也以爲該墓地有可能是姞姓的南燕國[①]；更有人以西周時期南燕國的地望在山西汾水流域的聞喜、夏縣之間，春秋初期遷到河南衛輝、延津地區，距離垣曲不遠爲據，認爲“匽姬”可能是“嫁到南燕的姬姓虢氏女子”；還有學者認爲：“‘虢季爲匽（燕）姬作媵甗’似乎表明，虢國與‘匽（燕）’存在聯姻，匽（燕）姬指的是嫁往匽（燕）國的姬姓女子，也就是虢季的宗女。那麼此匽（燕）國可能不是召公奭後裔的北燕，而是姞姓的南燕。那麼‘太保燕仲’可能與《左傳》中記載的燕仲父有關。”[②]

這件甗的銘文有“媵”字，肯定是一件媵器，解釋爲虢季爲自己的女兒出嫁（到南燕）所作的媵器可以説得通，但有四點不好講通：其一，這件甗並没有出土在南燕國所在的河南衛輝、延津地區，而是出在山西垣曲，所以南燕國的可能性似乎並不存在；其二，目前傳世和出土的青銅器中還没有發現南燕國的器物，也没有發現與南燕國相關的銘文；其三，南燕國的“燕”是否也寫作“匽”目前還無從得知；其四，更爲不好解釋的是該墓地M5出土有燕太子簋，銘文是“匽（燕）大（太）子乍（作）彝簋”，還有M6出土“太保匽仲”盨。這些燕器，只能理解爲姬姓燕國之物，怎麼也看不出有南燕國的色彩。《史記·燕召公世家》載：“召公奭與周同姓，姓姬氏。周武王之滅紂，封召公於北燕。”司馬貞《索隱》：“武王封之北燕，在今幽州薊縣故城是也。”北燕國的“燕”西周到春秋時期的金文作“匽”。始封君是召公奭，但他留在宗周輔佐成王，由長子克就封，故址在今北京市房山區琉璃河童家林，約在公元前7世紀，燕國兼併薊國，並以薊城爲都，故址在今北京市區西南部廣安門附近。西周時期燕國就和晉南一些異姓侯國有着婚姻關係，如2007年山西絳縣横水鎮横北村西周倗國墓地M2158就曾出土有太保鬲。倗國是一個媿姓小國，太保鬲不可能是掠奪而來，應是燕國宗女嫁於倗伯，將太保器帶到了倗國。該墓還出土有魯侯鼎、芮伯諸器，這些都是姬姓諸侯國。2010年山西翼城縣隆化鎮大河口霸國墓地M1出

①学者意见參看山西省考古研究院在“文博中國”公衆號發表的文章。

②參看網友“大意覺迷”發表於微博的文章《山西垣曲出土青銅器奪簋解讀》，2020年12月11日，https://weibo. com/ttarticle/p/show?id=2309404581047886021202。

土的燕侯旨尊、卣共3件，銘文是“燕侯旨作姑妹寶尊彝”。同墓還出土有兩件旨爵，銘文是“旨作父辛爵”。大河口墓地是媿姓霸國的族墓地，説明該墓是霸伯夫人的墓葬，也就是來自燕國的女子、燕侯旨的姑妹，她把燕侯旨給父親所作的兩件祭器也帶到了夫家，死後埋在了自己的墓葬。“姑妹”一詞如何理解？一種可能就是其姑名叫“妹”；或者她的年齡小於燕侯旨，故燕侯旨稱其爲“姑妹”。

鑒於上述理由，筆者認爲這個“匽（燕）姬”應該就是姬姓燕國的女子。她不可能是虢季的女兒或者姊妹嫁到燕國，因爲燕、虢同爲姬姓，也不是虢季的女兒或者姊妹嫁到南燕國。這件甗應該是虢季給同姓的燕侯宗女出嫁所作的媵器。只是女子的稱謂是由父家國氏＋父家的姓組成。這種稱謂是女姓稱謂中他稱的一種方式。

作器者虢季就是三門峽虢國墓地M2001的墓主，生世在兩周之際到春秋初期，這點也與甗的時代相符。

至於“太保燕仲”與“燕仲父”更是無法聯繫在一起。我們知道燕仲父是南燕人，見於《左傳》，生世在春秋早期到春秋中期前段，曾參與東周五個大夫聯合蘇國、衛國，於公元前675年驅逐周惠王，擁立王子頹爲天子事件；並見於公元前640年“春，鄭伯和王室不克，執燕仲父”（見《左傳·莊公二十年》）。此時已進入春秋中期，而北白鵝M3出土的器物與三門峽虢季墓相似，時代在兩周之際或者春秋初期，况且燕仲父並没有擔任過周太保。故“太保匽中”絶不會是南燕仲父，他應是太保召公奭的後裔。

另外，《商周青銅器銘文暨圖像集成續編》收録有賈叔鼎、簋兩件，傳説出土於晉南，這兩件鼎、簋的情况與虢季甗極爲相似。銘文是“唯王二月既死霸丁亥，賈叔作晉姬尊簋，其用享用孝，用祈萬壽，子子孫孫永寶用”。賈國與晉國同爲姬姓，賈叔給晉姬作器，晉姬不可能是賈叔的女兒或者姊妹嫁到晉國，只能是賈叔爲出嫁的晉侯宗女所作的媵器或者饋贈品。

《左傳·成公八年》云：“衛人來媵共姬，禮也。凡諸侯嫁女，同姓媵之，異姓則否。”《公羊傳·莊公十九年》説：“媵者何？諸侯娶一國，則二國往媵之，以姪娣從。”《儀禮·士昏禮》也有：“婦徹于房中，媵御餕，姑酳之。”鄭玄注：“古者嫁女必姪娣從，謂之媵。姪，兄之子；娣，女弟也。”從金文中得知，媵女除同姓諸侯國外，異姓諸侯國也從媵，與《左傳》所説不同。諸侯可以以本國的女子往媵另一個同姓國出嫁的女子，那麼，給同姓國出嫁的女子製作媵器，那更在情理之中了。虢季甗、賈叔鼎簋發現的意義所在，就是給我們提供了這一方面的有力例證。

On Yanji(匽姬) in Guoji Yan(虢季甗) from Beibaie(北白鵝) Tomb

Wu Zhenfeng

Abstract: Guoji Yan(虢季甗) of the early Spring and Autumn Period, unearthed in Beibaie(北白鵝) Tomb, Yuanqu(垣曲) County, Shanxi Province, was inscribed the words 'Guoji Wei Yanji Tengyan(虢季爲匽姬媵甗)' on it. Some scholars believe that Yan(匽) is Southern Yan(燕) surnamed Ji(姞) and that Yanji(匽姬) is a royal girl of Guoji(虢季). After a comprehensive study of those relics in the tomb and extant texts, the author believes that Yan(匽) is Northern Yan(燕) surnamed Ji(姬), founded by Taibao Zhaogong(太保召公), and that Yanji(匽姬) is not a royal girl of Guoji(虢季), but an ordinary one in Northern Yan(燕), and that this Yan(甗) is nothing to do with Southern Yan(燕) surnamed Ji(姞), but a Tengqi(媵器) made by Guoji(虢季) for a would-be bride of Yan(燕) country of the same surname.

Key words: Guoji(虢季); Yanji(匽姬); Northern Yan(燕); Southern Yan(燕)

（吴鎮烽，陕西省考古研究院　西安　710043）

山西垣曲北白鵝墓地奪簋相關問題探討*

謝博霖

摘　要：山西省運城市垣曲縣北白鵝墓地所發掘周代貴族墓葬群，其中有一件長銘青銅器，暫被稱爲“奪簋”，器、蓋同銘。該銘文爲典型的西周册命金文，有右者入右、内史册命、賜予職命、賞賜命服等標準册命金文套式。器主“奪”受命“司成周訟事”與“殷八師事”，爲在成周收集訟事與管理殷八師相關事務之職。此職務雖與“訟”有關，銘文却未載其被授予“取徵”之權。由“奪”所掌管的訟事推測，其身份可能與琱生三器中被召伯訊問案情進度的“有司”接近。而從銘文揭示“奪”職事觀之，可知成周地區在西周中央政府中處於被管理之地位。

關鍵詞：西周；北白鵝墓地；奪簋；成周；訟事

一、前言

2020年山西省考古研究院於山西省運城市垣曲縣北白鵝墓地發現了周代貴族墓葬群，據新華社12月9日報導，其中有一件長銘青銅器，被稱爲“奪簋”。此簋器、蓋同銘，其銘文照片已刊載於報導中（參看山西省考古研究院，2021）。該銘文爲典型的西周册命金文，有右者入右、内史册命、賜予職命、賞賜命服等標準册命金文套式。器主“𡙇”（爲行文方便以下稱之爲“奪”）受命“司成周訟事”與“殷八師事”，似與訴訟司法有關。今據銘文拓片（圖1、圖2）將其隸定如下：

隹（唯）正月初吉王才（在）成周。庚午，各（格）于大室，井叔内（入）右𡙇（奪），即立（位），王乎（呼）内史微册令（命）𡙇

* 本文寫作中得到蔡哲茂先生指導，謹此致謝。

（奪）曰：“[令女（汝）] 嗣（司）成周訟事眔殷八師 [事]，易（賜）汝赤市、䜌（鑾）旂。用事。𡘶（奪）拜稽首敢對揚天子不（丕）顯魯休令（命），用乍（作）朕皇祖中氏、朕文考釐孟寶隮（尊）簋。𡘶（奪）其萬年眉壽永用，子子孫寶。”

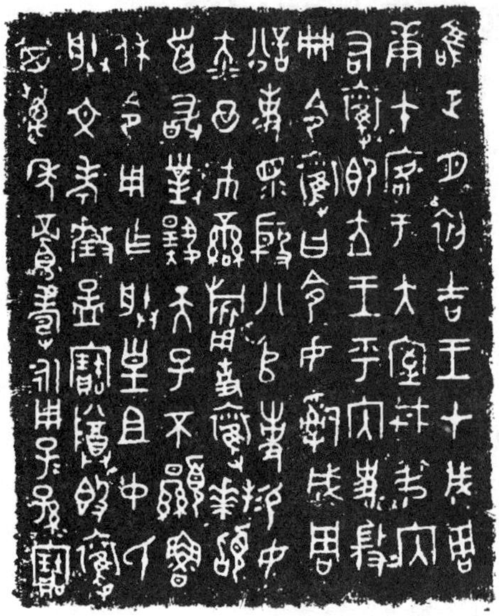

圖1：奪簋器

圖2：奪簋蓋

二、器主身份

本器器主名“奪”，與《集成》3372之“奪作寶簋”、《集成》9593之“允册奪壺”字形相同，均作从衣、从雀、从又“”，然非同人。以“允册”爲族徽的“奪”器有壺、卣、鼎，其器型與書體均爲西周早期風格，而本器銘文内容不僅是西周中期以後才成熟的册命銘文，若干字形也屬西周中、晚期才出現的書風。如“寶”字，《允册奪卣》（《集成》5330）作“”，其所从之“貝”仍保留較明顯的象形，作“”。而奪簋則作“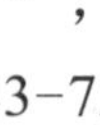”，其“貝”已經接近今文字（參看張懋鎔，2006:30-33；劉華夏，2010:43-72）。此外，奪簋“王”字也與允册奪諸器不同，前者作“王”，後者則爲“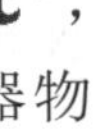”，其時代明顯不同。綜合報導所示之器形與銘文書體、内容，應爲西周中期器物。

關於器主身份，另一個值得注意的點是銘末“朕皇祖中氏”。西周有以“中”爲氏者，其與排行爲“仲”者有所區别。前者往往作帶斿之形“”，後者則作“ ф ”形（韓巍，2007:46）。器主可能是某支宗族的小宗之子，然因出土資料尚未完全公布，其族屬仍待證據確認。

三、何爲訟事

另一個關乎器主身份的問題，是器主“奪”於西周政府體系中的官職爲何？銘文記載：“‘令女（汝）’ 嗣（司）成周訟事眔殷八師‘事’。”這種司某事之文例集中出現在西周中、晚期册命銘文。

（1）曶，令汝更（賡）乃祖考嗣（司）卜事。（曶鼎，《集成》2838）

（2）用倂（纂）乃祖考事，嗣（司）……（豆閉簋，《集成》4276）

（3）虎，覩（在）先王既令乃祖考事，啻官嗣（司）……（師虎簋，《集成》4316）

（4）服余，令汝更乃祖考事。（吕服余盤，《集成》10169）

（5）更乃祖考事。（宰獸簋，《銘圖》5376、5377）

（6）嗣（司）五邑佃人事。（柞鐘，《集成》133-139）

（7）嗣（司）六師牧、陽（場）大□，嗣（司）夷陽（場）佃史（事）。（南宫柳鼎，《集成》2805）

（8）用嗣乃祖考事，作嗣（司）土（徒）。（郃曶簋，《集成》4197）

（9）用䜌（纂）乃祖考事，官辭尸僕、小射、厎魚。（害簋，《集成》4258-4260）

上引諸例大致可以分成兩類，一是“祖考事”，意義較爲虚泛，其職事主要落實在後續册命的“司……”上，如上引例（2）、（3）、（4）、（5）、（8）、（9）。二是具體説明管理某職務之“事”，如例（6）、（7）。除了例（1）曶鼎比較特别，可能其祖上所轄職事較小，職權不高，該銘文亦揭示器主曶是由井叔賜給曶赤金才能鑄器。

從這個現象來看，奪簋器主的社會經濟地位可能與曶相去不遠，奪簋器主受册命僅受賜“赤㊉市、緣（鑾）旂”，比起曶鼎受賜“赤㊉市”，僅多“緣

（鑾）旂”一項。而奪簋所受册命之“嗣（司）成周訟事眔殷八師‘事’”，應非高階職務。“赤⊗市”具體對應文獻中何種命服，目前尚無確切定論。然據何樹環（2007:130）研究，西周金文中地位較高者，未見“赤⊗市”之賜，此説可從。金文中受“赤⊗市”之錫命者有：

（10）由井伯入右，内史册命，無授職，賜赤⊗市、緣（鑾）旂。（利鼎，《集成》2804）

（11）由井叔入右，無史官册命，賡續祖考司卜事，賜赤⊗市。井叔於事後賜給曶赤金若干鈞。（曶鼎，《集成》2838）

（12）由康公入右，無史官册命，繼承祖考作司土（徒），賜戠衣、赤⊗市。（郃𠣜簋，《集成》4197）

（13）由仲朋父入右、内史尹氏册命，管理葊鄙官與内司舟，賜赤⊗市、緣（鑾）旂，取徵五寽（鋝）。（楚簋，《集成》4246-4249）

（14）由井叔入右，作册尹册命，受命輔佐周師管理林地，賜赤⊗市。（免簋，《集成》4240）

（15）由穆公入右，無内史册命，受命管理耤（籍）田的司土，賜戠衣、赤⊗市、緣（鑾）旂。（𢦚簋，《集成》4255）

（16）由宰朋父入右，史年[①]册命，受命主管畢地王家事務，賜赤⊗市、緣（鑾）。（望簋，《集成》4272）

（17）由井伯入右，内史册命，繼承祖考職事管理窦俞邦君以及管理當地馬、弓、矢。（豆閉簋，《集成》4276）

（18）由司徒單伯入右，内史先册命，受命司工、司量田甸、司空、司芻、司寇、司工司，賜赤⊗市、緣（鑾）旂，訊訟並取徵五寽（鋝）。（揚簋，《集成》4294、4295）

（19）由伯俗父右，受命輔佐俗父司寇，賜赤⊗市、玄衣黹純、緣（鑾）旅（旂）。（庚季鼎，《集成》2781）

從上引十例不難看出受赤⊗市服命的貴族所受職事並不高，且集中在民政相關工作、副手佐官或地方事務官等職務。有看似入主中央部門者，如𢦚簋，在赤⊗市之上多賜了戠衣。然其所受所爲司土，其職事只管理籍田，且戠衣等級較低，何樹環（2007:118-120）認爲可能是大夫、士這一階層的命服。

奪簋與上引十例頗爲相似，其銘文亦顯示器主所任職權並不高，同樣是

①即西周金文屢次出現的史先，宋人摹爲年字，或以爲本器册命的内史微即史先，雖有可能但字形並不相同，史先作“[illegible]”“[illegible]”“[illegible]”形，奪簋之内史微作“[illegible]”形，與陝西扶風莊白微史家族之“[illegible]”字形全同。因此，册命“奪”的内史有可能是史墻或微伯癲。

跟司法相關的册命，奪簋器主並沒有受到“取徵若干鋝”的待遇。在西周金文中，受到司法職務相關的册命，經常伴隨着“取徵若干鋝”的待遇，如趩簋（《集成》4266）：“訊小大有鄰（讉），取徵五寽（鋝）。”牧簋（《集成》4343）：“用雩乃訊庶有鄰（讉），母（毋）敢不明不中不井（型）。”䚄簋（《集成》4215）：“命汝嗣（司）成周里人眔諸侯、大亞，訊訟罰，取徵五寽（鋝）。”揚簋（《集成》4294、4295）：“訊訟，取徵五寽（鋝）。”𧀚簋（《銘圖》5258）：“訊訟，取徵五寽（鋝）。”馬承源（1985:171-180）認爲“取徵”不是訴訟中的罰金，而是新增任命而增加的官禄。

朱鳳瀚（2007:191-212）認爲是講被册命貴族因其官職可取得相當於若干寽銅的資財，其性質是該貴族在所受封賜之土田外，從中央王朝那裏得到的另一類與其職務相應的俸禄[①]。將“取徵”説成官禄，在西周册命金文中頗有不合理之處。在數量龐大的西周册命金文中，領取官禄的比例非常低。即使扣掉已經領取既有官俸而僅是重申舊職的册命，仍有不少册命金文是沒有“取徵”的。如善夫山鼎（《集成》2825）、即簋（《集成》4250）、朢簋（《集成》4272）等，這很難用“或與此類銘文較爲簡略有關”得以解釋。此外，“取徵×鋝”的數字最大不過三十，然相較幾件出現罰鋝銘文如師旂鼎（《集成》2809）罰三百鋝、曶鼎贖五夫的錢是百鋝、𠈌匜三百鋝。官俸與之相差巨大，不無可疑之處。是故本文認爲“取徵×鋝”應非官俸，而可能是負責“訊”時收取的相關費用。

王沛（2012:166）則認爲在册命司法職務的銘文中，或專指因從事司法工作而享受的俸禄。且涉及“訟”者，往往層次較低，限於財産糾紛的案件，只有五寽（鋝）這個等級。王説注意到訊“訟”與訊“有鄰（讉）”的區別，覈諸揚簋銘文，其所受命職務較多，大抵不離民政事務，如司工、司量田甸、司芻、司寇等。因其管轄職務較多，又涉及民事地政，故一併授予訊“訟”之權，以便管理土田僕庸争訟之事。

至於奪簋，可能因其未被授予訊訟之權，所以銘文未記載“取徵五寽（鋝）”之賜。反面而言，西周金文中，受“取徵若干寽（鋝）”者，地位往往不低。如趩簋銘文載受命𤔲師冢司馬，受赤市、幽黄。牧簋雖未詳説其於司士之外的增命，然觀其受賜金車等一系列車馬器，可知地位不低。與牧簋相同，毛公鼎、番生簋也受賜金車與成套車馬器，也有“取徵若干寽（鋝）”。此二器受命職司較高，管理公族、卿事、大史寮，應當也包含裁判審訊之權。

在西周中期的永盂（《集成》10322）銘文中，可以見到師永受賜土田後，

①相關册命職事與賞賜物資料可參何樹環（2007:209-218）。

會知井伯、榮伯、尹氏、師俗父、遣仲五位執政大臣（參看李學勤，2014:91；白於藍，2010:29-34）。在衛盉（《集成》9456）、五祀衛鼎（《集成》2832）中，同樣也由五位執政大臣會勘、訊問土田之事。雖然在永盂銘文中，五位大臣未被記録下於賜地事中的實質作爲，但在五祀衛鼎銘中，已明白地叙述井伯、伯邑父、定伯、琼伯、伯俗父五人調查訊問裘衛與邦君厲雙方證詞，並使邦君厲誓，最後責成三有司完成土地交割。在衛盉銘文中，伯邑父、榮伯、定伯、琼伯、單伯五人受理並責成有司完成裘衛受矩伯土田交割案。李峰（2010:89）認爲這五位大臣形成一個委員會，向三有司傳達周王命令，且同時也身兼民事訴訟的法官。

“訊”即訊問，在五祀衛鼎（《集成》2832）有“正迺訊厲”，“正”即井伯、伯邑父、定伯、琼伯、伯俗父五位大臣（龐懷清等，1976:33）。這也意味着，上引六例之器主皆有訊問當事人以查明案情的權力。而在奪簋銘文中，則不具備“訊”的權力，這可能是奪涉入司法職務中，却没有辦法“取徵五寽（鋝）”的原因之一。

順此，則所謂“訟事”，應該理解爲成周争訟案件，器主奪可能是匯整案情、管理檔案之“有司”[①]。類似於琱生三器中，被召伯虎訊問，並在事成之後製作約劑的“有司”。六年琱生簋銘文云：“余告慶，余以邑訊有司。”朱鳳瀚（1988:79-96）曾指出：“從西周中晚期金文看，凡涉及土地獄訟或轉讓之事，在由王或大臣裁决後，進行土地的勘定與封疆時，皆要由具體主管有争議的土田的有司們進行落實。”因此，當成周貴族發生争訟之事，裁决的是井叔這樣的大貴族，而負責匯整、登録、備查的工作很可能就是器主“奪”的“成周訟事”。

然而西周金文中有時不會將册命内容悉數録出，奪簋亦有可能如揚簋，本有“訊訟，取徵若干寽（鋝）”之文句，只是在銘文中略而不書。金文省略例有何樹環所舉利鼎（《集成》2804）與弭伯簋（《集成》4257）二器銘文，皆僅書寫賞賜命服但不書其職務内容。何樹環（2006:89-90）進一步舉出若干先言賞賜物，後言職務内容的西周册命金文爲例，認爲“册命銘文”在記録實際“册命”過程時，特别是史官宣達書於簡策之王命的相關語句，可以有所省略。同樣懷疑西周册命金文内容可以有所省略者，尚有王暉（2019:90），他認爲西周中期册命禮儀正式形成之後一段時間裏，許多金文資料不記“受王命書”及其史官，也有些不見右者甚至有册命的事實却不見負責册命史官，有的

---

①李峰（2018:112-120）曾指出西周書寫文本涉及日常的政府管理、官員的檔案存儲、土地交易、涉及財産所有權的法律案件、私人物品交换、軍事管理。

銘文可能有所省略，但也有可能是册命過程初期還不完善。

當前推估册命金文省略例，如何樹環似據慣例推論，認爲册命即帶有職務任命，不帶職務任命者即有所省略。然而西周金文册命狀况多變，如四十二年逑鼎（《銘圖》2501、2502）即因戰功受賞，並未曾加職務任命，然其前後册命儀式俱全，亦有“受册”。是故單純受賞，不書職務並不足以確定該銘文爲省略例。

對於西周金文册命文書是否省略，學者意見不一[①]。銘文從册命文書轉爲銘文的過程中，必然經過編輯手續，未必絶對保持原貌（李冠蘭，2019:43）。然縱觀册命金文省略例，實罕有同銘二器，一者省略部分册命内容，而一者爲完整版本的現象，且省略部分册命内容，除却銘文誤鑄之外，實難以想像省略“取徵若干寽（鋝）”之意義所在。

此外，“成周訟事”與“𣪘八師事”相連，説明其職務應當相關，雖然“𣪘八師事”具體所指爲何不甚清楚，但可以與盠方彝（《集成》9899、9900）相對比。盠方彝銘：“𤔲嗣（司）六師眔八師埶（藝）。”《説文》：“埶，種也。”于省吾（1964:154）認爲這是周天子命盠掌管六師與八師的穀類種藝之事。楊寬（2003:50）雖不同意屯田説，但他據曶壺銘文認爲成周八師既然設有冢司土之官，必然“八師”有關涉土地與徒役之事需要管理。

然而細味“𤔲嗣（司）六師眔八師埶（藝）”一句，難免啓人疑惑。首先東、西兩軍團的農事，路遠而事小，當地應有三有司自行管理，似無需由一人總管主之。而且盠方彝内文提到兩次册命，一是管理六師底下的王行三有司，司土（徒）、司馬、司工（空），這當中就已囊括民政相關工作[②]。而後又命令他管理六師與八師的種植之事，顯然前命已經概括後命，那麽後命就不該提到六師而只要説八師“藝”即可。

因此，盠方彝的“六師眔八師埶（藝）”，或許可以考慮讀爲他字。從軍團事務的方向思考，或有可能讀爲“馹”。《説文》：“馹，驛傳也。”質、月

①關於西周册命文書迻録銅器銘文的保存程度，學者過去有不同的意見，如陳夢家（2004:400）認爲王命最先書寫於簡册，當庭宣讀後由貴族攜回並刻鑄在銅器上。李峰（2018:114）認爲在册命儀式結束後，受命者很可能直接複製了册命儀式上王命的文本内容，將之轉爲銅器銘文。因此，册命銘文在風格與格式上，都呈現高度的一致。羅泰（2006:350-355）從文本迻録的角度出發，認爲銅器銘文不是原本，而是藏於作器者家族的檔案衍生出來的文本。以此爲起點，羅泰認爲銅器銘文不是保存册命記録的唯一文本，而是特别爲了與祖先神靈交流而鑄於銅器上的多種文本之一。當官方文件被迻録到銅器上時，會經過編輯的手續。在編輯過程中，册命記録未必需要全部引用。長銘可能由不同檔拼湊而成，短銘可能只呈現了原文件的壓縮版本。

②李峰（2010:84-87）認爲三有司制度也存在於六師的軍事機構中，是與中央政府的主要部門卿事寮下轄三有司相平行的機構，這表示當時軍事組織下行使了一些民事行政的功能。

二部旁轉，有相通之例（白於藍，2017:808-809）。上古“馹”的管理有其主事之官（李家浩，2013:75-76），而軍團之間的交通、通訊亦爲大事，也較有可能由一人總管兩地事務。

無論如何，西六師與殷八師下皆轄有民政機構，曶壺蓋有成周八師下的冢司土（徒），盠方彝有六師王行三有司。是故殷八師成員應該擁有被管理的土田，有土田就難免會發生如同散氏盤銘文一般的糾紛訟事，這些訟事與其他事務都器主“奪”匯集管理。

而若從成周的地位來看，器主奪不似揚簋一般被賦予“訊”之權，也頗有關聯。西周金文所見成周行政相關的金文例子：

（20）王才（在）成周司土（徒）淲宫。（鮮鐘，《集成》143）

（21）尹令史獸立（涖）工于成周。（史獸鼎，《集成》2778）

（22）令史頌㣪（省）穌（蘇）灋友里君、百生（姓），帥覨（偶）盩于成周。（史頌鼎、簋，《集成》2787、2788、4229-4236）

（23）頌，令汝官𤔲（司）成周貯（賈）廿家，監𤔲（司）新造貯（賈），用宫御。（頌鼎，《集成》2827-2829）

（24）王命善（膳）夫克舍令于成周遹正八師之年。（善夫克盨，《集成》4465）

（25）汝其以成周師氏戍于古次。（录尊、卣，《集成》5419、5420）

（26）王才（在）成周𤔲（司）土淲宫。（十三年瘐壺，《集成》9723、9724）

（27）更乃祖考作冢𤔲（司）土（徒）于成周八師。（曶壺蓋，《集成》9728）

（28）王令甲政（征）𤔲（司）成周四方責（積）。（兮甲盤，《集成》10174）

這些例子顯示，成周在西周中期以後是被宗周政府支配且監管的狀態，儘管當地設有冢司徒，亦可能是管轄成周或東部地區的其他地方司徒，如沬司徒（《集成》4059）。楊寬（2003:327-331）曾指出，在西周初年，成周有卿事寮，並設有執政大臣，但持續時間不長。由《尚書·顧命》内容推測，當時在宗周爲太史的畢公，兼管成周事，才會率領東方諸侯來朝見。亦即當時諸侯雖有東方、西方之别，執政大臣却無宗周、成周之分。從管理的角度來看，既然政治、軍事環境已稍安，便無政由二出的道理。這種宗周執政大臣管理成周事宜的現象，從成、康之際就已經發生，到了西周晚期仍然延續（楊寬，2003:327-331）。由此或可以推測器主“奪”之所以未被賦予“訊”訟之權，可能與其派任的成周處於被宗周管轄之地位有所關聯。

四、結語

山西垣曲北白鵝墓地奪（奪）簋出土，雖僅僅是一篇册命銘文，却能與過去許多舊問題相联繫。本文联繫西周相關金文辭例，認爲器主“奪”僅是在成周收集訟事與管理殷八師相關事務的貴族，銘文未顯示器主“奪”受命有裁斷訊問訟事之權，亦無取徵的權力。由其所掌管的訟事推測，“奪”之身份亦可能與琱生三器中被召伯訊問案情進度的“有司”有關。此外，成周訟事不由當地官員定奪，這也部分揭示了成周作爲西周都城的地位爲何。

參考文獻：

白於藍　2010　《師永盂新釋》，《考古與文物》第5期。
白於藍　2017　《簡帛古書通假字大系》，福建人民出版社。
陳夢家　2004　《西周銅器斷代》，中華書局。
何樹環　2007　《西周錫命銘文新研》，文津出版社。
韓　巍　2007　《西周金文世族研究》，北京大學博士學位論文。
李　峰　2010　《西周的政體：中國早期的官僚制度和國家》，生活・讀書・新知三聯書店。
李　峰　2018　《西周的讀寫文化及其社會背景》，《青銅器與金文書體研究》，上海古籍出版社。
李家浩　2013　《南越王墓車馹虎節銘文考釋》，《安徽大學漢語言文字研究叢書・李家浩卷》，安徽大學出版社。
李冠蘭　2019　《西周册命文體的文本生成》，《中山大學學報（社會科學版）》第6期。
李學勤　2014　《西周金文中的土地轉讓》，《新出青銅器研究》（增訂本），人民美術出版社。
劉華夏　2010　《金文字體與銅器斷代》，《考古學報》第1期。
羅　泰　2006　《西周銅器銘文的性質》，《考古學研究（六）：慶祝高明先生八十壽誕暨從事考古研究五十年論文集》，科學出版社。
馬承源　1985　《説䊷》，《古文字研究》（第12輯），中華書局。
龐懷清　吴鎮烽　雒忠如　尚志儒　1976　《陝西省岐山縣董家村西周銅器窖穴發掘簡報》，《文物》第5期。
山西省考古研究院　2021　《垣曲北白鵝墓地M3出土的兩件有銘銅器》，《文物世界》第1期。
王　沛　2012　《金文法律資料考釋》，上海人民出版社。
王　暉　2019　《君臣人身依附契約關係的建立：西周册命禮性質研究》，《東亞漢學研究》（第9號）。

楊　寬　2003　《論西周金文中“六𠂤”與“八𠂤”和鄉遂制度的關係》，《楊寬古史論文選集》，上海人民出版社。
楊　寬　2003　《西周史》，上海人民出版社。
于省吾　1964　《略論西周金文中的“六𠂤”與“八𠂤”及其屯田制》，《考古》第3期。
張懋鎔　2006　《金文字形書體與二十世紀的西周銅器斷代研究》，《古文字與青銅器論集》（第二輯），科學出版社。
朱鳳瀚　1988　《琱生簋銘新探》，《中華文史論叢》第1輯。

Discussion on Related Issues of Duogui(奪簋) from Beibaie(北白鵝) Village, Yuanqu(垣曲) County, Yuncheng City, Shanxi Provence

Xie Bolin

Abstract: The ancient aristocracy tomb of Zhou dynasty is excavated in the cemetery of Beibaie(北白鵝) Village, Yuanqu(垣曲) County, Yuncheng City, Shanxi Provence. Then, one of the inscriptions is called Duogui(奪簋). The inscription of the inside of the Gui(簋) is the same as the lid of it. The inscription is a typical Western Zhou (the first half of Zhou dynasty) appointment inscription. The inscription fits in the standard structure of appointment inscription which means there are Youzhe(右者) leading Neishi(内史) to read out the position of the government and clothing which is bestowed. Duo(奪), the producer of the inscription, is assigned to collect Chengzhou(成周)'s lawsuit cases and govern “YinBashi(殷八師)”. The position is relative to judical but the inscription did not describe that Duo(奪) is given the authority of charging lawsuit fees. Based on the speculation from Duo(奪)'s position, his identity is likely close to the clerk of court who is questioned about the schedule of lawsuit case by Zhaobo(召伯). According to Duo(奪)'s function described in the inscription, we can deduce that the Chengzhou(成周) district is in the charge of Western Zhou central government.

Key words: Western Zhou; Cemetery of Beibaie(北白鵝); Duogui(奪簋); ChengZhou(成周); lawsuit

（謝博霖，政治大學中國文學研究所　台灣　116011）

“楚子棄疾簠”略論*

李世佳

摘　要：楚系青銅器有一件楚子棄疾簠，器之歸屬，或認爲楚平王踐祚前所鑄器，或認爲楚國鬬氏成員鬬棄疾器。比較目前所見楚王子、王孫器，“楚子棄疾簠”銅銘中無“王子”二字，顯非楚王子器；又楚王孫器銅銘中若器主名前有顯示其身份信息（族屬、國屬等）的字眼，“王孫”二字有時可省略，楚子棄疾簠器主的稱謂方式恰與之吻合，遂推定“楚子棄疾”或稱“楚王孫棄疾”，與見於《左傳》魯襄公二十二年（前551）的“王孫棄疾”係一人。

關鍵詞：楚子棄疾；楚平王；鬬棄疾；王孫棄疾

楚子棄疾簠（《近出》[①]0517、《新收》[②]0314、《銘圖》[③]05835），1970年春河南省南陽市西關汽車發動機廠出土（尹俊敏、劉富亭，1992），現藏河南南陽市博物館。該器呈長方形，通高16釐米，口縱20.5釐米，口横27.5釐米。直口無唇，腹上部直壁下折内收，平底下四只對稱蹼形足，腹部兩端各有一獸首形耳，已失，蓋沿置六個獸面形卡扣。通體飾蟠虺紋。

器、蓋同銘，皆鑄2行12字，如下：

楚子棄疾擇其吉金，自乍（作）飤匠（簠）。

---

* 本文受到國家社科基金一般項目“周代晉國世族社會研究”（19BZS032）的資助。匿名審稿專家對拙作提出寶貴修改意見，謹致熱忱。

①劉雨、盧岩編著的《近出殷周金文集録》（中華書局，2002年），簡稱爲《近出》，文中引用該書時僅標出某器在書中的編號。

②鍾柏生、陳昭容、黄銘崇、袁國華編著的《新收殷周青銅器銘文暨器影彙編》（藝文印書館，2006年），簡稱爲《新收》，文中引用該書時僅標出某器在書中的編號。

③吴鎮烽編著的《商周青銅器銘文暨圖像集成》（上海古籍出版社，2012年），簡稱爲《銘圖》，文中引用該書時僅標出某器在書中的編號。

上器銘顯示簠乃“楚子棄疾”的自作用器。器之年代，據器形、紋飾，學界意見一致，皆定在春秋晚期偏早段（參看劉彬徽，1995:319-320；鄒芙都，2007:92-93）。可從。

一、學界關於器主楚子棄疾身份的討論

對於西周以降銅器銘文常見的“國名+子”的稱謂方式，學術界業已有過深入探討，“子”字所藴含的意義，或認爲美稱（曹錦炎，2015），或以爲國君之稱（參看朱鳳瀚，2017；徐少華，2010:46-55），或考證爲公（王）子稱（吴鎮烽，2006:335）等，觀點不一[①]。具體到楚子棄疾簠器主的身份，學界亦争論不小。徵於《左傳》，楚國歷史人物當中名“棄疾”者，乃有三人：

1. 王子棄疾。《左傳》魯昭公十三年（前529）詳載楚平王（前528-前516年在位）的踐祚過程，其先與公子比合謀攻入郢都，迫死楚靈王（前540-前529年在位）。待楚立公子比爲王，又利用楚人不聞靈王死訊而畏其復來的心理，夜使人詐稱靈王至，公子比自殺，平王踐祚，《左傳》言：“棄疾即位，名曰熊居。”顯而易見，楚平王即位之前名“棄疾”，享祚後旋改名爲“熊居”，不再用棄疾名，故魯昭公二十六年（前516）楚平王卒，《春秋》經但曰：“九月庚申，楚子居卒。”

裴明相（1989）認爲楚子棄疾簠乃是熊居即位之前所鑄器，張曉軍（1992）、張丹（2012）觀點同。其中，張丹（2012）對楚子棄疾簠出土於南陽作出進一步的解釋：“申縣對於楚國具有重大戰略意義，又與陳、蔡接近，棄疾數度將兵滅陳、蔡、不羹等，又任蔡公，他以自己的常用器物作爲饋贈品，送給申地貴族也是有可能的。”

2. 王孫棄疾。《左傳》魯襄公二十二年（前551）記載楚有“王孫棄疾”，云：

> 楚觀起有寵於令尹子南，未益禄而有馬數十乘。楚人患之，王（楚康王，前559-前545年在位）將討焉。子南之子棄疾爲王御士……王遂殺子南於朝……棄疾請尸，王許之。既葬……遂縊而死。

按，引文中的“子南”即楚公子追舒，《左傳》魯襄公十五年（前558）：“公子追舒爲箴尹。”公子追舒乃楚莊王（前613-前591年在位）之子，字子

①銅銘中“國名+子”的稱謂方式，學界已有研究頗多，此處謹遵審稿專家意見，對既有研究略作概述。感謝審稿專家所提寶貴意見。

南（楊伯峻，2009:1022）。魯襄公二十一年（前552）：“夏，楚子庚（公子午）卒……乃使子南（公子追舒）爲令尹。”棄疾作爲楚莊王之孫、令尹公子追舒（子南）之子，任楚康王御士，公元前551年受其父牽連自縊而卒。

鄒芙都（2007:92）認爲，子南爲王子，子南之子當稱王孫，而此器銘稱楚子，所以（楚子棄疾簠）器主爲子南之子的看法也不大可能。

3.鬬棄疾。鬬氏，乃兩周之際楚君若敖熊儀（前790-前764年在位）後裔子孫所形成的世族，南宋鄧名世《古今姓氏書辯證》（2006:530）“鬬”字條下，云：“楚若敖娶邧女，生（鬬）伯比，別爲鬬氏。”又南宋鄭樵《通志》卷二七《氏族三》（2000:457）“以邑爲氏”之“楚邑”條下，曰：“鬬氏，羋姓，若敖之後。……若敖娶於邧，生鬬伯比。”鬬伯比生令尹鬬穀於菟（字子文）。《左傳》魯昭公六年（前536）載鬬氏成員有“鬬棄疾”，吴、楚二國争奪徐國，楚伐徐，吴人救之，“吴人敗其師於房鍾，獲宫廄尹棄疾”。有關鬬棄疾身世，韋昭認爲鬬棄疾應當爲令尹鬬穀於菟（子文）玄孫（徐元誥，2002:524）。可從。

鄒芙都（2007:92）認爲：“棄疾爲子文玄孫，正是楚王子、王孫的後裔……（楚子棄疾簠）疑爲此棄疾之器。此棄疾在公元前536年被吴所俘，故鑄器年代應在此之前，該器器形、紋飾與蔡公子義簠近，銘文風格與淅川下寺三號墓蟠虺紋有銘銅簠近，所以該器本身斷代因素能與其生活時代相吻合。”

二、“王子棄疾説”“鬬棄疾説”辨析

上“王子棄疾説”“鬬棄疾説”，似可商。

楚王子器銅銘中，器主的稱謂方式較爲特殊。便於分析，將目前所見楚王子器擇其要匯總如下：

表1：楚王子器匯總表

楚王子	出　處	銘　文	活動年代
王子嬰次[①]	王子嬰次爐 《集成》[②]10386	王子嬰次之炒爐。	前598-前570年

①王國維（1959:899）：“余謂‘嬰次’即‘嬰齊’，乃楚令尹子重（公子嬰齊）之遺器也。”

②中國社會科學院考古研究所編《殷周金文集成（修訂增補本）》（中華書局，2007年），簡稱爲《集成》，文中引用該書時僅標出某器在書中的編號。

（續表）

楚王子	出　處	銘　文	活動年代
王子昃[①]	王子昃鼎 《集成》02717	隹正月初吉丁亥，王子昃擇其吉金自作飤鼎，其眉壽無期，子子孫孫永保用之。	前597–前575年
王子申	王子申盞盂[②] 《集成》04643	王子申作嘉羋盞盂，其眉壽無期，永保用之。	前590–前571年
王子午	王子午鼎 《集成》02811	隹正月初吉丁亥，王子午擇其吉金，……萬年無諆，子孫是制。	前561–前552年
王子䪭	王子䪭匜 《新收》1675	王子䪭之沬匜。	前515–前489年
王子臣	王子臣鼎 《銘圖續》[③]124	王子臣作𩰫（肆）彝，用冬（終）。	春秋晚期
王子適	王子適匜 《集成》10190	王子適之遰匜。	戰國早期
郯陵君王子申	王子申鑒 《集成》10297	陵君王子申，攸兹，散金鑒，攸立歲嘗，以祀皇祖，以會父兄。永用之官，攸無疆。王郢姬之濫（鑒）。	戰國晚期

依據上表，易於發現凡楚君之子的自鑄用器，銅銘中器主稱謂單一、固定，皆一律自稱“王子某”，未有例外，這當與楚國特殊的歷史經歷有關。

《史記・楚世家》載，（熊通）三十五年（前706）伐隨，欲周王室尊其爵號而觀中國之政，“王室不聽”，熊通怒曰：“王不加位，我自尊耳。”乃自立爲王，是爲楚武王（前740–前690年在位）。自是以降，歷代楚國國君皆僭號稱王，此成爲楚國政治的常態。檢索春秋以降的金文資料，楚君皆稱“王”，此類銅器有“楚王媵邛仲羋南鐘”（《集成》00072）、“楚王領鐘”（《集成》00053）、“楚王熊審盂”（《新收》1809）、“楚王熊章戈”（《集成》11381）、“楚王熊前鼎”（《集成》02623）、“楚王熊悍鼎”（《集成》02795）等。既然楚君稱王，則楚君之子自作器中自然稱“王子某”了。

曾國銅器銘文中，“曾子與”，見曾子與簠（《集成》04488），又作“曾侯與”，見曾侯與鬲（《銘圖續》0240）；“曾子斿”，見曾子斿鼎（《集成》02757），又作“曾侯仲子斿父”，見曾侯仲子斿父鼎（《集成》02423）。或認

①張政烺（2021:362）考證：“‘昃’‘側’音義俱同，故余斷爲楚司馬子反之器。”

②劉彬徽（1995:309）指出：“從此器的蓋紐形制與填雲紋的三角紋來看，與下寺M7的蓋相近，應定爲共王時的王子申。此人於公元前571年被殺，因之，這件器的年代上限約爲共王即位之年（前590年），下限爲其死年，即介於前590–前571年之間。”

③吴鎮烽先生編著的《商周青銅器銘文暨圖像集成續編》（上海古籍出版社，2016年），簡稱爲《銘圖續》，文中引用該書時僅標出某器在書中的編號。

爲“曾子與”“曾子斿父”分别是“曾侯與”“曾侯仲子斿父”二人在攝取君位之前的稱謂（田成方，2016:193），據此則銅銘中國名之後的“子”字或有公子（太子）之意。曾國等諸侯國因未有稱王的特殊經歷，此類“子”字含公子（太子）之意的情況不大可能在楚王子器銅銘中出現，且見於典籍，春秋時期楚歷代太子的名號皆於史有徵，無有名“棄疾”者①。何浩（1993）指出：“‘王子’是一種不同一般的高貴稱謂，楚王之子所鑄之器，‘王子’二字自然是其銘文中不可缺少的字眼。”换言之，“王子”二字乃楚王子器銅銘中的標配。因此，假若楚子棄疾簠乃楚平王尚爲王子時所鑄器的觀點成立，銅銘中當徑稱“王子棄疾”，而絶非“楚子棄疾”，目前所見楚系青銅器，尚無例子證明楚王子器銅銘中可省略“王子”二字。

又“鬭棄疾説”，立論依據是簠之器形、紋飾所反映的年代與鬭棄疾生活時代相符，劉彬徽（1995:320）言：“（王子棄疾、王孫棄疾、鬭棄疾）三人的活動時間前後相距僅30年左右，從形態上也難以判定爲哪一個棄疾，只能存疑。”何浩（1993）亦不同意上述諸説，云：“‘楚子’棄疾，既不具有王孫的身份，也看不出是出自鬭氏。就現有資料説，似也只能看作是另一個名爲棄疾的楚國貴族。”

三、楚子棄疾係楚王孫棄疾分析

上何浩先生言楚子棄疾簠之器主（楚子棄疾）不具有王孫的身份，似可商。我們認爲器主楚子棄疾宜與見於《左傳》魯襄公二十二年（前551）的楚王孫棄疾（楚莊王之孫、公子追舒之子）爲一人，除去二人名字相同、生活年代相近外，尚有更加直接的佐證支持此觀點。

與楚王子器銅銘中器主稱謂的單一、固定化不同，楚王孫器中器主稱謂方式有多重變化：

其一，最常見的徑稱“王孫某”。此類銅器有“王孫壽甗”（集成00946）、“王孫誥鐘”（《新收》0418-0443）、“王孫誥戟”（《新收》0465、0466）、“王孫遺者鐘”（《集成》00261）、“王孫霎簠”（《集成》04501）、“王孫名戟”（《銘圖》16848）、“王孫家戈”（《銘圖》16849）等。

①審稿專家指出“國名+子”稱謂中“子”含義較爲豐富，舉曾國銅器爲例，“子”有時可有“太子”意，於此略作分析，敬請批評指正。

其二，在“王孫”二字前冠以代表國屬意義的“楚”字，構成“楚王孫某”格式。“王孫漁戟”（《集成》11152、11153），1958年湖北江陵新民泗場長湖邊楚墓出土，一件藏湖北省博物館，一件藏中國國家博物館。兩戟在援及胡部鑄相同6字銘文：“楚王孫漁之用”。

其三，楚王孫器銅銘中，若器主名前有顯示其身份信息（族屬、國屬等）的字眼，可省略“王孫”二字。《銘圖續》著録了一批“昭王之即”器，有“昭王之即鼎甲”（《銘圖續》0224）、“昭王之即鼎乙”（《銘圖續》0225）、“昭王之即鼎”（《銘圖續》0226）、“昭王之即簠甲”（《銘圖續》0515）、“昭王之即簠乙”（《銘圖續》0516）、“昭王之即缶”（《銘圖續》0909）。以“昭王之即鼎甲”（《銘圖續》0224）爲例作一説明，器、蓋同銘，46字（又重文1）：

> 隹正孟春吉日隹庚，昭王之即擇氒吉金，作鑄偖鼎，春秋龏嘗，靈福之既亟，眉壽無疆，殜冬（終）之既眾，子子孫勿敓，偖鼎共行。

鼎爲“昭王之即”自作器，“昭王”，示出身楚昭王（前515–前489年在位），乃楚昭王後裔；“之”，結構助詞，表領屬關係；“即”，器主私名。

又《銘圖續》編號0525著録一件“昭之王孫即盞”，内壁鑄17字銘文：

> 昭之王孫即自作鑄其飤盞，子孫永保用之。

對比上引鼎銘、盞銘，“昭王之即”與“昭之王孫即”顯爲一人。器主名“即”，或稱“昭王之即”，或稱“昭之王孫即”。銅銘中，“王孫”“孫”用語區别明顯，“某之王孫”，徑示祖孫關係；“某人之孫”，則示某人後裔之意，非局限於祖孫關係。故“昭之王孫即”稱謂，表明器主“即”乃楚昭王的孫子，而“昭王之即”稱謂，中間明顯省略了“王孫”二字。借此，可推斷於楚王孫器銅銘中，若器主名前有顯示其身份信息（族屬、國屬等）的字眼，“王孫”二字當可省略。

又2007年4月，澳門崇源國際拍賣公司公布一批明顯源於内地的楚系青銅器，簡稱崇源銅器，計有30件（王冠濤，2018），其中，有12件“競之定”器，鬲8（《銘圖》03015–03022）、簋2（《銘圖》04978、04979）、豆2（《銘圖》06150、06151），皆鑄相同的22字銘文：

> 隹戠（弌日），王命競之定救秦戎，大有社（功）于洛之戎，用作隮彝。

張光裕（2008）、吴鎮烽（2008）、黄鳳春（2008）諸先生皆對其作了詳細的考釋，都認定“競之定”是人名之稱。吴鎮烽（2008）指出，據形制、紋飾以及銘文等方面所表現出的特徵，其時代應在春秋晚期後段到戰國早期前段，多數學者觀點同（参見張光裕，2008；董珊，2012）。“競之定”其人又見於“秦王鐘”（《集成》00037），作“競平王之定”：

秦王卑（俾）命競（景）坪（平）王之定救秦戎。

田成方（2016:104-110）考證“競之定”即楚競平王之孫、王子申之子王孫寧，立論依據主要有以下幾條：其一，王孫寧之“寧”與“競之定”之“定”爲同源字，有互通之例；其二，王孫寧、競之定的身世、地位、活動年限、名號等相互契合；其三，崇源銅器銘文所言競之定擊潰洛戎之事，符合春秋晚期楚、秦、晉三國在伊、洛地區展開激烈争奪的歷史事實，且與王孫寧所擔任過令尹、右司馬諸職職責吻合。田先生的立論頗有創新性，且論證縝密，可從①。

不獨楚王孫器銅銘中可省略王孫二字，與楚關係密切的南方諸國銅器中亦有類似案例。鄧國，嫚姓，所封甚早，南宋羅泌《路史·國名紀四》記載可追溯至夏王朝時期。春秋時期鄧國地望，石泉（1988:105-126）考證今湖北襄陽西北的古城遺址即是古鄧國所在，得到學界認同。又春秋早期楚國政治中心郢都地望所在，今湖北宜城有楚皇城遺址，面積約2.5平方公里，出土有大量從新石器時代到春秋戰國乃至秦漢的遺物。尹弘兵（2009:247）、吴良寶（2010:37-48）諸先生皆考定宜城楚王城遺址就是春秋早期的郢城所在。又最新清華簡《楚居》篇記載楚武王居疆浧，疆浧地望，趙平安（2011）考證即在湖北宜城。

春秋早期楚、鄧兩國的核心區域，一在襄陽，一在宜城，二國基於地理相近之形勢，婚、聘及文化交流必相當密切，如楚武王夫人鄧曼即鄧國公室之女，而二國“王（公）孫”器器主的稱謂方式亦頗相似。

2001年，湖北襄陽王坡鄧國墓地M1出土有銘“鄧公孫無忌”器4件，鼎1（《新收》1231），戈3（《新收》1232-1234），現藏湖北省文物考古研究所。4器皆鑄刻有銘文，如下：

鼎銘：隹九月初吉丁亥，鄧公孫無忌選吉金鑄其□鼎，其用追孝朕皇高且（祖），余用正（征）用行永壽無疆，子子孫孫永寶用之。

戈1銘：鄧子中（仲）無忌之用戈。

戈2銘：鄧子中（仲）無忌之用戈。

戈3銘：鄧子中（仲）無忌之用。

器之年代，湖北省文物考古研究所等單位所編考古報告《襄陽王坡東周

①銅銘中“國名+子”的稱謂方式，“子”含公（王）孫意，以“昭王之即”或稱“昭之王孫即”爲直接證據，以鄧公孫無忌的稱名方式爲旁證。審稿專家指出證據不够豐富，於此處添加“競之定”銅器作爲新一條佐證，敬請批評指正。

秦漢墓》（2005:62）定在了春秋早期早段，其下限不晚於鄧國被楚所滅之年。《史記·楚世家》載："（楚文王）十二年（前678），伐鄧，滅之。"鼎銘顯示器主乃"鄧公孫無忌"，由"公孫"二字銘易知器主爲鄧國公室成員，其祖父爲鄧國某國君，3件戈銘又稱"鄧子仲無忌"，稱呼格式爲國屬（鄧）+"子"+人名（仲無忌），中間省略了"公孫"二字，與楚子棄疾簠器主之國屬（楚）+"子"+人名（棄疾）的稱謂方式如出一轍。

稽上"昭王之即"器、"競平王之定"器、"鄧子仲無忌"器諸例，以衡"楚子棄疾簠"器主的稱謂方式，概可推定"棄疾"乃器主私名，名前"楚子"二字宜用於顯示棄疾國屬及與楚王的血緣親密關係。"楚子棄疾"或稱"楚王孫棄疾"，與見於《左傳》魯襄公二十二年（前551）的楚王孫棄疾（楚莊王之孫、公子追舒之子）係同一人。

徵引書目：

（南宋）鄧名世：《古今姓氏書辯證》，江西人民出版社，2006年。
（南宋）羅泌：《路史》，《文淵閣四庫全書》第383册，臺灣商務印書館，1986年。
（南宋）鄭樵：《通志》，浙江古籍出版社，2000年。

參考文獻：

曹錦炎　2015　《曾子戈小議》，《江漢考古》第1期。
董　珊　2012　《救秦戎銅器群的解釋》，《江漢考古》第3期。
何　浩　1993　《"王子某"、"楚子某"與楚人的名和字》，《江漢論壇》第7期。
湖北省文物考古研究所　襄樊市考古隊　襄陽區文物管理處（編）　2005　《襄陽王坡東周秦漢墓》，科學出版社。
黄鳳春　2008　《新見楚器銘文中的"競之定"及有關問題》，《江漢考古》第2期。
劉彬徽　1995　《楚系青銅器研究》，湖北教育出版社。
劉　雨　盧　岩　2002　《近出殷周金文集録》，中華書局。
裴明相　1989　《"棄疾簠"與"析鼎"釋略》，《中原文物》第4期。
石　泉　1988　《古代荆楚地理新探》，武漢大學出版社。
田成方　2016　《東周時期楚國宗族研究》，科學出版社。
楊伯峻　2009　《春秋左傳注》，中華書局。
尹弘兵　2009　《楚國都城與核心區探索》，湖北人民出版社。
尹俊敏　劉富亭　1992　《南陽市博物館藏兩周銘文銅器介紹》，《中原文物》第2期。
王冠濤　2018　《銅器銘文所見楚君名號集證》，鄭州大學碩士學位論文。
王國維　1959　《觀堂集林（附别集）》，中華書局。
吴良寶　2010　《戰國楚簡地名輯證》，武漢大學出版社。
吴鎮烽　2006　《金文人名彙編》，中華書局。
吴鎮烽　2008　《競之定銅器群考》，《江漢考古》第1期。
吴鎮烽　2012　《商周青銅器銘文暨圖像集成》，上海古籍出版社。
吴鎮烽　2016　《商周青銅器銘文暨圖像集成續編》，上海古籍出版社。

徐元誥　2002　《國語集解》，中華書局。
鍾柏生　陳昭容　黄銘崇　袁國華　2006　《新收殷周青铜器铭文暨器影汇编》，藝文印書館。
張　丹　2012　《南襄盆地出土兩周時期銘文研究》，武漢大學博士學位論文。
張光裕　2008　《新見楚式青銅器器銘試釋》，《文物》第1期。
張曉軍　尹俊敏　1992　《談與“申”有關的幾個問題》，《中原文物》第2期。
張政烺　2012　《張政烺文集・甲骨金文與商周史研究》，中華書局。
趙平安　2011　《試釋〈楚居〉中的一組地名》，《中國史研究》第1期。
中國社會科學院考古研究所　2007　《殷周金文集成》（修訂增補本），中華書局。
朱鳳瀚　2017　《關於春秋金文中冠以國名的“子”的身份》，李宗焜主編《古文字與古代史》（第5輯），“中研院”歷史語言研究所。
鄒芙都　2007　《楚系銘文綜合研究》，巴蜀書社。

Study on Chu Zi Qiji Fu(楚子棄疾簠)

Li Shijia

Abstract: Some people think that the Fu(簠) owned by Chu Zi Qiji (楚子棄疾) was made by the king of ChuPing (楚平王), others believe that it was made by Dou Qiji(鬭棄疾), one member of the Dou(鬭) family. Summing up the bronzes of Chu’s princes and their descendants seen so far, the inscription of the Fu(簠) owned by Chu Zi Qiji(楚子棄疾) does not contain the word Wangzi(王子), which does not conform to the appellation format of the instrument owner of the Chu Prince, so the Fu(簠) is obviously not the prince’s bronze. In addition, among the bronzes owned by descendants of Chu’s princes, if there is a word showing their identity information (clan, country, etc.) in front of their names, the word Wangsun(王孫) can sometimes be omitted. Since the appellation of the Fu(簠) is just consistent with that convention, it is plausible to presume that Chu Zi Qiji(楚子棄疾) and Wangsun Qiji(王孫棄疾) seen in *Zuo Zhuan*(左傳) were one and the same.

Key words: Chu Zi Qiji (楚子棄疾); king of Chuping (楚平王); Dou Qiji(鬭棄疾); Wangsun Qiji(王孫棄疾)

（李世佳，四川大學歷史文化學院　成都　610064）

論金文“經雍”當讀爲“經營”

蔡哲茂

摘　要：金文中有“經雍”一詞，見於㝬簋“巠（經）雝先王”、虢季子白盤“經縷四方”與晉姜鼎“巠（經）雝（雍）明德”。三句用法相近，不應該分訓。自郭沫若起，多訓“經”爲恒，訓“雝”（雍）爲和。“和”先王德，至爲空泛，應當重新考慮其釋義。考察“經縷四方”，與《詩經》“經營四方”用法相同，故“縷”“雝”並當讀爲“營”。“經雍明德”即“經營明德”。“經”“營”均有使某事成就之義。段玉裁云：“引伸之爲經營、營治。凡有所規度皆謂之營。”㝬簋“經雝先王”應指時王經營、治理先王所留之基業。而“經營明德”則指經營、延續先人明德之意。

關鍵詞：西周；金文；經雍；經營；德

一、金文所見“經雍”異體釋讀考察

金文中有“經雍”一詞，見於以下二器：

晉姜鼎（《集成》2826）：“巠（經）雝（雍）明德。”
㝬簋（《集成》4317）：“巠（經）雝（雍）先王。”

晉姜鼎“經雝明德”，郭沫若（2002:229）認爲“經”象機頭經綫形，經者恒也，雝者和也。陳連慶（1986:190）認爲與大盂鼎“敬雍德經”、㝬簋“經雝先王”相通，並訓“經”爲“常”，“雍”爲“和”，意謂“經常和之以明德”。案：“雍”訓爲“和”，雖已見於故訓，然“和”以明德，已是空泛不知所指，何況㝬簋“和”以先王，更是不能通讀。

上述兩家，均將“經”作爲修飾“雍”的狀語，顯然有問題。而張政烺（2012:247）指出“經雍”二字皆是動詞，“經”是“循常”，“雍”則懷疑讀爲“擁”，即抱持，即今言“擁護”，意謂遵循常規並擁護先王政令。

劉洪濤（2016:45–49）説法與張政烺近似，同樣讀“雍”爲“擁”。“擁”字的本義是“抱”，古書中有“抱德”一説。“雍德”即“抱德”。“雍”“擁”“壅”有堵塞、遮蔽、保衛這類意思，“經雍四方”即治理、保衛四方，“經雍先王”即效法、護衛先王，不使先王之國喪、先王之德墜。

除了上述晉姜鼎與㝬簋外，虢季子白盤（《集成》10173）“經纕四方”亦與“經雍”問題有關。

虢季子白盤“經纕四方”之“纕”字形作“”形，郭沫若（2002:225）釋爲“維”，無説。黄傑（2017:67）懷疑是“雝”的訛寫。案：金文中罕見从“糸”之“維”字，僅有蔡侯墓殘鐘（《集成》224）尚有二“維”字，辭例不全，簡帛中亦罕見“維”字。是故釋爲“維”不僅缺乏金文中的旁證，加之在後世罕見此字的情況下，實難謂在西周金文中出現從“糸”的“維”字。且無論是蔡侯墓殘鐘或曾侯乙墓竹簡、天星觀1號墓楚簡、信陽1號墓楚簡中的“維”字，都没有從“殳”的例子。因此虢季子白盤“”字，不應該看成上“維”下“殳”之構型，而應該將該字的“隻”看成一字，而視“糸”爲訛誤、類化或增繁的新增部件。“隻”字又見季隻簋（《集成》3730）“”，惜爲人名，難以知其確切意涵。

㝬簋之雝作“”，辛鼎“厥家雍德”之“雍”作“”，晉姜鼎雍字作“”，其共同特色都是從“殳”“隹”“吕”。而虢季子白盤“經纕四方”之“”字僅將“吕”换成了“糸”，當爲“雍”異構。

綜上所述，釐清了“”“”與“”之關係，可將㝬簋、晉姜鼎與虢季子白盤三器之“經雍”視爲一詞。

二、金文“經雍”舊説辨析

“經雍”二字，均在兩周金文可以找到其他用例以查考其意義。前述引及郭沫若、陳連慶説法，訓“經”爲“經常”，此説在金文中難以找到根據。陳夢家（2004:294）引《廣雅·釋詁》：“逕，迹也。”又引《書·文侯之命》曰：“汝肇刑文、武。”“肇型”與“肇逕”意同，基本仍是取其效法的意思。

彭曦（2003:14）認爲“坙”，同“經”，有效法、遵循的意思。《左傳》

昭公十五年："王之大經也。"注："經，法也。"句意爲："現在我遵循你那先祖舊例……"王輝（2003:87）的意見與"效法"説類似，同樣將"巠"讀爲經，但引《玉篇》訓爲"常"，意謂延續。

董珊（2003:44）認爲"經"可能訓爲"念"，主要着眼點是師克盨"克，余隹（唯）巠（經）乃先祖考"這樣的詞例。因爲先王可以被依循、效法，但若臣子之祖考要被當時天子效法、遵循，則頗爲不辭。因此理解爲"念"，既不會離開遵循、效法意義太遠，也可以合理解釋"巠（經）乃先祖考"。

從上述諸説可以看到，"經雍"含義頗爲模糊，往往需要增字解釋，意思也很難説得通暢清楚。"經"訓爲"循""常"，放在先王、明德上還可以勉强説通。但"雍"字訓爲"和"，就特别含糊。所以張政烺、劉洪濤將"雍"讀爲"擁"，這個方向應該是正確的，然而"經擁"於文獻無據，缺乏書證，未必不可以有改釋之可能。

三、"經雍"當讀爲"經營"

"經雍"之"經"，意思較爲明確，應當爲延續、取法、遵循一類意思。"雍"字則可以考慮讀爲他字。而古書中最常與"經"字搭配者，往往是"營"。"雍"與"營"之關係，何樹環以前已有文章加以考證：

> 甲骨文中有字，又可寫作、、，多用作地名、人名（氏族名）……其中釋雍、宮之説最爲大家所接受，釋雍之説始於吴其昌，他説……。故、、實不當釋爲雍或宮之初文。我們認爲應從屈萬里之説，釋爲營之初文。①

吴其昌釋""爲"雍己"合文是正確的，但是照字形來看，應該要讀爲營己才對，《史記·殷本紀》之"雍己"，是使用了假借字，借"雍"爲"營"。

虢季子白盤中"經纋四方"，其實與《詩經》中習見的"經營四方"相合。《詩·小雅·何草不黄》："何人不將，經營四方。"《詩·大雅·江漢》："經營四方，告成于王。"是故虢季子白盤"經纋四方"應該也要理解爲"經營四方"。

---

①何樹環：《説"營"（、、、）》，發表於臺灣師範大學國文系主辦"第九届中國文字學全國學術研討會"，1998年3月21日。

“經營”亦有單以“經”字表達者，裘錫圭（2012:107）指出：

> 《詩・小雅・小旻》：“哀哉爲猶（古與“猷”通），匪先民是程，匪大猶是經。”高亨《詩經今注》訓此“經”字爲“經營”（290頁，上海古籍出版社，1980）。“經其猷”之“經”亦可訓“經營”，用法與古書中“經國家”（《左傳・隱公十一年》）、“整軍經武”（《左傳・宣公十二年》）的“經”相似。晋姜鼎銘説“經雍明德，宣𠨘我猷”，意與此銘“啓厥明心，廣經其猷”相近。“其猷”指憲公的謀猷。

“經營”之義可以單用“經”表示，而“廣經其猷”之“猷”指的是憲公自己的謀略，這個説法頗值得注意。就先王而言，可以效法依循爲“經”，就自己的謀略而言，延續執行，也可以用“經”。從“延續”這個概念加以出發，天子“經”臣子祖考，意謂不忘其功勞；謀略可以被“經”指的是計劃可以被長久延續，不使中斷；先王可以被“經”，也是效法先王，使其德業延續，不使中絶。

再簋（《銘圖》5213、5214）有“巠遣姬、遣伯之德言”，張懋鎔、王勇（2010:135）認爲是“遵循先輩的美善德言”，此處的“巠”，當與“經雍明德”之“經雍”意義相同。

謝博霖（2020:203-240）曾指出大盂鼎舊釋“敬雍德經”應重新斷句爲：“命汝召榮，敬雍德巠敏（謀），朝夕入諫，亯奔走。”並將“敏”讀爲“謀”，意謂“命你佐助榮，恭敬於依順明德、經營謀略，並勤於提出諫言，虔敬不懈在公務上”。可知“德”與“謀”，是可以“經”，可以“雍”的。“德”與“謀猷”之關係，可見《禮記・坊記》引《君陳》：“此謀此猷，惟我君之德。”又如《書・康誥》：“用康乃心，顧乃德，遠乃猷，裕乃以。”同理，這裏的“雍”，意思應該與“經”是相近或相關的，“經雍”也應該看成“經營”的意思，亦即將治理某事使之延續發揚之義。

劉洪濤（2016:47）也曾指出過金文“經”“擁”二字意思相近。將“雍”讀爲“營”在音理上也有通讀的可能，最早《銘文選》（1986:21）誤將何尊、大盂鼎之“遷”誤釋爲“壅”，又將“壅”讀爲“營”。他認爲“”字右邊的吕是聲符，右下之燕爲意符，取義於燕銜土營巢。《尚書・洛誥序》稱建洛邑爲“營”，可知壅宅之“壅”應讀爲營成周之“營”，壅宅即營宅。《尚書大傳》載周公攝政後“五年營成周”，與後文“惟王五祀”相合。寇占民（2010:241）跟隨馬承源説，同樣釋爲“壅”，讀爲“營”，並進一步説解其音韵關係，其云：“壅爲影紐東部字，營爲余紐耕部字，音理可通。”東部、耕部音近，《爾雅・釋詁》：“關關噰噰，音聲和也。”“噰噰”，《文選》注引作“關關嚶嚶，聲之和也。”“噰”从雍得聲，影母東部。“嚶”爲影母耕部。天星觀簡“䍐羣”，“䍐”疑讀作“纓”（何琳儀，1998:404）。《北京大學藏西漢竹書・倉頡篇》：“嬰但掐援。”“嬰”可讀爲“縈”。（白於藍，2017:1161）《方言》卷三：“鋌，空也，語之轉也。”何九盈（2006:60）曰：“鋌，耕部；空，東部。二字韵相近。”

然而寇占民（2010:240-241）也認爲讀爲“營”，置於大盂鼎銘文“徑𩁹遷自氒（厥）土”一句中語意不通。總而言之，馬、寇二家説法，從一開始就出現錯誤，即使後來的通讀有其道理，整體的訓解仍難以令人信從。

何尊、大盂鼎之“”字釋爲“遷”，已有定説。其構形雖從“”，但其他部分與“雍”關係不大，也無法解釋。不過其指出“𨘒”可讀爲“營”之意見，仍有值得參考之處。

順此，大盂鼎“敬雍德巠敏（謀）”，應該要將“經”與“雍”看成義近或義同，也就是經營德行與謀略。“雍德”在西周中期辛鼎（《集成》2660）銘文有辭例如下：

> 辛作寶，其亡疆，氒家雝徝（德）。𩰫用晉氒（厥）剕多友，多友釐辛，萬年隹（唯）人。

“雝徝”即“雍德”，徐難于（2009:12）認爲：

> “雝德”一詞，不見於傳世文獻，然而傳世文獻中不乏與“雝德”類似的詞語，所以我們對“雝德”一詞的理解，必須聯繫傳世文獻的類似詞語。涉及德的行爲動詞，周銘的“經雝”與文獻的“經”最爲近似，可是有些學者未曾注意到這一點，所以對周銘的“經雝”多有誤釋。周銘有“經雝明德”“經雝先王（德）”類語例，先秦文獻中的類似語例，《尚書・酒誥》有“經德秉哲”，《孟子・盡心下》作“經德不回”，趙岐注“經德不回”曰：“經，行也”，陳初生則認爲“經，行也。引申爲遵循。”證以《左傳》，陳説可信。《左傳》哀公二年載：“二三子順天明，從君命，經德義”，其“經”與“順”“從”顯然屬近義互文，“經德義”即爲“順從德義”。而“經德”與“經德義”爲相同詞語，因此，“經德”即遵循德、順從德。《詩・小雅・小旻》曰：“匪大猶是經”，此“經大猶”與《文侯之命》的“率從謀猶”，周銘的“雝我邦小大猷”爲類似語例，其“經”“率”“雝”皆有遵循、順從之義。由此可見，周銘之“經雝”當屬近義連文，這一構詞現象無疑表明“雝”有遵循、順從之義。既然如此，那麼“雝德”即遵循德、順從德。

徐難于指出“經雝”屬近義連文，是正確的看法。但認爲“雝”有遵循、順從之義，“雝德”即遵循德、順從德，則顯得不够全面，無法兼顧金文其他詞例。因爲㝬簋的“先王”與晉姜鼎的“明德”猶可遵循，但虢季子白盤的“四方”便不是可以遵循、順從的對象。

故“經雍”可以有依循之意，則經德、雍德、經雍明德皆謂同一事。然而此處需要考慮虢季子白盤中的“經纓四方”，四方如何能够被遵循？這不得不尋求解釋。

《詩·大雅·江漢》：“江漢湯湯，武夫洸洸。經營四方，告成于王。”鄭箋曰：“召公既受命伐淮夷，服之。復經營四方之叛國，從而伐之，克勝，則使傳遽告功於王。”“復經營四方之叛國”，意謂征伐四方，因爲征伐四方即需要奔走赴命，也有奔走的意思。《詩·小雅·何草不黄》：“何草不黄？何日不行？何人不將？經營四方。”《詩·小雅·北山》：“四牡彭彭，王事傍傍。嘉我未老，鮮我方將。旅力方剛，經營四方。”這兩首詩中的“經營”即有經略、征伐與奔走這類意思。虢季子白盤中的“經纓四方”，上下文都與軍旅行役有關，應該與上引三詩“經營”意義相近或相當。

這裏“經纓四方”可以説是征伐四方，相對而言也可以看成是使四方遵循。師袁簋（《集成》4313、4314）在述及淮夷罪行時有：“弗速我東國。”經營、經雍四方，非謂遵循、延續四方，而應該是使四方遵循、聽命之意。

《國語·楚語上》：“若子方壯，能經營百事。吾子經營楚國，而欲薦芰以干之，其可乎？”經營楚國是替楚國謀劃，而非治理楚國。

綜上所述，“虔夙夕叀（助）我一人，雍我邦小大猷”（毛公鼎）、“虔夙夕叀（助）雍我邦小大猷”（四十三年逑鼎）與“命汝叀（助）雍我邦小大猷”（元年師訇簋），三句句式相同，“雍……猷”當讀爲“營”我邦小大猷，“經”“營”義近，也相當於“匪大猶是經”“廣經其猷”中“經……猶”的意思。

回到㝬簋“巠（經）雝先王”、虢季子白盤“經纓四方”、晉姜鼎“巠（經）雝（雍）明德”，三句中的“經雍”當讀爲經營。“經營先王”意謂繼承秉持先王之明德，“經營明德”則爲繼承並秉持明德。至於“經纓四方”即爲謀劃四方之事，是從“繼承”“秉持”，使之不墜的意思引申出“謀劃”“奔走”之義①。

①“經營”“經雍”有“繼承”“秉持”這類使之不墜失的意思，在後來的文獻中也有一些殘迹，如《墨子·天志中》：“欲人之有力相營，有道相教，有財相分也。”馬楠（2011）論及《清華簡·皇門》“輔余于險，營余于淒，毋作祖考羞哉”，引及孫詒讓説，認爲清華簡《皇門》與《墨子·天志中》的“營”字爲“經護”。

四、“經德”相關問題

此外，東周金文有“經德”，如下例：

者沪鎛（《集成》120-132）：汝亦虔秉丕涇（經）德。

齊陳曼簠（《集成》4595）：肈（肇）堇（勤）經德。

“經德”一詞，在文獻上僅見於《書•酒誥》：“在昔殷先哲王迪畏天顯小民，經德秉哲。”此處“小民”問題較大，孫星衍《尚書今古文注疏》：“王告康叔以察昔殷先賢知王所畏天明命，下及小民，惟行其德、執其敬。”（孫星衍，2003:378-379）在這裏殷先哲王是畏天顯與經德秉哲之主語，但小民則無着落，故孫星衍將“小民”解讀爲“下及小民”不確。

屈萬里（1983:162）可能也注意到這裏有斷句問題，將其斷爲“在昔殷先哲王迪畏天，顯小民，經德秉哲”。這就讓殷先哲王保持爲迪畏天、顯小民與經德秉哲之主語。案：“天顯”是否能拆分，恐怕還有問題。因“天顯”於《尚書》出現三次，《書•康誥》：“于弟弗念天顯，乃弗克恭厥兄。”《書•多士》：“誕淫厥泆，罔顧于天顯民祗，惟時上帝不保，降若兹大喪。”在這兩例中，“天顯”應爲當時常用語，分拆的可能性不大①。

回到“經德秉哲”，“經德”與“秉哲”對文，“經”有念義、循行義，與“秉”同樣是“德”“哲”的動詞。者沪鎛“汝亦虔秉丕涇（經）德”，“丕涇（經）德”是“虔秉”的受詞②。齊陳曼簠“肈（肇）堇（勤）經德”，“經德”亦當爲“肇勤”的受詞，即恭敬、秉持常德。雖然與“經雍”“經營”有關，但是由“經”字延伸而來，與凝固成詞的“經雍”“經營”用法上仍有不同。

最後，西周金文的“巠（經）雝”，可以連用，亦可以單用，到了東周

①我懷疑這裏“在昔殷先哲王迪畏天顯小民”中的“小民”爲“民祇”的訛誤，因民、氏字形相近，又因“小民”是《尚書》常用語，可能産生傳抄訛誤。王國維（1996）曾指出《書•多方》“惟爾殷侯尹民”當爲“惟爾殷侯尹氏”。可知《尚書》中，民、氏相訛並非孤例。

②何琳儀（2013）認爲“涇”從“汭”、從“巠”，爲“汭巠”合文，但又把合文的兩字一屬上讀，一屬下讀。强運開（1986）又將“不汭”讀爲不墜。案：“”字構形意義不明，但將合文分拆屬上下讀，亦不合理，待考。

金文之後，“經德”凝固成詞，表示“常德”。《左傳》哀公二年：“二三子順天明，從君命，經德義，除詬耻，在此行也。”其中“經德義”可以是遵循，也可以理解爲經營，正如“明德”可以被經營。劉源（2004:285-290）曾經指出，西周金文中的“德”，並非今日泛稱的道德，而是政治品行、政治作爲。易言之，即政治上的典範，“帥型祖考之德”“範圍伯大師武”都與“經營明德”是類似的話語。正因爲是具體的政治表現，才得以被念、被遵循、延續治理。

參考文獻：

白於藍　2017　《簡帛古書通假字大系》，福建人民出版社。

陳夢家　2004　《西周銅器斷代》，中華書局。

陳連慶　1986　《〈晉姜鼎〉銘文新釋》，《古文字研究》（第13輯），中華書局。

董　珊　2003　《略論西周單氏家族窖藏青銅器銘文》，《中國歷史文物》第4期。

何琳儀　1998　《戰國古文字典》，中華書局。

何琳儀　2013　《者沏鐘銘校注》，《安徽大學語言文字研究叢書·何琳儀卷》，安徽大學出版社。

何九盈　2006　《中國古代語言學史》（新增訂本），北京大學出版社。

黄　傑　2017　《〈尚書〉之〈康誥〉、〈酒誥〉、〈梓材〉新解》，武漢大學博士學位論文。

郭沫若　2002　《兩周金文辭大系圖録考釋》，科學出版社。

劉　源　2004　《商周祭祖禮研究》，商務印書館。

劉洪濤　2016　《釋虢季子白盤的“經縷四方”》，《中國文字研究》（第24輯），上海書店出版社。

馬　楠　2011　《清華簡第一册補釋》，《中國史研究》第1期。

馬承源　1986　《商周青銅器銘文選》，文物出版社。

彭　曦　2003　《逨盤銘文的注釋及簡析》，《寶雞文理學院學報（社會科學版）》第5期。

强運開　1986　《説文古籀三補》，中華書局。

裘錫圭　2012　《戎生編鐘銘文考釋》，《裘錫圭學術文集》，復旦大學出版社。

屈萬里　1983　《尚書集釋》，聯經出版事業公司。

孫星衍　2003　《尚書今古文注疏》，中華書局。

王國維　1996　《古史新證——王國維最後的講義》，清華大學出版社。

王　輝　2003　《逨盤銘文箋釋》，《考古與文物》第3期。

謝博霖　2020　《大盂鼎銘文“敬雍德經敏”新斷讀》，《臺北教育大學語文集刊》第38期。

徐難于　2009　《〈尚書〉“雍”與金文“雝”義新解》，《中華文化論壇》總第61期。

張懋鎔　王　勇　2010　《遣伯盨銘考釋》，《出土文獻》（第1輯），中西書局。

張政烺　2012　《周厲王胡簋釋文》，《甲骨金文與商周史論集》。

On the Reading of Jingyong(經雍) as Jingying(經營) in Bronze Inscriptions

Cai Zhemao

Abstract: In bronze inscriptions the word Jingyong(經雍) appears in FuGui(㝬簋): "巠(經)雝先王", Guojizibo Plate(虢季子白盤): "經縷四方" and Jinjiang Ding(晉姜鼎)："巠(經)雝(雍)明德". Since the syntax of these three sentences is similar, their explanations should not differ. Starting with Guo Moruo(郭沫若), Jing(經) is explained as Heng(恒), and Yong[雝(雍)] as He(和). "和"先王德 is too vague, one must re-examine its interpretation. Considering that in *Shijing*(詩經) the sentence "經營四方" has the same syntax , "縷" and Yong(雝) should be read as Ying(營). "經雍明德" means "經營明德". Both Jing(經) and Ying(營) have the meaning "to bring something to completion". Commenting on Ying(營), Duan Yucai(段玉裁) writes "by extension means Jingying(經營) 'to manage' and Yingzhi(營治) 'to bring under control'; everything that is regulated is called Ying(營)". "經雝先王" in FuGui(㝬簋) must refer to the management, by the present ruler, of the foundation established by his ancestors, while "經營明德" refers to the control and continuation of their virtues.

Key words: Western Zhou; bronze inscriptions; Jingyong(經雍); Jingying(經營); De(德)

（蔡哲茂，"中研院"歷史語言研究所　台灣　11529）

試説商周文獻中讀爲“肆”的“刖（劓）”字*

管文韜

摘　要：日本奈良博物館藏寧女方鼎銘文有舊未釋出的“宔”“彝”兩個殘字，原銘末兩字“刖彝”當讀爲“肆彝”。據之可知甲骨文中“刖牛”一辭可讀爲“肆牛”，即肆解牲牛；《尚書・盤庚中》“劓殄滅之”之“劓”亦應讀爲“肆”，訓爲疾；《尚書・多方》之“劓割”或亦可讀爲“肆害”。

關鍵詞：刖（劓）；肆；《尚書・盤庚中》；《尚書・多方》

日本奈良國立博物館藏有一件方鼎，《銘圖》[①]01391著録，稱“寧女方鼎”，從器形看當爲西周早期器（圖1）。此鼎内壁銘文靠底部兩字磨蝕嚴重，今所見各家釋文皆漏釋，因此對銘文理解皆有誤，故須重做討論。《銘圖》所收拓本原作圖2：

* 本文初稿蒙董珊師審閲，謹致謝忱。

①本文引用古文字資料著録簡稱：吴鎮烽《商周青銅器銘文暨圖像集成》（上海古籍出版社，2012年），簡稱《銘圖》；吴鎮烽《商周青銅器銘文暨圖像集成續編》（上海古籍出版社，2016年），簡稱《銘續》；中國社會科學院甲骨學殷商史研究中心、旅順博物館《旅順博物館所藏甲骨》（上海古籍出版社，2014年），簡稱《旅博》；[法]雷焕章《德瑞荷比所藏甲骨録》（RICCI INSTITUTE，1997年），簡稱《德瑞荷比》；中國社會科學院歷史研究所《甲骨文合集》（中華書局，1978-1982年），簡稱《合集》。書名簡稱後的數字皆爲所引字句在該書中的著録號。文中引用古文字材料如無特殊必要皆用寬式釋文。

圖1

圖2

圖3

諸家釋文皆將現存銘文左行釋爲“寧女”二字，我們頗疑其或可能是“嬣”一字之析書。關於此字討論，請詳另文。

不難發現，銘文兩行末尾各有一個磨損嚴重的字，拓本尚僅隱約可見殘劃。以往諸家對此多未指出。《銘圖》説“内壁鑄銘文，現存5字”，似已發現原銘字數要多於5字，但釋文仍將兩行現存字連讀，釋爲“寍（寧）母又母剈（剔）”，這顯然是不對的。

如果未注意到銘文下端的殘字，誤將“寧女（嬣？）”和第二行的“又”字連讀，以及認爲銘文到“剈”截止，就會導致對銘文的理解産生錯誤。謝明文（2012:529）在討論王㞢女叡方彝（《銘圖》13518）銘文時，曾引此篇銘文爲證解釋説：

> “王㞢女（母）叡”大概是指這件彝是王用於侑祭母叡的。不過由於早期的銘文多有省略，該銘文也有可能省略了作器動詞及器名用字，“王㞢女（母）叡”即“王作㞢母叡彝”，如果此説可信，則㞢當讀爲“有”，其義相當於“厥”。寧女方鼎（《集成》2107）“寧女又母剔”，“剔”亦應是母之私名，該鼎銘文與“王㞢（又）女（母）叡”文例相近，可資比較。

這可能代表了學者一般對此銘文的看法。今按，第一行末尾之殘字，《銘圖》所收拓本已依稀拓出此字當從宀作，内部所從亦隱約可見當是“亞”形。金文中有“宔”字，經常寫作（《銘圖》2392）、（《銘圖》5174）、（《銘圖》5352）等形，將此殘字與這些字形進行對比，不難發現它們無疑就是同一個字。陳劍（2007）對此字有過深入討論，指出其内部所從之“亞”當是“琮”之表義初文，亦是其聲符；“宔”在金文中有與“作”“鑄”等字相近似的用法，可以讀作“造”。此處顯然也應當是同類的用法。“又”字當如上引謝明文先生所説，義同於“厥”。類似的用法在甲骨文、金文中都不乏其例，學者對此已多有指出（參看袁金平，2010；姚萱，2016）。

“自”下一字，從殘劃和辭例兩方面看，無疑當是“彝”字，上引拓本仍依稀可見“彝”上部表示雞首的筆畫和下部的“廾”形筆畫。

綜上，方鼎銘文實際上應該釋爲：“寧女（嫭？）[宔（造）]又母自[彝]。”我們根據殘劃試作擬補，爲銘文作摹本如圖3所示，可供對比參考。

根據補全的釋文，銘文中的“自”顯然不應該是“母”的私名，而應該屬下“自彝”連讀。我們認爲“自”當分析爲從刀、自聲，讀爲同爲齒音質部之“肆”。金文多見“鬻”字，其異體有“鼐/鬻/鬻/鬻/鬻/鬻/鬻/鬻”等諸多寫法，舊多釋爲“鬻”，陳劍（2008）將它們全部改釋爲“肆解牲體”之“肆”，其說可從。我們認爲這裏的“自彝”即金文習見的“鬻（肆）彝”。王簋（《銘圖》04150）：“王作又鬻（肆）彝。”文例頗堪與之對比。

甲骨文中也有“自”字，裘錫圭（2012:1）指出：“‘自’是鼻的象形字。自字从刀从自，象徵割鼻之意，就是‘劓’的初文。”從甲骨辭例看，有一些“自”顯然是用作本義，可如字讀爲“劓/剌”的，如《旅博》502“……自刵……”、《德瑞荷比》121“……自刵刖”，皆是有關商代肉刑的記録。但有一些辭例如字讀則無法理解，如下引一條：

（1）丁巳卜，亘貞，自牛，。（《合集》6226）

此辭中若將“自”徑讀爲“劓”，文義難解。結合寧女方鼎的用例，我們認爲這條卜辭裏的“自”也應讀爲“肆”。“牛”下一字舊皆釋“爵”，在甲骨金文中或用爲祭名，李春桃（2018:94）改釋爲“觴”，並認爲作爲祭名時可讀爲“鬺”或“鬺”，“肆”是解剔牲體之動詞，“鬺/鬺”恰是烹煮牲肉以祭，如讀“鬺/鬺”可信，這條卜辭大概是貞問是否要解剔牲牛並舉行鬺祭[①]。又，《詩•小雅•楚茨》：“或剥或亨，或肆或將。”鄭箋：“祭祀之禮，各有其事。有解剥其皮者，有煮孰之者，有肆其骨體於俎者，或奉持而進之者。”據此，我們也頗爲懷疑這裏的“”可讀爲《楚茨》“或肆或將”之“將”。卜辭言“自（肆）牛，（觴-將）”即謂肆解並奉進牲牛之意。又曾伯克父簠（《銘續》0518-0519）：“用自作旅簠，用征用行，走追四方，用鬻用觴，用盛黍稷稻粱，用饗百君子辟王。”此“觴”或亦可讀爲“將”。

上引《合集》6226字體屬典賓類，同類組卜辭中又有“鼐”（《合集》9419）/“鬻”（《合集》2710）等字形，兩類字形皆可讀爲“肆”，應與二者在甲骨文中的用法不同有關。“自”在上引卜辭中無疑是用作“肆解”義的；而甲骨文中

①原稿將此辭解釋爲“肆解一頭牛來舉行鬺祭”，並以此說向李曉曉女士請教。承她賜告，甲骨文例一般用牲法當置於祭名之後，此辭“自牛”位於鬺祭之前，若按照我們的解讀與常見文例不合。其說有理，故我們在“牛”字後點斷，理解爲並列的兩個事項。

寫作從鼎從肉從爿（或其中任意兩構件組合）的“肆”字，從字形上看，本義是“肆解”，然在卜辭中全部“可徑以‘祭’義爲解，已經看不出與‘分解牲體’有關”（陳劍，2008:29）[①]，當用其引申義[②]。

甲骨文中還有一些“刖”字，如《合集》5994“……虫刖……”、《合集》5995“貞，呼刖，[若]。/不若”，它們可能也用爲肆解之“肆”，然由於所處文例不明，難於詳論，存此備考。

循此啓發，再來看傳世文獻中的“劓”字。《尚書·盤庚中》：

（2）乃有不吉不迪，顛越不共，暫遇姦宄，我乃劓殄滅之，無遺育，無俾易種于兹邑。

這段話中“我乃劓殄滅之”的讀法，歷來衆説紛紜。衆説之中以王引之（2017:186）的看法信者最多，王説亦對孔傳、蔡傳之説有分析辯駁，爲便於討論，我們把整段話抄録如下：

“劓”爲截鼻之名，又爲斷割之通稱。“我乃劓殄滅之，無遺育”，當以“劓殄”二字連讀。哀十一年《左傳》作“劓殄無遺育”，《史記·伍子胥傳》作“劓殄滅之，俾無遺育”，皆其證也。“劓殄”猶言“刑殄”，《多方》曰“刑殄有夏”是也。《多方》又曰：“劓割夏邑。”是“劓”爲斷割之通稱，《傳》訓“劓”爲割，是也。蔡《傳》乃訓“劓”爲截鼻，而讀“我乃劓”爲一句，“殄滅之無遺育”爲一句。夫既滅之無遺育矣，又何須言劓乎？乃又爲之説曰：“小則加以劓，大則殄滅之無遺育。”經言“我乃劓殄滅之”，不言小則劓，大則殄滅也，且劓非死刑，下文何以言“無俾易種于兹新邑”乎？蓋但知劓之爲截鼻，而不知其又爲斷割之通稱，故古訓失而句讀亦舛也。

顧頡剛、劉起釪（2018:918）引王引之説，並謂“‘殄’義爲‘盡’‘絶’，故‘劓殄’即刑滅之使盡絶”。今按，蔡傳訓解之非，王引之已有詳

①陳劍（2008:29）謂其所考釋甲骨金文的“肆”字“大多可徑以‘祭’義爲解”，是因爲甲骨文另有從匕的“鼎”字，其異體或作“鼑”“盬”，陳先生認爲它們也是“鬳（肆）”之異體。甲骨又有“鼎兕”的辭例（見《合集》30995、32603、32718等），陳劍（2008:35）認爲它們“作用牲法，可能與祭祀中分解牲體有關”。近來王子楊（2019）已將這些從匕之字改釋爲“煮”，可信。則從鼎之“肆”在甲骨文中就找不到明確可用爲“分解牲體”或“進所解牲體”之例了。

②陳劍（2008:28-29）也已引《周禮·春官·典瑞》《周禮·春官·大宗伯》鄭玄注、《周禮·春官·大祝》孫詒讓正義等文獻指出，古書中用作祭名、祭祀動詞的肆，“舊注多以爲係由‘解肆牲體以祭’引申而來”。

辯。然王、劉以“劓殄”二字連讀，則亦有可商。如果“劓殄”真理解成“斷絶”，則文義已足，無需後面再加“滅”字；如果按照劉起釪先生的理解，從上下文義上講，這段話的重點也是説要在遷都前把上述不聽號令之人全部消滅，不讓他們影響到新的都城，强調的是行爲對“兹邑”的影響，亦即徹底、迅速的消滅，而非强調消滅的方式（刑滅）。而且“殄滅”二字都有“絶”義，二者義近連用，是古書中常見的説法，如：

（3）以殄滅无胤，至于今不祀。（《國語·周語下》）

（4）殄滅我費滑，散離我兄弟，撓亂我同盟，傾覆我國家。（《左傳·成公十三年》）

（5）孟陬殄滅，攝提無紀，曆數失序。（《史記·曆書》）

（6）視事四年，蠻夷猾夏不能遏絶，寇賊姦宄不能殄滅。（《漢書·王莽傳下》）

幾相對照，這句話仍以“殄滅”二字連讀爲宜。從語法上看，劓、殄、滅三個動詞義近連用的情况，在上古漢語中鮮有其例①；從上下文義上看，“劓”最好也是充當“殄滅”的狀語成分，聯繫前文所論，我們認爲這裏的“劓”也應讀爲“肆”。《詩》有“肆伐大商”（《大明》）、“是伐是肆”（《皇矣》）等句，“肆”毛傳訓爲“疾”，用法頗堪與此句對比。這句話大概可以理解成，如果有人“‘不吉不迪，顛越不共，暫遇奸宄’，我會疾力地將他們消滅掉”。句意也頗爲妥帖②。

最後附帶提出一個没有太多把握的猜想。《尚書·多方》還有“劓割夏邑”的句子，前引王引之（2017:186）以“劓”“割”義近連用解之。我們認爲這裏的“劓”似乎也可以讀爲“肆”。“肆割”之“肆”與古書中屢言的“肆暴”“肆虐”“肆侈”“肆掠”之“肆”義近，舊注或訓爲“極”③，實即與上舉《盤庚中》的“肆”用法相同，都表示將某種行爲、狀態充分表現出來④。稍晚的文獻中還有“肆害”的説法：

---

①楊榮祥（2007）指出，先秦還没有出現兩個以上動詞相連共帶一個賓語的典型用例，可參考。此文蒙劉曉晗女士提示，謹致謝忱。又《尚書·多方》“爾曷不夾介乂我周王享天之命”，夾、介、乂三個動詞連用，張富海（2019）指出這裏的“介”應是“夾”的通假字，“夾介”二字當有一字爲衍文，可信。

②晚期文獻也有“肆殄”的説法，用法與此相同。見范仲淹《謝夏太尉啓》：“痛么麽之戎夷，敢虔劉于封鄙。是求參贊，將肆殄夷。”（《全宋文》卷三八二）

③參看宗福邦等（2003:1844）。

④參看王力（2000:986）。

（7）熒惑與木鬭，夷狄肆害。（《七緯·春秋緯》）①

（8）梟鴆縱毒，不假學于鸑鳳；豺虎肆害，不借術于麒麟。（孫盛《老子疑問反訊》）②

（9）昔五將之難，賊羌肆害于聖躬，實登之罪也。（苻登《告苻堅神主》）③

（10）以梁太清二年，逆寇侯景，侮乱國經，憑陵天邑，封豕荐食，長蛇肆害。（趙征興墓誌）④

“肆害”與“肆割”應有承繼關係。按我們的理解，《多方》説“亦惟有夏之民，叨懫日欽（廞）⑤，劓（肆）割夏邑”，大意謂“有夏之民也愈發貪戾，大肆殘害夏邑”，從上下文看也是較爲通順的。

參考文獻：

陳　劍　2007　《釋“琮”及相關諸字》，《甲骨金文考釋論集》，綫裝書局。
陳　劍　2008　《甲骨金文舊釋“𩰫”之字及相關諸字新釋》，《出土文獻與古文字研究》（第2輯），復旦大學出版社。
顧頡剛　劉起釪　2018　《尚書校釋譯論》，中華書局。
李春桃　2018　《從斗形爵的稱謂談到三足爵的命名》，《“中研院”歷史語言研究所集刊》第89本第1分。
羅新　葉煒　2016　《新出魏晋南北朝墓誌疏證》（修訂本），中華書局。
裘錫圭　2012　《甲骨文中所見的商代五刑——並釋“刖”、“剢”二字》，《裘錫圭學術文集·甲骨文卷》，復旦大學出版社。
孫星衍　2016　《尚書今古文注疏》，陳抗、盛冬鈴點校，中華書局。
王　力（主編）　2000　《王力古漢語字典》，中華書局。
王引之　2017　《經義述聞》卷三《尚書》上“無遺育”條，虞思徵、馬濤、徐煒君校點，上海古籍出版社。
王子楊　2019　《甲骨文煮字補釋》，《出土文獻研究》（第18輯），中西書局。
謝明文　2012　《商代金文的整理與研究》，復旦大學博士學位論文。
楊榮祥　2007　《論上古漢語的連動共賓結構》，金克中等編《漢語新探：慶祝祝敏徹教授從事學術活動五十周年學術論文集》，崇文書局。
姚　萱　2016　《説花東卜辭的“入有函”及相關問題》，《安徽大學學報（哲學社會科學版）》第2期。
袁金平　2010　《新蔡葛陵楚簡“大川有汸”一語試解——兼論上古漢語中“有”的特殊用法》，《語言學論叢》（第42輯），商務印書館。

①赵在翰（2012:460）。
②嚴可均輯《全晋文》卷六四。
③《全晋文》卷一五一。
④見羅新、葉煒（2016:172）。
⑤“欽”讀爲“廞”，訓爲“興”，見孫星衍（2016:462）。

張富海　2019　《〈尚書 • 多方〉校讀一則》，復旦大學出土文獻與古文字研究中心編《出土文獻與傳世典籍的詮釋》，中西書局。
趙在翰（輯）　2012　《七緯（附論語讖）》，鍾肇鵬、蕭文鬱點校，中華書局。
宗福邦　陳世鐃　蕭海波（主編）　2003　《故訓匯纂》，商務印書館。

On the Character Yi(劓) Read as Si(肆) in the Inscriptions of Shang and Western Zhou Dynasties

Guan Wentao

Abstract: The two blurry characters in the inscription of Ningnü Fang Ding(寧女方鼎), Zao(宔) and Yi(彝), still remain unidentified. The last two characters Yiyi(刵彝) in the inscription of Ningnü Fang Ding(寧女方鼎), should be read as Siyi(肆彝). Therefore, the phrase Yiniu(刵牛) in the oracle inscriptions can be read as Siniu(肆牛), which means dismembering the sacrificial cattle; the word Yi(劓) in the phrase Yi Tian Mie Zhi(劓殄滅之) in *Pan Geng II*(盤庚中) should also be read as Si(肆), which means doing something efficiently and completely. Similarly, the phrase Yige(劓割) in *Duo Fang*(多方) might be read as sihai(肆害).

Key words: Yi(劓), Si(肆), *Pan Geng II*(盤庚中), *Duo Fang*(多方)

（管文韜，北京大學考古文博學院　北京　100871）

清華簡（九）《成人》釋讀與研究*

劉信芳

摘 要：《成人》乃先秦邦國應對疫病的專題政論，從人與自然關係分析疫病流行之緣起，討論可以採取的相應措施，具有普遍借鑒意義。《成人》形成於春秋中晚期，略可延至戰國早期，尚在官學年代範圍，與《周書》《逸周書》類。兹對簡文字、詞、句、章進行解説。

關鍵詞：清華簡；成人；釋讀；疫病流行；人與自然

一、《成人》主題，文獻價值，形成年代

《成人》載於清華簡第九册（黄德寬，2019）①，全篇2000餘字，從人與自然關係的基本原理分析疫病流行，由邦國之君主持，全民動員，在政治、經濟、刑法等領域採取相應措施，重典治理。簡文主要内容爲對疫病流行的認識，以及可以採取的應對方式等，字裏行間體現出遠古人類智慧。認爲全體社會成員上下一心，做好自己的事情，可以“復返純若，浚去兇殃”，是爲簡明思路②。《成人》思想具有普遍借鑒意義，不分國土，超越古今。

本篇凡30支簡，簡長約45.2釐米，寬約0.7釐米。篇題“成人”爲整理者所擬。

* 本文爲2020年國家社科基金重點項目“清華簡（六一九）釋讀與研究”（20AZS002）的階段性成果。

①本文引簡文標簡號，不另具頁碼。

②人類認識疫病的思想古今相通，試舉一例，古人謂疫病爲“天罰”，今人謂之“大考”。“大考”出題者，天也。是知“天罰”“大考”，其義一也。

《成人》乃基於疫病的專題政論，先秦文獻僅此一見，十分難得。

其一，開篇言“土多見祆，流而潛（淫）行”，謂疫病大流行也。

其二，“不志（識）氒（厥）禒（祥）之𤼈（發）于吉兇”，不識何祥，不知應對，正乃疫病流行之狀況。

其三，“王則蕙（悚）替（惕）畏（畏）忎（恐）”，水、旱、風、火災，地震等，相對時間較短，看得見；唯疫病流行看不見作祟者，聚落人群成片倒下，萬户蕭疏。“王”爲之畏恐，百姓哀嚎，慘不忍睹。

其四，御前會議“各旟（揚）乃聖（聲）”，是舉邦國動員，事態緊急。

其五，“禡（癘）（祆，妖）卑（俾）民毋惷（蠢、惷）”，癘，疫癘也。

其六，“民若諧（告）祆（妖）”，民之“告妖”不妨理解爲報告疫情，如《漢志》“時則有服妖，時則有龜孽，時則有雞旤”之例。

其七，“隹（惟）民昌（猖）兇”，民之“猖兇”觸動天罰之“兇”。庶稷、群獸、飛征之化育與人類共生，而“潛（淫）于不分（賓）”者不知敬畏，越過紅綫，是其“不秉德”，是其“不賓”，是乃疫病根源[①]。

其八，簡文五“無赦”非常嚴厲，明顯屬於癘疫流行期間實施的重典。

其九，通篇不涉及軍事、外交，全然内政。

《成人》形成年代學者有分歧，上與《吕刑》爲比（整理者釋文附《吕刑》），下限至戰國晚期。簡文“亓（其）五不尋（得）是胃（謂）流（瀏）清”，《詩・鄭風・溱洧》：“溱與洧，瀏其清矣。”簡文“流清”引《詩》義。筆者認爲《成人》形成於春秋中晚期，略可延至戰國早期，乃時賢以《書》例立言，尚在官學年代範圍，可與《周書》《逸周書》比。學者以其爲《書》類文獻，可也。

《成人》開篇乃君王陳述，時間爲吕中秋，方在膠黄，背景爲“土多見（現）祆（妖）”，分析何種因素以致“是亂”，開言路“各旟（揚）乃聖（聲）”，“朕亓（其）卬（孚）于龜箸以誩（靖）求嘉箬（若）”。正文乃“成人”言“我后，古天祇（氏）降下民，复（作）寺（時）句（后）王、君公，正之以四補（輔）祝、宗、史、帀（師），乃又（有）司正、典獄”，“吁，逨（來），典獄、司正，余方告汝”，“朕盡告女”；“后，朕盡告汝”，以帝王師對君王，雜以訓誡群臣。

本篇“成人”是理想的。君民一體，皆“人”也。疫病流行，“人”直接面對天，社會之人的等級、貴賤、貧富乃至聚落、邦家之分，弱化至最小。在

①疫病流行，無從問天。“人”究其根源，爲防爲控爲減災，爲前事不忘，後事之師也。

自然環境中，“人”只是所有生物之一群，“人”之生存離不開生物之群體。“成人”代人群立言，此所以稱“朕”以對“王”，吁來“典獄、司正”以訓誡百官。共同面對天災之時可以更清楚看到人類社會問題所在，是爲“成人”之文獻、史鑒價值。

二、釋文

以下《成人》釋文在整理者所作工作的基礎上，句讀有調整，文字或有改訂，供參考。

隹（惟）郘（呂）中昧（秋），方才（在）膠黃，司正遊（失）型（刑），土多見（現）祆（妖），流而潛（淫）行，王則蓋（悚）替（惕）愳（畏）忎（恐），邸（越）諻（懲）歬（前）罰譒（延），【1】不志（識）氒（厥）禚（祥）之變（發）于吉兇，廼兮（考）傒（訊）庶衆，聖（聽）壬（任）群疊（宜），曰：“害（盍）隹（惟）若䈞（兹）？毋則社（貢）祀是不共（恭），毋則【2】型（刑）是不尾（度），毋則司典遊（失）棠（常），以進退朙（晦）朔。毋則五音是𤔔（亂）易，思（使）民悳（德）不蒦（獲）。尚念之【3】毋恳（虞），各旓（揚）乃聖（聲），孛（勉）獻乃力，以羕（永）飤（食）乃先毋替。朕亓（其）卪（孚）于龜筮以誩（靖）求嘉箬（若）。”

埅（成）【4】人曰：“亞（嗚）虗（乎）！我句（后），古天砥（氐）降下民，隻（作）寺（時）句（后）王、君公，正之以四補（輔）祝、宗、史、帀（師），乃又（有）司【5】正、典獄。隹（惟）曰䡈（助）上帝𤔔（亂）絧（治）四方之又（有）辠無辠，隹（惟）民統（綱）紹（紀），以羕（永）譌（化）天盟（明）。四補（輔）是毋易，【6】典獄毋㞕（徙），是隹（惟）棠（常）㝵（德）。乃降庶蒗（稷）、群獸（獸）、非（飛）正（征），各又（有）鱏（選）勿（物）。䶯（牝）牤（牡）䳑（雌）䳭（雄），各又（有）聖（聲）佮（容）。毋集（雜）英【7】相僞（化），飤（食）飤（食）不改。今民多不秉㝵（德），以潛（淫）于不兮（寅、賓），是裘（勞）氒（厥）折（制）正（政），反𤔔（亂）先型。四補（輔）不楠（輔），司正【8】巟（荒）宓（寧）；明（晦）朔趞（枉）悳（違），四維以畬（縮）絰（贏），五䟭（盜）不罰，五審計（信）蔺（敝），獄甬（用）無㙇（成）；五霸（臬）湫（沈）迻（滯），五詞（辭）不【9】聖（聽），非天隻（作）瘖（吝），隹（惟）民昌（猖）兇。不失（循）古（故）祟（常），咸瘍（揚）亓（其）又（有）港（巷）。天忢（既）戋（賤？）民之命，甬（用）勛（物）見（現）之祅（妖）兼（祥），禡（癘）（祅，妖）☐【10】卑（俾）民毋惷（蠢、惷）。民若誥（告）祅（妖），乃丨（章）㞢（之）五兇，隹（惟）欽（禁）隹（惟）尾（度），隹（惟）相隹（惟）㒸（視）。五兇之訿（疵），隹（惟）五無型：祝【11】宗忘豊（禮），史、帀（師）遊（失）祟（常），無型；市無埶（纵），商無瘙（肆），價不祟（常），無型；邦正（政，征）無亙（恒），闔（關）攴（帛）畬（會）堂（當），叙（徭）敓（税）要【12】弫（强），無型；邦器不古，五衭（飭）不尾（度），無型；五訶（歌）不典，迵（童）条（謡）無即（節），弌（一）耑（短）弌（一）長，無型。凡五無型。亓（其）弌（一）【13】㝵（得）是胃（謂）詒（治）生，亓（其）弍（二）㝵（得）是胃（謂）邦正，亓（其）厇（三）㝵（得）是胃（謂）牆（將）温（盈），亓（其）四㝵（得）是胃（謂）大㙇（成），亓（其）五㝵（得）是胃（謂）【14】嘉宓（寧），邦乃和坪（平）。亓（其）一不㝵（得）是胃（謂）詞（治）縈（營），亓（其）弍不㝵（得）是胃（謂）少㚆（傾），亓（其）厇（三）不㝵（得）是胃（謂）虖（虐）争，【15】亓（其）四不㝵（得）是胃（謂）嚻（亂）茾（幷），亓（其）五不㝵（得）是胃（謂）流（瀏）清，邦則不宓（寧）。”

㙇（成）人曰：“吁，逨（來），典獄、司正，畬（余）【16】方告女（汝）于型之無嶨（赦），則（賊）人躟（攘）人，道敓（奪）閪（閭）賨（扶），無嶨（赦）；臣妾记（起）辟（嬖），㰟（竊）義坥（汩）瑼（主），無嶨（赦）；戋豪（家）【17】焚宗，大攻少（小），無嶨（赦）；軛（犯）欽（禁）喬（矯）飤（飭），毀䀄（盟）宔匿，無與（赦）；遊述（怵），女有夫、士有妻遊，無嶨（赦）。朕𦘔（盡）【18】告女（汝）于獄之又（有）鸛（難），司宔（中）、司悳（直）監才（哉）。民㚆（傾）毋非宔（中）非戠（察），以隻（作）不尾（度），各宔（中）乃計（信），隹（惟）殆（辜）【19】隹（惟）灋（法），獄㙇（成）而逾（輸）。典獄寺

（時）惠，勿亞（惡）埅（成）卪（孚），以求䀆（物）青（情）。厚専（薄）恙（圖）罰，以求宜型。凡民五争，【20】正之于五詞（辭），五詞（辭）亡（無）詘（屈），正之于五祟（常）。五祟（常）不逾，正之于五正。五正之詣（稽）隹（惟）爽，隹（惟）方隹（惟）國，咸䌛（訊）亓（其）【21】又（有）衆。又（有）衆無詣（稽），則宔（中）幾之于示所。争贜（獵）内（入）于公。五争之訿（疵）隹（惟）交，交隹（惟）佖（過），佖（過）而訐（信），則比皐爯（稱）罰，【22】隹（惟）并是貝（視），不及五罰。獄埅（成）又（有）幾，日求氒（厥）審，非緩隹（惟）緪（亟），䌛（訊）詘（屈）于訐（信），毋宔（中）夭（妖）詞（辭），以安【23】緬（遇）乃身。獄埅（成）又（有）耳（恥），勿以不型（刑），恙（圖）詞（辭）又（有）雧（變），隹（惟）齊非均（均），爯（稱）而雚（權）之，緟（董）而蒝（原）之，隓（隨）而【24】敞（揣）之，戳（察）詞（辭）思緀（屈），兩詰訐（信）豉（屬），尚毋又（有）不正。一日折獄，剸（斷）詞（辭）又（有）謱（數），獄至無青（請），則幾【25】詞（辭）于戢（歲），豉（屬）之于鄉里。”

埅（成）人曰：“句（后），于及（承）嘉敎（穀）五竂（䄬）之又（有）峕（時）：秀藤（萌）一峕（時），芋（華）卉一峕（時），豙（稼）【26】一峕（時），實果一峕（時），殺一峕（時），收飲（稔）一峕（時）。惪正（政）亦甬（用）五峕（時）：解亦解，芋（華）亦芋（華），實亦實，殺【27】亦殺，收亦收。凡社（功）惪正（政），㝵（得）峕（時）而司蜜（從），至返（復）般（返）純若，濬（浚）去兇央（殃）。五峕（時）不尾（度），【28】司事又（有）豉（誅）。”

埅（成）人曰：“句（后），朕聿（盡）告女（汝）吉兇不昜，畧（恪）𢦏（哉）毋詞（怠），毋敗朕型（刑），以𡕒（循）興（繩）下虻（尤）。冬（終）【29】隹（惟）雧（辨）飤（飭），隹（惟）䀆（物）觀之。”【30】

三、釋讀

以下釋讀有説則條録，或補整理者之説，或表達自己的意見；無説則略。

司正遊（失）型（刑）：《書・吕刑》："王曰：嗟，四方司政、典獄，非爾惟作天牧。"參簡5"乃又（有）司正、典獄"。

土多見（現）祅（妖）：《左傳》宣公十五年："天反時爲災，地反物爲妖。"楚帛書第四章："卉木亡（無）【乙1】尚（常）。□□实（祅），天埅（地）乍（作）羕（祥）。"《禮記・月令》仲冬之月："命有司曰：土事毋作。慎毋發蓋，毋發室屋及起大衆。以固而閉，地氣沮泄，是謂發天地之房，諸蟄則死，民必疾疫，又隨以喪。"《史記・天官書》："氐爲天根，主疫。"《爾雅・釋天》"天根，氐也"，郭注："角、亢下繫於氐，若木之有根。"星占説角亢氐一體，故三宿皆爲祠吉。《論衡・謝短》："歲終逐疫……畫虎於門闌。"

流而潛（淫）行：淫，甚也，大也。土妖既與天災相對而言，乃禍害於人之"妖"也，經史或謂之厲鬼、惡鬼、暴鬼。土妖之淫行，疫病大流行也。《太平御覽》卷五百三十引《莊子》："游島問雄黄曰：今逐疫出魅，擊鼓呼噪，何也？雄黄曰：黔首多疫，黄帝氏立巫咸，使黔首沐浴齋戒，以通九竅；鳴鼓振鐸，以動其心；勞形趨步，以發陰陽之氣；飲酒茹葱，以通五臟；夫擊鼓呼噪，逐疫出魅。黔首不知，以爲魅祟也。"《周禮・夏官》："方相氏掌蒙熊皮，黄金四目，玄衣朱裳，執戈揚盾，帥百隸而時難，以索室毆疫。"《禮記・月令》："昴有大陵積尸之氣，氣佚則厲鬼隨而出行。命方相氏帥百隸索室毆疫以逐之。"《禮記・檀弓》"斬祀殺厲"，注："厲，疫病也。"《續漢書・禮儀志》："先臘一日，大儺，謂之逐疫。其儀，選中黄門子弟年十歲以上，十二以下，百二十人爲侲子，皆赤幘皂製，執大鞀。方相氏黄金四目，蒙熊皮，玄衣朱裳，執戈揚盾。十二獸有衣，毛角。中黄門行之，冗從僕射將之，以逐惡鬼於禁中。"《抱朴子・道意》："任自然無方術者，未必不有終其天年者也。然不可以值暴鬼之横枉，大疫之流行，則無以却之矣。”[①]

邚（越）諻（懲）歬（前）罰䜴（延）：越，於是。《詩·陳風·東門之枌》“越以鬷邁”，鄭箋：“越，於……於是以總行，欲男女合行。”諻，整理者讀爲“徵”，引《左傳》僖公四年“寡人是徵”。䜴，整理者讀爲“愆”。玆讀諻爲“懲”，讀䜴爲“延”。《詩·周頌·小毖》“予其懲而，毖後患。莫予荓蜂，自求辛螫”，毛傳：“毖，慎也。荓蜂，摩曳也。”鄭箋：“懲，艾也……我其創艾於往時矣，畏慎後復有禍難，群臣小人無敢我摩曳，謂爲譎詐誑欺，不可信也。汝如是，徒自求辛苦毒螫之害耳，謂將有刑誅。”延，《説文》：“長行也。”《爾雅·釋詁》：“長也。”簡文“延”承上謂“淫行”之延。“罰延”者，謂“失型”“現妖”“淫行”之類不可長，罰而止之也。“懲前罰延”猶成語懲前毖後。

不志（識）氒（厥）𧗿（祥）之𤼵（發）于吉兇：志，整理者讀爲“職”，玆讀爲“識”，不識，不知也[②]。厥祥[③]，承上謂流行之妖祥。

聖（聽）壬（任）群𡨄（宜）：𡨄，整理者注：“可讀爲‘秩’。群秩，即百官。”按：𡨄從宜聲，讀𡨄爲“秩”闕通假實例，且未見徵引經史“群秩”之用例，玆改讀爲“宜”。《詩·大雅·鳧鷖》“公尸來燕來宜”，毛傳：“宜，宜其事也。”《説文》：“宜，所安也。”《玉篇》：“宜，當也，所安也。”《淮南子·本經》“斟酌萬殊，旁薄衆宜”，注：“宜，適也。”“群宜”“衆宜”構詞相類。參下文“各揚乃聲”，本例“群宜”謂衆人提出的合適應對方案。

曰：害（盍）隹（惟）若𦍒（兹）？毋則社（貢）祀是不共（恭）：毋則，整理者注：“猶毋乃。”按：“毋則社（貢）祀是不共（恭）”與第二章“𡍮（助）上帝𤔔（亂）䋣（治）四方……羕（永）譌（化）天盟（明）”（簡6）相聯繫。

毋則【2】型（刑）是不厇（度）：簡文與第三章“典獄、司正，舍（余）【16】方告女（汝）于型之無𦤎（赦）”相聯繫。

---

①《日書》中亦多有疫病記載，睡虎地秦簡《日書甲》859反壹：“一宅中毋（無）故而室人皆疫，或死或病。”《甲》856反壹：“一宅之中毋（無）故室人皆疫，多瞢米（迷）死。”《甲》853反壹：“人毋（無）故一室人皆疫，或死或病，丈夫女子隋（墮）須（鬚）、羸髮、黄目。”

②《詩·大雅·皇矣》“不識不知，順帝之則”，鄭箋：“其爲人不識古，不知今，順天之法而行之者，此言天之道尚誠實，貴性自然。”

③整理者注引《左傳》僖公十六年“是何祥也”，杜注：“祥，吉凶之先見者。”《管子·任法》：“《周書》曰：國法法不一，則有國者不祥。民不道法則不祥，國更立法以典民則祥。群臣不用禮義教訓則不祥，百官伏事者離法而治則不祥。”

毋則司典遊（失）崇（常）以進退明（晦）朔：《易・革》："象曰：澤中有火，革。君子以治歷明時。"《漢上易傳》卷五："君子必修治其歷以明四時之正，所謂四時之正者，冬至日月必會于牽牛之一度，而弦望晦朔、分至啓閉皆得其正矣。日月不會者，司歷之過也。"簡文與第三章"五崇（常）""五正"（簡21）相聯繫。

毋則五音是䜌（亂）易，思（使）民悳（德）不隻（獲）：《詩・大雅・皇矣》"維此二國，其政不獲"，鄭箋："獲，得也。"五音亂，不知民風民德，是爲"不獲"。《管子・宙合》："君失音則風律必流，流則亂敗。"《國語・周語中》"五聲昭德"，韋注："昭德謂政平者，其樂和也。亦謂見其樂，知其德。"放馬灘秦簡《日書乙》285："自天降令，乃出六正，閒吕六律。皋陶所出，以五音、十二聲爲某貞卜。"《乙》284："從天出令，乃下六正。閒吕六律。皋陶所出。以而五音、十二聲以求其請。"音聲之樂乃民衆情緒的重要表達渠道，季子觀周樂而知民風民情，政德之所在，是爲顯例。以上句例與第四章"悳正（政）亦甬（用）五旹（時）"（簡27）相聯繫。

各旟（揚）乃聖（聲）【4】：揚，《易・夬》"揚于王庭"，注："揚于王庭，其道公也。"疏："王庭是百官所在之處……決斷之事於王者之庭，示公正而無私隱也，故曰揚于王庭也。"《禮記・文王世子》"或以德進，或以事舉，或以言揚"，疏："或以言揚者，次事也。揚亦進舉之類，互言之。雖無德無事而能言語應對，堪爲使命，亦舉用之，若醫卜之屬也。"

以羕（永）飤（食）乃先毋朁：食，享祭之血食①。《史記・封禪書》"立后稷之祠，至今血食天下"，正義："顏師古云：祭有牲牢，故言血食。"朁，廢也。

朕亓（其）卬（孚）于龜筶（筮）以䚄（靖）求嘉箬（若）：龜，龜卜也。筮，筮占也。嘉，美也，好也。若，善也。清華簡（六）《鄭武夫人規孺子》1～2："昔虗（吾）先君女（如）邦牆（將）又（有）大事，𠇷（必）再三進大夫而與之膚（偕）圖（圖）。既旻（得）圖（圖），乃爲之；毀圖（圖）②，所臤（賢）者安（焉）繡（申）之以龜筮。"可爲本例之比。

以上第一章。

面對土妖流行，"王"開言路，百官揚聲於王庭，共同致力應對疫病。對

①整理者注引清華簡《殷高宗問於三壽》："世世至於後飤。"

②毀，壞也。《左傳》文公十八年"作誓命曰，毀則爲賊"，注："誓，要信也。毀則，壞法也。"圖，圖謀規劃。得圖，君臣就圖謀規劃達成共識。毀圖，與"得圖"相對而言，意見有分歧，不能形成圖謀規劃之決議。整理者句讀"毀"字上屬，麗壯城改屬下讀。麗説是。參看麗壯城《〈清華簡（陸）〉考釋零箋》，簡帛網，2016年4月27日，http://www.bsm.org.cn。

於各位提出的意見，“王”以占卜求神求先王選擇最佳最善方案，强化其天下信服的公信力[①]，予以實施。

古天砥（氐）降下民：整理者注：“砥，《説文》‘厎’字或體，可讀爲‘氐’。《説文》：‘氐，至也。’清華簡《楚居》‘季䜌（連）初降於郻（騩）山，氐于空（穴）窮（窮）’，亦‘氐’‘降’連言。”論者（《初讀》19/11/26）：“‘砥’讀爲‘氐’不辭，當讀爲‘致’。清華簡《楚居》‘氐’字三見，皆用作‘至’。上古‘氐’聲、‘至’聲之字多通用。‘致’意爲送詣，與‘降’義近連用。”[②]整理者既引《説文》：“氐，至也。”已經説清楚了。

偖（作）寺（時）句（后）王、君公：“作”承上謂天作也。《詩序》：“《文王》，文王受命作周也。”[③]《詩·大雅·天作》“天作高山，大王荒之”，毛傳：“作，生。荒，大也。天生萬物於高山，大王行道，能安天之所作也。”

正之以四榑（輔）祝、宗、史、帀（師）：整理者注引《禮記·文王世子》：“虞夏商周有師、保，有疑、丞，設四輔及三公，不必備，唯其人。語使能也。”[④]參清華（九）《治政之道》4“夫四榑（輔）卑（譬）之猷（猶）股（股）厷（肱）”。

以羕（永）譌（化）天盟（明）：盟，整理者隸作“昷”，讀爲“明”，論者：“將此字釋寫爲‘昷’，容易導致誤解。”[⑤]《左傳》昭公二十五年“天地之經而民實則之，則天之明，因地之性”，注：“日月星辰，天之明也。”日月昭明於天，化生萬物，是天之明也。君臣助上帝治四方，以天之明爲觀照也。

四榑（輔）是毋易，典獄毋䢜（徙）：句與下文簡8“四榑（輔）不榑（輔），司正亢（荒）忞（寧）”相對而言，謂官員不得失職（毋易），不得脱崗（無徙），互文見義。

是隹（惟）棠（常）尋（德）【7】：《詩·大雅·文王》：“命之不

① 《詩·大雅·文王》：“儀刑文王，萬邦作孚。”

② 《清華九〈成人〉初讀》，簡帛網，2019年11月26日，http://www.bsm.org.cn。以下或簡稱“《初讀》”。

③ “人”本身乃“天”之一員。男女婚配，“天作之合”（《詩·大雅·大明》），人自身的生産活動既爲“天作”，引而申之，人類社會所有文明文化皆附屬於“天”，受“天”制約。《禮記·樂記》“樂由天作，禮以地制”，注：“言法天地也。”

④ 整理者引文以“唯其人語使能也”句，未妥。“語使能”一句是後作《記》者解前《記》之人所言，是經中有解也。

⑤ 《初讀》，19/11/28。

易。”官員受命，各有職守，盡職盡責，是爲“常德”。《易・坎》象傳：“君子以常德行。”

非（飛）正（征）：參清華簡（十）《四時》3“延（征）鳥北行。”

各又（有）鱞（選）勿（物）：整理者注：“鱞，讀爲‘選’，擇也。勿，讀爲‘物色’之‘物’，與‘選’同義。選物，見上博簡《蘭賦》‘夬（决）迲（去）選勿（物）’。”按：“選”蒙下謂牝牡雌雄配偶之選[①]。《禮記・郊特牲》：“天地合而後萬物興焉，夫昏禮，萬世之始也。取於異姓，所以附遠厚别也。”由此推之，動物植物之“選物”，乃自然而然完成交配授粉之天合也。

䟓（牝）牧（牡）嶋（雌）䧺（雄）：《詩・邶風・匏有苦葉》“雉鳴求其牡”，毛傳：“飛曰雌雄，走曰牝牡。”

各又（有）聖（聲）侌（容）：飛者走者之有聲，如上引“雉鳴”之例也[②]；草木花期萬紫千紅，盛極一時之美，是有華容、花容之愛慕也[③]。

毋集（雜）英【7】相偽（化）：整理者注：“集，讀爲‘雜’。雜英，見《管子・地員》‘五色雜英’，郭沫若等集校：‘謂草木英華五采相雜也。’偽，從二化，又見毛公鼎（《集成》2841）、詛楚文以及清華簡《湯處於湯丘》等，疑讀爲‘過’。”按：偽讀爲“化”。《詩・鄭風・有女同車》“顔如舜英”，毛傳：“英猶華也。”草木開花，借昆蟲蜜蜂之類授粉，無礙雄株花粉之雜，雌株感而化生結子。

飤（食）飤（食）不改：整理者注：“‘飤’下有合文符號，讀爲‘食飤’。”兹以“飤”下爲重文符。《禮記・檀弓下》“我則食食”，釋文：“上如字，下音嗣。”本例上“食”乃雌花吸收之食，下“食”謂雄花供粉之食。不改，整理者注：“此句意爲各類禽獸、穀植皆有其性徵，不可混亂相過，對其食飤不可改變。”按：句例謂天合化生，基因傳承之物性有定數，其物種基本屬性相沿不改。

今民多不秉㝵（德），以潛（淫）于不分（㝖、賓）【8】：民，全民。下文既言及四輔、司正，則“民”大略相當於“王臣”，涵蓋今人理解的全部

①上博簡（八）《蘭賦》：“夬（决）迲（去）選勿（物），宔（宅）才（在）學（幽）宙（中）。”參《淮南子・説山》“蘭生幽宫”。簡文以蘭擬人，草木之“宅”，猶人之居處也。蘭之生長不顯山，不露水，猶人成長積累階段之低姿態。草木開花，爲授粉也，幽蘭之“决去選物”，有别於花枝招展，是不張揚的意思。

②《詩・周南・葛覃》“黄鳥于飛，集于灌木，其鳴喈喈”，毛傳：“喈喈，和聲之遠聞也。”鄭箋：“興女有嫁于君子之道。”《詩・召南・草蟲》“喓喓草蟲，趯趯阜螽”，鄭箋：“草蟲鳴，阜螽躍而從之。異種同類，猶男女嘉時以禮相求呼。”

③《楚辭・招魂》：“蘭膏明燭，華容備些。二八侍宿，射遞代些。”

社會成員。參簡10“非天復（作）瘖（吝），隹（惟）民昌（猖）兇”。民之“德”與天之“道”相對而言。《易·蠱》象傳：“象曰：山下有風，蠱，君子以振民育德。”《漢上易傳》卷二：“君子體之於民也，振作之，使不倦。將振作之，則自育其德，德日進，則民德生矣。”淫，過也。賓，整理者注：“《左傳》莊公十年‘止而見之，弗賓’，杜注：‘不禮敬也。’”庶稷、群獸、飛征之化育與人類共生，是自然秩序。由自然規律可以勾勒一條紅綫，“民”越過紅綫，是其“不秉德”，是其“不賓”也。

是褮（勞）毕（厥）折（制）正（政），反𤔔（亂）先型：型，整理者讀爲“刑”。本篇“型”多例，或可不改讀。型，模式，法也。疫病流行，衝擊力極大，“王則悚惕畏恐”（簡1），勢必有相應制度調整，是“勞厥制政”也；“民”之不賓，已有的環境共生秩序受到侵蝕，是“反亂先型”也[①]。

四補（輔）不補（輔），司正㐬（荒）宓（寧）：宓，讀爲“寧”，整理者注：“荒寧，見《書·無逸》，指荒怠自安。”參簡6“四補（輔）是毋易，典獄毋𡐦（徙）”。按：荒寧是動賓結構。天災由百姓尸横遍野至於百官，是有不知其“輔”，是有驚慌失措也。

眀（晦）朔𧻓（枉）𢟹（違），四維以畲（縮）緀（贏）【9】：“以”下一字整理者隸作“畲”。按：原簡形中間不是“水”形，字應分析爲從甘，“舍”聲，玆釋爲“縮”。試比較：

本例“畲”　《性自命出》19“舍　《從政》甲1“舍”

《厚父》4“敆”　《禱辭》23“余”

《史記·律書》“七正二十八舍”，索隱：“二十八舍即二十八宿之所舍也，舍，止也。宿，次也。”緀，讀爲“贏”。《史記·天官書》：“歲星贏縮……趨舍而前曰贏，退舍曰縮。”以上句例乃天象示警示罰，類似例如清華簡（六）《秦穆公禮歸子儀》1“亓（其）旦不槶（平），公益及（急）”[②]，《春秋》僖公五年“九月戊申朔，日有食之”。《左傳》僖公五年“春，王正月，辛亥，朔，日南至。公既視朔，遂登觀臺以望，而書，禮也。凡分至啓

①先型，先王之型。《書·無逸》：“周公曰：嗚呼，我聞曰：昔在殷王中宗，嚴恭寅畏天命，自度，治民祗懼，不敢荒寧。肆中宗之享國，七十有五年。其在高宗，時舊勞于外，爰暨小人。作其即位，乃或亮陰。三年不言，其惟不言，言乃雍，不敢荒寧。”畏天命，是爲“先型”。

②《開元占經》卷十一：“月朔而晨見東方謂之側匿，行遲也。月晦而夕見西方謂之朓，行疾也。遲疾相通謂之平。”簡文“亓（其）旦不槶（平）”謂朔旦月亮運行或疾或遲，偏離朔日交會的位置。古人或以爲異，異與災異之“異”相聯繫。又，整理者所定篇名“子儀”不當，玆改爲“秦穆公禮歸子儀”，説參下文注。

閉，必書雲物，爲備故也”，注：“周正月，今十一月。冬至之日，日南極……朔旦冬至，歷數之所始，治歷者因此則可以明其術數，審别陰陽，叙事訓民……素察妖祥，逆爲之備。”

非天復（作）瘔（吝），隹（惟）民昌（猖）兇【10】：吝，恨惜也，窮也[①]。本例“天”“民”相對而言，“民”指向天下之民。《書・酒誥》：“天非虐，惟民自速辜。”又《吕刑》：“非天不中，惟人在命。”天人關係先秦政治家、思想家已有正確認識。天之降災“作吝”是無可奈何的事情，而民之“猖兇”“民自速辜”則應該作出反思。

咸旜（揚）亓（其）又（有）港（巷）：港，整理者讀爲“訌”，引《詩・大雅・召旻》“蟊賊内訌”，解“揚其有訌”爲“傳揚其争訟相陷之言”。論者讀港爲“訟”[②]。按：港當讀爲“巷”，謂巷族，同一居住區强勢族群。《韓非子・説疑》：“内搆黨與，外攄巷族，觀時發事，一舉而取國家。且夫内以黨與，刧弑其君；外以諸侯之權矯易其國，隱正道，持私曲，上禁君，下撓治者，不可勝數也。是何也？則不明於擇臣也。”簡4“各旜（揚）乃聖（聲），孛（勉）獻乃力，以羕（永）飤（食）乃先毋替”是臣與君協和局面，而“咸揚其有巷”則是臣據其“有巷”不顧大局的越位行爲。

天悉（既）戋（賤）民之命：悉，整理者讀爲“愛”，兹讀爲“既”。戋，整理者釋“翦”，疑讀爲“賤”。字又見簡17“戋豖（家）焚宗”。《管子・心術下》：“聖人若天然，無私覆也；若地然，無私載也。”《淮南子・原道》：“夫道者，覆天載地。”“以天爲蓋，則無不覆也；以地爲輿，則無不載也。”天地之於“民之命”，本無貴賤，草木與人同在天覆地載。人間有不可抗之“癘妖”，人爲之呼“天”，哀哉！

甬（用）勿（物）見（現）之祅（妖）羕（祥），禲（癘）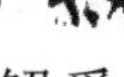（祅，妖）□【10】卑（俾）民毋惷（蠢、惷）：整理者讀禲爲“賴”，解爲憑藉[③]。讀祅爲“妖”。惷，整理者引《説文》解作愚，解“毋惷”爲不迷。殘字整理者疑爲“祅”，讀爲“妖”。

按：用，因也。妖祥，吉凶先見之徵兆。《書・咸有一德》“德惟一，動

①《易・屯》“君子幾不如舍，往吝”，注：“夫君子之動豈取恨辱哉？故不如舍，往吝，窮也。”《説文》：“吝，恨惜也。”

②《初讀》19/11/28。

③禲，論者（《初讀》19/11/28）讀爲“厲”，以“厲妖”上屬爲句，云：“禲當讀爲‘厲’，指災禍或病疫，與‘妖’義近。《吕氏春秋・開春論・察賢》：‘雪霜雨露時，則萬物育矣，人民修矣，疾病妖厲去矣。’”又“‘惷’應當讀作‘蠢’，即《尚書・大誥》‘西土人亦不静，越兹蠢’、《詩・小雅・采芑》‘蠢爾蠻荆’、《墨子・兼愛下》‘蠢兹有苗，用天之罰’之‘蠢’。”

罔不吉；德二三，動罔不凶。惟吉凶不僭在人，惟天降災祥在德”，疏：“指其已然則爲吉凶，言其徵兆則曰災祥。”禲，讀爲“癘”，《左傳》昭公四年“癘疾不降”，注：“癘，惡氣也。”《後漢書·順帝紀》：“上干和氣，疫癘爲災。”《易·復》“上六，迷復，凶。有災眚，用行師，終有大敗”，子夏傳：“傷害曰災，妖祥曰眚。”鄭玄注：“異自内生曰眚，自外曰祥，害物曰災。”天因物所現妖祥形式多樣，範圍亦廣[①]，而“癘妖”（疫病）是其一。“癘妖”上屬或下屬皆可讀通，筆者傾向下屬。《周禮·秋官·司刺》：“三赦曰惷愚。”經史蠢、惷不甚别，《左傳》昭公二十四年“今王室實蠢蠢焉”，蠢蠢，《説文》引作“惷惷”。“癘妖俾民毋惷”者，惷愚者（智障者、體弱者、愚蠢官員）將因疫病受到强制性壓制。自然物性是客觀存在，物競天擇在一定意義上可以延伸至人類社會。

民若誥（告）祅（妖）：就本篇行文而言，民之“告妖”不妨理解爲報告疫情，如《漢志》“時則有服妖，時則有龜孽，時則有雞旤”之例。

乃丨（章）𡳿（之）五兇：丨，整理者釋“章”，“簡本《緇衣》引《詩》‘出言又（有）丨’，傳本和《詩·都人士》皆作‘出言有章’。”章，明也，條理也，成事成文曰章。“五兇”之“五”用五行之數，方位有五，時（季節）亦有五，“章之五兇”者，檢視條理不同時地之“兇”。“兇”與簡10“隹（惟）民昌（猖）兇”相照應。民之“猖兇”觸動天罰之“兇”，參清華簡（五）《殷高宗問於三壽》26：“天罰是加，甬（用）兇以見詢。”

隹（惟）欽（禁）隹（惟）乇（度），隹（惟）相隹（惟）見（視）【11】：欽，整理者讀爲“禁”[②]，“禁、度、相、視皆指對五兇的態度”[③]。按：禁、度、相、視的對象乃下文“五無型”，既已出現已然之“兇”，針對性分析存在的問題，以採取相應對策。

五兇之訛（疵），隹（惟）五無型：整理者注：“訛，疑讀爲‘疵’。五兇之疵，與《吕刑》‘五過之疵’表述相同。無刑，猶失刑。《左傳》隱公十一年：‘君子謂鄭莊公失政刑矣。政以治民，刑以正邪。既無德政，又無威刑，是以及邪。’”按：“型”謂範型，模式、制度，包含法律意義之

①《漢書·天文志》：“言之不從，則有犬禍、詩妖。”又《五行志》：“時則有服妖，時則有龜孽，時則有雞旤，時則有下體生上之痾，時則有青眚、青祥，唯金沴木。説曰：凡草木之類謂之妖，妖猶夭胎言尚微。蟲豸之類謂之孽，孽則牙孽矣。及六畜謂之旤，言其著也。及人謂之痾，痾，病貌，言寖深也。甚則異物生謂之眚。自外來謂之祥，祥猶禎也。氣相傷謂之沴，沴猶臨莅不和意也。每一事云時則以絶之，言非必俱至，或有或亡，或在前或在後也。”

②字又見簡17“軋（犯）欽（禁）喬（矯）飤（飭）”。

③論者（《初讀》19/11/28）或讀爲“念”。

“刑”。“五無型”涵蓋政治、經濟、民風民俗多個層面，或不改讀。

祝宗忘豊（禮），史、帀（師）遊（失）祟（常），無型【12】：祝，周官有大祝、小祝、女祝、喪祝、甸祝、詛祝等。宗，周官有大宗伯、小宗伯、司常、都宗人、家宗人等。史，周官有大史、小史、内史、外史、御史、女史等。師，周官有樂師、大師、小師、卜師等。忘禮，失禮。忘讀爲“無”[①]，亦可。無型，不合制度，違背政令，觸犯科條。

市無倝（放），商無瘬（肆），價不祟（常），無型：倝，整理者讀爲“垣”，解爲“市場圍墻”，又云：“或讀爲‘闤’，《説文》：‘市垣也。’”按：倝讀爲“放”[②]，如周官懸掛於市亭之旌也。《説文》：“倝，日始出，光倝倝也。从旦放聲。”又：“放，旌旗之游。”《周禮·地官·司市》“上旌于思次以令市”，注：“上旌者，以爲衆望也，見旌則知當市也。思次若今市亭也。”瘬，整理者解爲“逸省聲”，讀爲“肆”，“指店鋪”。

邦正（政，征）無亙（恒），闡（關）攴（帛）畬（會）堂（當），敍（徭）敓（税）要【12】弝（强），無型：攴，讀爲“帛”[③]，《管子·戒》“關幾而不正，市正而不布”，房玄齡注：“布，謂錢也。即其物而正之，不必分錢。”“關帛”謂關市所徵幣帛或實物。畬，整理者注：“讀爲‘會計’之‘會’，與‘要’均訓爲‘計’。‘要會’見《周禮·小宰》，鄭司農云：‘月計曰要，歲計曰會’。”堂，整理者讀爲“黨”，引《國語·晉語五》‘舉以其私，黨也’，韋注：‘阿私曰黨。’”按：堂讀爲“當”，刑法之斷也。張家山漢簡《奏讞書》多見“吏當”，《漢書·路温舒傳》“奏當之成”，師古注：“當謂處其罪也。”《漢書·刑法志》“以其罪名當報之”，師古注：“當謂處斷也。”徭税，《後漢書·南蠻西南夷列傳》：“澧中蠻以郡縣徭税失平，懷怨恨。”收買路錢之“會當”[④]，賦税徭役之“要强”，近於强搶惡要，“巧要錢”，此所以“無型”，今人謂之“没正形”，“不象話”。

邦器不古，五衽（飭）不厇（度），無型（刑）【13】：古，論者或讀

---

①《初讀》19/12/02。

②倝，上古音爲元部匣紐字，放爲元部影紐字，於韻同部，於聲同爲喉音。讀倝爲“放”，是合於音理的。

③《周禮·天官·大宰》：“以九式均節財用……六曰幣帛之式。”

④簡文“會當”不妨理解爲自定數額，越位執法。

爲“固”[①]，或讀爲“故”[②]，“不故”爲辭也許與經史之例有所不合，兹依整理者釋文，訓古爲“故”[③]。衭，整理者讀爲“飾”，注：“此指國家禮器應崇尚古老、質樸。類似思想可參看《説苑·反質》：‘去其實而歸之華，是以苦窳之器，争鬭之患起。争鬭之患起，則所以偷也。所以然者何也？由離誠就詐，棄樸而取僞也。追逐其末，而無所休止。聖人抑其文而抗其質，則天下反矣。’”論者讀衭爲“織”[④]。按：衭，讀爲“飭”。《易·雜卦》“蠱則飭也”，注：“飭，整治也。”《禮記·月令》“飭鐘磬柷敔”，注“飭者，治其器物，習其事之言。”《周禮》“以九職任萬民……五曰百工飭化八材”，鄭司農注：“八材，珠曰切，象曰瑳，玉曰琢，石曰磨，木曰刻，金曰鏤，革曰剥，羽曰析。”疏：“飭化八材者，謂百種巧作之工所爲事業，變化八材爲器物，飭之而已。”

五訶（歌）不典，迵（童）条（謡）無即（節），戌弌（一）耑（短）弌（一）長，無型：五歌，不同地域（東南西北中），不同時令（春夏秋冬季夏）之歌[⑤]。童謡，如《左傳》僖公五年：“童謡云：丙之晨，龍尾伏辰。均服振振，取虢之旂。鶉之賁賁，天策焞焞。火中成軍，虢公其奔。”《國語·鄭語》：“宣王之時有童謡曰：檿弧箕服，實亡周國。”弌，整理者隸作

①論者（《初讀》19/10/28）：“‘邦器不古’，此句很容易讓人聯想到《韓非子·難一》‘東夷之陶者器苦窳’、《五蠹》‘其商工之民，修治苦窳之器’、《史記·五帝本紀》‘河濱器皆不苦窳’、《平準書》‘見郡國多不便縣官作鹽鐵，鐵器苦惡’等，‘苦窳’之‘苦’皆不堅固之謂。張守節正義：‘苦，讀如盬，音古，盬，粗也。’簡文‘邦器不古’之‘古’，似應讀爲‘固’，牢固之義。”

②論者（《初讀》19/10/28）：“這個‘邦器不古’可以比對《鮑叔牙》‘器必蠲潔，毋内錢（散）器，犧牲珪璧必全如沓（故），加之以敬’。《越公其事》55‘粃（爵）立（位）之宑（次）凥（處）、備（服）衭（飾）、群勿（物）、品采之侃（愆）于沓（故）祟（常）’，兩處之‘故’皆是‘成例’‘舊典’‘常規’。”

③《詩·邶風·燕燕》“逝不古處”，毛傳：“古，故也。”《大雅·烝民》“古訓是式”，古訓即“故訓”（毛傳），鄭箋：“故訓，先王之遺典也。”《説文》：“古，故也。”

④論者（《初讀》19/11/28）：“‘衭’讀爲‘飾’的根據並不充足。從上下文看，五種‘無刑’的情況中，另外四類都有統一的主題：第一類是關於禮、典常，第二類是關於市場，第三類是關於徵傜賦税，第五類是關於歌謡。此類自然不應例外。由前文‘邦器不固’可見，這一類是説製作的器物，而‘五飾’無法算作製作的器物。‘衭’當讀爲‘織’。早期文獻中‘弋’（職部喻母）聲、‘戠’（職部章母）聲的字經常通用，如《戰國策·魏策》‘不識禮義德行’，《戰國縱横家書》作‘不試禮義德行’。‘五織’與‘邦器’類似，都是與手工業製造相關的。這可以作爲這種讀法的佐證。‘五織不度’是説織品不合法度。”

⑤地域之别，如《詩》之有十五國風。時令之異，如《禮記·月令》孟春之月“其音角，律中大簇”，孟夏之月“其音徵，律中中吕”等。

“戍”，解爲“弌（一）之異體”[①]。兹直接隸作“弌”，下文“弌”同例。一短一長，整理者注：“猶‘或短或長’。”參清華簡（七）《越王勾踐復吴》55：“隹（唯）立（位）之宎（次）凥（處）、備（服）衭（飾）、群勿（物）、品采之侃（愆）於耆（故）祟（常），及風音誦詩訶（歌）謠（謠）之非郕（越）祟（常）聿（律），𡰥（夷）訏䜌（蠻）吴，乃徹（趣）取戮。”[②]整理者謂所引《越公其事》簡文“可與以上兩種‘無型’合觀”，甚是。

亓（其）弌（一）【13】㝵（得）是胃（謂）㠯（治）生，亓（其）弍（二）㝵（得）是胃（謂）邦正，亓（其）厇（三）㝵（得）是胃（謂）酒（將）温（盈），亓（其）四㝵（得）是胃（謂）大城（成），亓（其）五㝵（得）是胃（謂）【14】嘉寍（寧），邦乃和坪（平）：邦正[③]，《易・離》“上九，王用出征，有嘉折首，獲匪其醜，无咎”，象曰：“王用出征，以正邦也。”孔疏：“言所出征者除去民害，以正邦國。”

五得與上文“五無型”略可對應，其一得謂祭祀禮制之得，“治生”[④]；其二得謂市、商經濟秩序之得，“邦正”[⑤]；其三得謂關帛徭税之得，“將盈”[⑥]；其四得謂邦器之得，“大成”[⑦]；其五得謂風俗人情之得，民心之得，“嘉寧”。得民心乃治邦國理想境界。

亓（其）一不㝵（得）是胃（謂）詞（治）縈（營）【15】：詞，整理者釋爲“始”。按：簡文“詞（治）縈（營）”與簡14“㠯（治）生”相對而言，“㠯”“詞”字形有别，乃抄録避複。兹依互文例改釋本例“詞”爲

①《說文》干支字皆部首單列，以其涉及干支起源，實有深意焉。簡文“弌”録寫爲“戍”，客觀上造成歧讀。整理者“異體”說不合《說文》體例，有解釋之難。

②清華簡（七）“雩（越）公亓（其）事”，整理者解爲“原有篇題”。王輝（2017:239-241）斷言“越公其事”爲夫差所言，非篇題。王說可信。《國語•越語上》“余何面目以視于天下乎？越君其次也。遂滅吴”，其事、其次，義近異文。篇題既誤，不可以訛傳訛。兹循“觀器必也正名”（《文心雕龍・銘箴》）之矩範，改取簡26“吴人既襲越邦越王勾踐將基復吴”，省减爲“越王勾踐復吴”，以其爲篇名。他如篇題“子儀”不當，非常明顯，該篇主人公爲秦穆公；“廼命一”“廼命二”分爲兩篇不合適，應該合篇；《治邦之道》《治政之道》之分有問題，整理者已合篇爲“《治政之道》”。凡此筆者另有討論。

③整理者注：“正，訓爲‘定’，《周易・家人》：‘正家而天下定矣。’”

④《易・觀》：“觀天之神道而四時不忒，聖人以神道設教而天下服矣。”

⑤舉“商”而四民在焉，就簡文而言，“正”謂走上正軌。

⑥《管子・牧民》：“不務天時，則財不生，不務地利，則倉廩不盈。”簡文盈謂國庫委積之充盈。

⑦國之重器，權柄在焉，其失其得，史家皆書。《春秋》定公八年“盜竊寶玉、大弓”，九年“得寶玉、大弓”，杜注：“寶玉，夏后氏之璜，大弓，封父之繁弱。”孔疏：“寶玉、大弓必是國之重寶，歷世掌之，故自劉歆以來說左氏者皆以爲夏后氏之璜，封父之繁弱，成王所以分魯公也。”

“治”。縈，整理者讀爲“營”，《淮南子·精神》“而物無能營”，高注：“營，惑也。一曰亂也。”又《逸周書·官人》“相亂以事而志不營”，朱右曾云：“營，惑亂也。”

亓（其）弍不𢭏（得）是胃（謂）少昊（傾）：昊，整理者注：“即‘昃’字，本用爲‘傾側’之‘側’，但此段自‘凡五無型（刑）’至‘邦則不宓（寧）’句尾通押耕部韻，此疑當隨文换讀爲同義之‘傾’。”蔡偉對“昊”字有解説①。

亓（其）疋（三）不𢭏（得）是胃（謂）虐（虐）争：虐，整理者注：“讀爲‘虐’。上博簡《緇衣》引《吕刑》‘五虐之型（刑）’，傳本作‘五虐之刑’。《説文》：‘虐，殘也。’”

亓（其）四不𢭏（得）是胃（謂）𤔔（亂）荓：荓，整理者注：“讀爲‘并’，聚積并合。亂并，指亂象叢生。一説‘荓’讀爲‘屏’。”按：“并”“並”音近義通，《禮記·禮運》“並於鬼神”，注：“並，并也，謂比方之也。”《荀子·儒效》“俄而並乎堯禹，豈不賤而貴矣哉”，注：“並，比也。”清華簡（九）《迺命一》簡10～11“從我先人以至于絲（兹），莌（世）弌（一）爲碩（鎮），剴（豈）亓（其）又（有）並命”，“豈其有並命”旨在强調邦國之君的唯一性。簡文“其四不得”指向器物，人之身份有冒充，器物字畫有仿製，“亂並”謂假冒僞劣充斥，真假莫辨之亂象也。

亓（其）五不𢭏（得）是胃（謂）流（瀏）清，邦則不宓（寧）【16】：流，讀爲“瀏”，流、瀏上古音同在幽部來紐。《詩·鄭風·溱洧》：“溱與洧，瀏其清矣。士與女，殷其盈矣。”簡文“流清”應是引《詩》義，如《左傳》多引《詩》爲説。今人知鄭風多好詩，然先秦儒家論《詩》主敦厚，對鄭風有微辭。不妨打個不一定恰當的比方，《溱洧》感情熾烈，表達直白，如水流之清澈；《關雎》發之於情，“由色諭於禮”（帛書《五行》第342行），如好酒之醇厚。以上“五不得”與上文“五得”對應，知“其五不得”之“瀏清”謂風土人情也。

以上第二章。

本章“成人”答辭對象爲“后”。

自然進化而有民，簡文謂之天降下民；人群中優秀者應時而作（創造），是有后有王有君有公，經史謂之“天作”；邦國政治“永化天明”，是爲“常

---

①參看蔡偉《清華簡〈成人〉篇“少昊”當爲“少傾”説》，簡帛網，2019年10月22日，http://www.bsm.org.cn。

德”。所有植物動物也是天之所降，與人共生，天並不厚此薄彼。人若“反亂先型”，是有天現瘡妖，“俾民毋惷”。“人”禁、度、相、視以檢討自身，是知違背自然規律之“五無型”乃天罰之所由起。“人”須“五得”，“邦乃和平”；反其道則有“五不得”，“邦則不寧”。

埅（成）人曰：吁，逨（來）：句例參《書·吕刑》：“王曰：吁，來，有邦有土，告爾祥刑在今。”

臣妾记（起）辟（嬖），檄（竊）義坦（汩）墇（主），無嬰（赦）：竊義，整理者注：“可參看《莊子·胠篋》‘爲之仁義以矯之，則并與仁義而竊之。’”按：臣妾之“竊義”，應是竊取名分的意思。坦[①]，整理者解爲從曰，土聲，讀爲“妬”。按原簡字形從土曰聲，玆讀爲“汩”[②]，《書·洪範》“汩陳其五行”，注：“汩，亂也。”[③]

戋豕（家）焚宗，大攻少（小），無嬰（赦）【18】：整理者讀戋爲“殘”，讀焚爲“僨”，解“僨”爲“倒覆也”。大攻小，整理者注：“指兼併戰爭，見《墨子·備城門》。”又引《左傳》成公十三年：“又欲闕剪我公室，傾覆我社稷，帥我蝥賊以來蕩搖我邊疆。”按：簡文謂内亂，與兼併戰爭無關。《韓非子·揚權》“公子既衆，宗室憂唫”，注：“宗室謂大宗，適子家也。庶子既衆，勢凌適子，故憂唫也。”簡文謂衆庶子戋焚大宗之室家，大宗打擊小宗（衆庶子），兄弟相殘，危及邦國社稷，此所以“無赦”也。

遊述（怵），女有夫、士有妻遊，無嬰（赦）：整理者注：“遊，指生活放縱。述，讀爲‘怵’。《漢書·食貨志下》‘善人怵而爲姦邪’，顏注引李奇曰：‘怵，誘也。’”按：整理者“遊述（怵）女有夫”作一句讀，玆改“遊怵”下點逗號[④]。《廣雅·釋言》：“淫，遊也。”“遊怵”謂色誘，勾引。“女有夫、士有妻遊”謂非法淫亂，觸犯宫刑。

以上五種“無赦”，整理者引《周禮·秋官·司刑》鄭玄注：“《書傳》曰：決關梁、踰城郭而略盜者，其刑臏。男女不以義交者，其刑宫。觸易君命、革輿服制度、姦軌、盜攘、傷人者，其刑劓。非事而事之，出入不以道義而誦不詳之辭者，其刑墨。降畔、寇賊、劫略、奪攘、撟虔者，其刑死。”按《書·吕刑》：“五刑之疑有赦，五罰之疑有赦，其審克之。簡孚有衆，惟貌

①整理者釋文該字右旁爲“日”形，手民之誤。

②蔡偉（《清華簡〈成人〉篇小札一則》，簡帛網，2019年10月29日，http://www.bsm.org.cn）釋爲“竊義（議）妒主”。本文不取是説。

③《漢書·五行志》“汩陳其五行”，師古注引應劭曰：“汩，亂也。”

④論者（《初讀》19/10/28）：“似可斷讀爲‘游怵，女有夫，士有妻，游無赦’。”

有稽。無簡不聽，具嚴天威。墨辟疑赦，其罰百鍰，閱實其罪。劓辟疑赦，其罰惟倍，閱實其罪。剕辟疑赦，其罰倍差，閱實其罪。宮辟疑赦，其罰六百鍰，閱實其罪。大辟疑赦，其罰千鍰，閱實其罪。”簡文五“無赦”非常嚴厲，明顯屬於癘疫流行期間實施重典[①]。

朕聿（盡）告女（汝）于獄之又（有）𡑡（難）【19】，司𠁩（中）、司㥁（直）監才（哉）：司中，神職官員[②]。《周禮·春官·大宗伯》“以禋祀祀昊天上帝，以實柴祀日月星辰，以槱燎祀司中、司命、飌師、雨師。”司直，包山簡62、168職官名“司㥁”讀爲“司直”[③]。《詩·鄭風·羔裘》：“彼其之子，邦之司直。”《九章·惜誦》：“命咎繇使聽直。”《淮南子·主術》“堯置敢諫之鼓，舜立誹謗之人，湯有司直之人”，高誘注：“司直，官名，不曲也。”監，《書·梓材》“王啓監”，孔傳：“言王者開置監官。”又“自古王若兹監”，孔疏：“王使存省侯伯，監治是也。”《周禮·夏官·大司馬》“建牧立監，以維邦國”。注：“監，監一國，謂君也。”釋文：“監，古銜反。”疏：“諸侯又一國立一監，以監察一國。”[④]從行文邏輯不難看出，下文“毋非𠁩非戠（察）”“不乇（度）”“以求勿（物）青（情）”“以求宜型（刑）”諸項皆在監察範圍。

民㓦（傾）毋非𠁩（中）非戠（察），以復（作）不乇（度）：民傾，參簡10“隹（惟）民昌（猖）兇。不𠧟（循）古（故）祟（常）”，“傾”指向各種違法行爲。中，斷獄之“中”謂量刑準確，合於科條，如矢之中的，不偏不倚。“以復（作）不乇（度）”承上謂毋以復（作）不乇（度）。作，典獄之“作”，調查、取證、庭審、復審（鞫、讞）皆是也。本例雙重否定，大意是：對民犯罪之司法處置必中必察必度。

典獄寺（時）惠，勿亞（惡）𡐓（成）卪（孚），以求勿（物）青（情）【20】：惠，《書·皋陶謨》“安民則惠，黎民懷之”，孔傳：“惠，愛也。”《説文》：“惠，仁也。”物，類也。情，法律用語之“情”，情實也。張家山漢簡《二年律令·具律》（張家山漢墓竹簡整理小組，2001:149）：

---

①《書·吕刑》“刑罰世輕世重，惟齊非齊，有倫有要”，孔傳：“言刑罰随世輕重也。刑新國用輕典，刑亂國用重典，刑平國用中典。凡刑所以齊非齊，各有倫理，有要善。”《周禮·秋官·大司寇》：“一曰刑新國用輕典，二曰刑平國用中典，三曰刑亂國用重典。”

②整理者注：“中，公正。清華簡《説命》下：‘𠁩（中）乃罰。’”

③參何琳儀（1993:55-63）。整理者引何説，云：“簡文後有關於‘㥁（德）政’的討論，疑‘㥁’指德教。《書·盤庚》：‘用罪伐厥死，用德彰其善。’《康誥》：‘克明德慎罰。’《吕刑》：‘士制百姓于刑之中，以教祗德。’”

④整理者注：“監，讀爲‘鑒’。句意爲刑罰的好壞反映在百姓一方。《論語》：‘刑罰不中，則民無所措手足。’”

"證不言請（情），以出入罪人者，死罪，黥爲城旦舂；它各以其所出入罪反罪之。獄未鞫而更言請（情）者，除。吏謹先以辨告證。"簡文"惠""惡"相對成辭。以上句例大意：典獄受理案件，依據彼時情況秉承仁愛惻隱之心審理，勿以惡念（有罪推定）形成合於法條之判詞，以求得具體事類之情實。

厚尃（薄）悆（圖）罰，以求宜型（刑）：《爾雅·釋詁》："圖，謀也。"罰，《書·吕刑》："墨罰之屬千，劓罰之屬千，剕罰之屬五百，宫罰之屬三百，大辟之罰其屬二百五，刑之屬三千"，孔傳："别言罰屬，合言刑屬，明刑罰同屬，互見其義以相備。""厚尃（薄）悆（圖）罰"謂法官所斷處罰額度有自謀厚薄之權衡，可知《吕刑》及簡文已有"自由裁量權"法學思想之萌芽[①]。

五詷（辭）亡（無）詘（屈），正之于五祟（常）：詘，整理者注："讀爲'屈'，指理虧。一説'屈'指冤屈。"理屈是也。五常，謂其時其地常理常道常法[②]。

五祟（常）不逾，正之于五正：五正，中央四方五官正也。楚帛書乙9"群神五正"，《國語·楚語下》："於是乎有天地神民類物之官，是謂五官。"五官即五正也。《左傳》昭公二十九年："故有五行之官，是謂五官。……木正曰句芒，火正曰祝融，金正曰蓐收，水正曰玄冥，土正曰后土。"《管子·禁藏》："（春）發五正……夏賞五德……秋行五刑……冬收五藏"，房玄齡注："正謂五官正。"本篇行文與《吕刑》近，《吕刑》"王曰：嗟，四方司政典獄"，孔傳："主政典獄謂諸侯也。""王"在中央，亦有"司政典獄"，合而爲"五正"也。

五正之詣（稽）隹（惟）爽，隹（惟）方隹（惟）國，咸慮（訊）亓（其）又（有）衆【22】：整理者句讀"隹（惟）爽"下屬，兹改上屬。稽，考也，合計也[③]。爽，差也，錯也。《詩·衛風·氓》"女也不爽，士貳其行"，毛傳："爽，差也。"《書·洛誥》"惟事其爽侮"，孔傳："惟政事其差錯侮慢，不可治理。"方，整理者注："違逆也。清華簡《湯在啻門》：'型（刑）情以不

①整理者注："悆，讀爲'圖'，訓爲'度'。宜，適。此謂罪責當與刑罰相適。《吕刑》：'上刑適輕，下服；下刑適重，上服。輕重諸罰有權。'《荀子·正論》：'刑稱罪則治，不稱罪則亂。'《書·吕刑》'兩造具備，師聽五辭，五辭簡孚，正于五刑。五刑不簡，正于五罰。五罰不服，正于五過。五過之疵：惟官、惟反、惟内、惟貨、惟來。其罪惟均，其審克之。'"

②《易·繫辭》："動静有常。"《書·舜典》"慎徽五典"，傳："五典，五常之教。父義、母慈、兄友、弟恭、子孝。"又"五品"，傳："五品謂五常。"疏："此事可常行，乃爲五常耳。"

③《周禮·天官·小宰》"聽師田以簡稽"，鄭司農注："簡猶閱也，稽猶計也，合也，合計其士之卒伍，閱其兵器，爲之要簿。"

方。”國，整理者注：“讀爲‘惑’，指疑獄。”按：方猶《吕刑》之“四方”（參上引），國，邦國也。《詩·大雅·大明》“以受方國”，鄭箋：“方國，四方來附者。”僫，整理者讀爲“訊”，“《吕刑》‘簡孚有衆，惟貌有稽’，《史記·周本紀》‘貌’作‘訊’。《周禮·小司寇》：‘以三刺斷庶民獄訟之中：一曰訊群臣，二曰訊群吏，三曰訊萬民。聽民之所刺宥，以施上服、下服之刑。’”

按：《詩·小雅·正月》“召彼故老，訊之占夢”，毛傳：“訊，問也。”《公羊傳》僖公十年“君嘗訊臣矣”，注：“上問下曰訊。”《管子·問》：“問刑論有常，以行不可改也。今其事之久留也，何若？問五官有度制，官都其有常斷，今事之稽也，何待？”房玄齡注：“今乃稽其事而不行，將何待乎？”知簡文“稽”，問責也。所問事項爲“爽”（差錯），所問範圍爲方國（惟方惟國），所問方式爲“訊”（上問下），所問對象爲有衆（群臣、群吏、萬民）。

又（有）衆無𦙶（稽），則𡨦（中）幾之于示所。争𧶠（獵）内（入）于公：無稽，稽察問責無失職事項。中，斷獄之“中”。《周禮·秋官·小司寇》“歲終，則令群士計獄弊訟，登中于天府。正歲，帥其屬而觀刑象，令以木鐸，曰：不用灋者，國有常刑，令群士。乃宣布于四方，憲刑禁”，鄭注：“上其所斷獄訟之數。”賈疏：“必登斷獄之書於祖廟天府者，重其斷刑，使神監之。”幾，察也，參簡26“幾詞（辭）于歳（歲）”。“中幾”謂審核合格，可以登于天府也。争，參下文“五争”。𧶠，整理者讀爲“獵”，“《爾雅·釋言》：‘獵，虐也。’此句意爲惡性案件應上呈‘公’來斷獄。《漢書·刑法志》載有奏讞制度，此應即其濫觴。”按獵謂狩獵也，争獵謂獵獲物之争也。句謂争訟屬性爲公之物，斷爲歸公也。

五争之詘（疵）隹（惟）交，交隹（惟）㢠（過），㢠（過）而訐（信），則比辠爯（稱）罰，隹（惟）并是貝（視）【23】：交，交通，串通、勾結[①]。“過”乃審判官員冤案之過，如“賂以買直”“鬻獄”之例[②]。《書·吕刑》“五過之疵，惟官，惟反，惟内，惟貨，惟來。其罪惟均，其審克之”，孔傳：“五過之所病，或嘗同官位，或詐反囚辭，或内親用事，或行貨枉法，或舊相往來，皆病所在。以病所在出入人罪，使在五過罪與犯法者同。其當清察，能使之不行。”簡文“比辠稱罰，惟并是視”謂反坐，比其冤

① 《漢書·昭帝紀》：“交通私書，其謀令長公主置酒，伏兵殺大將軍光，徵立燕王爲天子，大逆毋道。”

② 《左傳》昭公十四年：“雍子納其女於叔魚，叔魚蔽罪邢侯……雍子自知其罪而賂以買直，鮒也鬻獄。”

獄之罪，實施相應懲罰，最嚴厲者以命抵命[①]。若官官相護、裙帶關係之類以致冤獄者，并而察之。

日求䍐（厥）審，非緩隹（惟）𦁚（亟），𠍯（訊）謳（屈）于訐（信），毋串（中）夭（妖）詞（辭），以安𠘧（遇）乃身【24】：妖辭猶上引《吕刑》孔傳“詐反囚辭”，凡此類“獄之有難”（簡19），法官必須看清楚（審），不要中招上當。𠘧讀爲“遇”[②]，上博簡六《平王與王子木》1：“競（景）坪（平）王命王子木迈（蹠）城父，辿（過）繡（申），睹飤（食）於䣕（狌）寃（蒐）。成公旃（乾）䒞（遇），跪（？）於譸（疇）中，王子䎽（問）城（成）公：此可（何）？”䒞，讀爲“遇”。《説苑 • 辨物》：“王子建出守于城父，與成公乾遇於疇中。”簡文𠘧依例讀爲“遇”。“安遇乃身”猶俗話善待自己，守職盡責的同時就是安身立命。可見簡文言稽察，言警示，是善意的，目的是愛護、保護典獄等司法官員。

獄埅（成）又（有）耳（恥），勿以不型（刑）：整理者注：“耳，讀爲‘恥’。刑以恥惡，如《周禮 • 大司寇》‘以明刑恥之’。”按：《周官》“恥”乃恥辱刑。簡文“勿以不刑”雙重否定，必刑也；必刑者何？“獄成有恥”也；獄成何“恥”，典獄失職以致冤獄也。

煮（圖）詞（辭）又（有）𨐨（變），隹（惟）齊非坸（均）：整理者注：“𨐨，即‘辡’之繁構，讀爲‘辨’，訓爲‘别’。坸，讀爲‘均’，與‘齊’義近。惟齊非均，與《吕刑》‘惟齊非齊’近同。《荀子 • 王制》：‘先王惡其亂也，故制禮義以分之，使有貧富貴賤之等，足以相兼臨者，是養天下之本也。書曰：維齊非齊，此之謂也。’”按：“圖”參簡19“厚尃（薄）煮（圖）罰，以求宜型”。《吕刑》之“惟齊非齊”，句法爲“非齊者”，“齊”之，蓋量刑權衡之“齊”也[③]。古人賦《詩》斷章，《荀子》引《書》亦有斷章，此不可不知也。𨐨，整理者既訓爲“别”，則不如讀𨐨爲“變”，權變之“變”也。

叏（稱）而䕭（權）之：“輕重之罰有權”（《吕刑》），行權而衡平，罰與其罪相稱也。

緟（董）而蒝（原）之，隓（隨）而【24】敚（揣）之，戠（察）詞（辭）

①同上引《左傳》：“邢侯怒殺叔魚與雍子於朝，宣子問其罪於叔向，叔向曰：三人同罪，施生戮死可也。”

②整理者讀爲“愚”，“安愚，義近於‘守愚’。”若依整理者的思路，則不如讀爲“安愉”，《鹽鐵論 • 力耕》：“安愉而寡求。”愉，樂也，悦也。

③《書 • 吕刑》“刑罰各有權宜。刑罰世輕世重，惟齊非齊，有倫有要”，疏：“當視世所宜，權而行之。”

思緼（屈）：繬，整理者讀爲“通”，論者改讀爲“董”，引《書・大禹謨》“戒之用休，董之用威”，孔傳：“董，督也。”[①]《爾雅・釋詁》：“董，督正也。”董、隨互文。原，察也，尋其本也[②]。揣，稱量忖度也[③]。辭，原告、被告之狀辭。思，整理者讀爲“息”，兹不改讀。句例謂督正條理案件來龍去脉，尋其蛛絲馬迹揣度之，察控辯雙方庭述之辭，思其理之曲直也[④]。

一日折獄，剸（斷）詞（辭）又（有）謱（數），獄至無青（請），則幾詞（辭）于戢（歲），豉（屬）之于鄉里：整理者解一日爲“一旦”，讀青爲“請”，“一説‘青’讀爲‘争’，指争訟”。按：“日”與“歲”對舉，乃時間單位，不必釋“旦”。青讀爲“請”是也，《周禮・秋官・小司寇》“八辟麗邦灋，附刑罰”，疏：“此八議輕重不在刑書，若有罪當議，議得其罪，乃附邦灋而附于刑罰也。”又：“一曰議親之辟”，鄭司農注：“若今時宗室有罪，先請是也。”幾，《禮記・玉藻》“御瞽幾聲之上下”，注：“幾，猶察也。”《周禮・地官・司門》：“幾出入不物者。”又《司關》“無關門之征猶幾”，鄭司農注：“無租税猶苛察，不得令姦人出入。”“幾辭于歲”參《周禮・秋官・小司寇》“歲終，則令群士計獄弊訟，登中于天府”。“屬之于鄉里”者，謂上報斷辭之數（數據匯總）須標明屬於何鄉何里。

以上第三章。

本章“成人”議論對象爲“典獄、司正”，内容與《書・吕刑》關係密切。

但凡面臨疫病，刑法或有相應調整，用重典，强化行政效率，提高全體社會成員整體應對能力，是必要的。

埅（成）人曰：句（后），于㞋（承）嘉穀**（穀）**五**䆆（禋）之又（有）時（時）【26】**：承，受也。䆆，整理者隸作“䆆”，讀爲“稷”。論者指出字“又見於安大簡《殷其雷》”，讀爲“緯”[⑤]。按：《安徽大學藏戰國竹簡（一）》32～33爲《詩・召南・殷其雷》，與“殷”相對應的字整理者隸作

---

①《初讀》19/11/27。

②《易・繫辭下》：“原始要終以爲質也。”《管子・戒》“原農事之不本者”，房玄齡注：“原，察也。”《墨子・非命上》言有三表，“有本之者，有原之者，有用之者……於何原之，下原察百姓耳目之實”。《漢書・薛宣傳》“原心定罪”，師古注：“原謂尋其本也。”

③《左傳》昭公三十二年：“計丈數，揣高卑，度厚薄。”《孟子・告子下》：“不揣其本而齊其末。”

④《老子》：“大直若屈。”簡文屈乃理屈詞窮之“屈”。

⑤《初讀》19/11/28。又蔣偉男（2020:26-30）“簡文‘五禋’或即文獻中的‘五祀’”，用“社稷五祀”之義，可資參考。

“⿱穴⿰垔攴”，其中一例可以看作從穴作“⿱穴⿰垔攴”（黄德寬、徐在國，2019）。本例⿱穴⿰垔攴從“垔”聲，讀爲“禋”。《書·舜典》“禋于六宗”，孔傳：“精意以享謂之禋。宗，尊也，所尊祭者。其祀有六：謂四時也，寒暑也，日也，月也，星也，水旱也。”《詩·小雅·大田》“來方禋祀，以其騂黑，與其黍稷，以享以祀，以介景福”，鄭箋：“禋祀四方之神，祈報焉。”《周禮·秋官·小司寇》“禋祀五帝”，疏：“五帝所祀，謂四時迎氣，總享明堂。”《説文》：“禋，潔祀也，一曰精意以享爲禋。”數術意義的“四方”（東南西北）兼有“四時”（春夏秋冬）的含義，“總享明堂”參照《禮記·月令》“中央土……其神后土……其祀中霤”，可知簡文“五禋”乃四時、中土之禋祀。禋祀者何？“以享以祀，以介景福”，祈風調雨順，神靈報以嘉穀有年也。嘉穀乃民生之所食[①]，民以爲天也。天助后稷下嘉穀，周爲之興[②]；若嘉穀不生，君王爲之肅敬也[③]。有時，物生有時。設若失時，簡29言“司事又（有）豉（誅）”，《管子》有順應時變也[④]。

兹録相關字形：

 《清華簡（九）·成人》26  《安大簡（一）·召南》32

 《安大簡（一）》33

秀蓩（萌）一時（時），芋（華）卉一時（時），豙（稼）【26】一時（時），實果一時（時），殺一時（時），收⿰飠念（稔）一時（時）：蓩，整理者疑讀爲“苗”，又疑讀“萌”。讀“萌”義長。實果，猶果實。《管子·四時》：“時雨乃降，五穀百果乃登。”以上簡文“一時”合計爲六，要之皆與嘉穀相關之時令也[⑤]。

悳正（政）亦甬（用）五時（時）【27】：五時，與上文六“一時”有參差，整理者注：“五時，古書習見，《吕氏春秋》《禮記·月令》等謂春、夏、季夏、秋、冬五個時令，與簡文不類。惟孔家坡漢簡《日書·歲》載五時爲生、長、殺、藏、收，簡文則言解、華、實、殺、收，與之略有差别。”

解亦解，芋（華）亦芋（華），實亦實，殺【27】亦殺，收亦收：解，

---

①《漢書·食貨志》：“洪範八政，一曰食，二曰貨，食謂農殖嘉穀可食之物。”

②《詩·大雅·生民》“誕降嘉種，維秬維秠，維穈維芑”，毛傳：“天降嘉種。”《孔叢子·執節》：“上天神異后稷，爲之下嘉穀，周遂以之興。”

③《管子·封禪》：“今鳳凰麒麟不來，嘉穀不生，而蓬蒿藜莠茂，鴟梟數至，而欲封禪，毋乃不可乎？於是桓公乃止。”

④《管子·四時》：“管子曰：令有時。無時則必視，順天之所以來。”

⑤《管子·四時》：“中央曰土，土德實輔四時。”簡文“稼一時”或輔四時而言。

《禮記·月令》孟春之月“東風解凍，蟄蟲始振，魚上冰，獺祭魚，鴻鴈來”，注：“皆記時候也。”《管子·四時》：“其時曰春……解怨赦罪通四方。”“東風解凍”乃時令之解也，“解怨赦罪”是德政之解也。華，參下引《管子·四時》“毋蹇華絶芋”。收，《管子·四時》：“其時曰秋……順旅聚收，量民資以畜聚，賞彼群幹，聚彼群材，百物乃收。”

凡讧（功）悳正（政）：悳政，得時之政，得人心之政。

㝵（得）峕（時）而司㣇（從）：順時施政也。《管子·四時》：“是故春三月以甲乙之日發五政，一政曰：論幼孤，舍有罪；二政曰：賦爵列，授禄位；三政曰：凍解脩溝瀆，復亡人；四政曰：瑞阻險，脩封疆，正千伯；五政曰：無殺麑夭，毋蹇華絶芋。五政苟時，春雨乃來。”又：“夏三月以丙丁之日發五政……五政苟時，夏雨乃至也。”秋三月、冬三月亦有得時之“五政”，百官司之，順天命也。

至复（復）般（返）純若，濬去兇央（殃）：“復反”謂終而有始也。《管子·四時》：“是以聖王治天下，窮則反，終則始。德始於春，長於夏；刑始於秋，流於冬。刑德不失，四時如一。刑德離鄉，時乃逆行。作事不成，必有大殃。”濬，同“浚”，《説文》：“浚，抒也”，段注：“抒，挹也，取諸水中也。”《易·井》“象曰：井渫不食，行惻也”，疏：“井渫不食者，渫治去穢汙之名也，井被渫治，則清潔可食。”《漢書·王莽傳》“浚井得白石”，師古注：“浚，抒治之也。”簡文“濬”用比喻義，順時行德政，渫治積弊，兇殃爲之去也。《管子·四時》：“是故聖王日食則脩德，月食則脩刑，彗星見則脩和，風與日争明則脩生，此四者聖王所以免於天地之誅也。信能行之，五穀蕃息，六畜殖而甲兵强。治積則昌，纍虐積則亡。”

以上第四章。

第一章王有“毋則五音是亂易，使民德不獲”之問，本章成人以嘉穀之“時”、德政“五時”作答。兇殃疫病之類，來無影，去無蹤，人類窮於應對；“五時不度，司事有誅”，人之“不度”，必須糾錯。人應對天，這是可以做到的。强化時令之治，順應自然演化，是有復返於善，“浚去兇殃”。自然環境災害自來，亦自我修復。是知德政之“時”，大智慧也。

吉兇不易：吉兇在天，其變易是客觀的，非人力所能掌控。

恪：敬也。

㕣（循）興（繩）下蚘（尤）：下，整理者解爲“臣下、百姓”。按：

“下”用比喻義，猶木工引繩取直，不合用者，裁下，去除之[①]。

冬，整理者讀爲“衆”，兹讀爲“終”。

物，參簡10“甬（用）眑（物）見（現）之祅（妖）羕（祥）”。

以上第五章。

歸納應對癘妖要務有三：其一，疫病乃“天”，敬畏天命；其二，依法行政，引繩直曲，以儆效尤；其三，察“物”之實情，“物”變則有相應施政調整。

參考文獻：

黄德寬（主編）　2019　《清華大學藏戰國竹簡（玖）》，中西書局。

黄德寬　徐在國（主編）　2019　《安徽大學藏戰國竹簡（一）》，中西書局。

何琳儀　1993　《包山竹簡選釋》，《江漢考古》第4期。

蔣偉男　2020　《利用安大簡補説清華九〈成人〉一則》，《漢字漢語研究》第1期。

王　輝　2017　《説“越公其事”非篇題及其釋讀》，《出土文獻》（第11輯），中西書局。

張家山漢墓竹簡整理小組　2001　《張家山漢墓竹簡》，文物出版社。

Study and interpretation of TsingHua Bamboo No.9: *Being Humans*

Liu Xinfang

Abstract: The chapter *Being Humans* is a national political commentary of the Pre-Qin period focusing on the epidemic control and reactions. It starts from the relationship between humans and nature to study the origin of epidemics and possible reactions, and provides a useful source of reference. *Being Humans* was written in the late Spring-Autumn or early Warring States period and belongs to the period of Official schools, similar to *Zhou Shu*(周書) and *Yi Zhou Shu*(逸周書)。In this work, I will explain the characters, words, and phrases.

Key words: Tsinghua Bamboo, *Being Humans*, interpretation, epidemic, human and nature

（劉信芳，安徽大學歷史學院　合肥　230039）

①論者（《初讀》19/11/22）或讀下爲“去”。下、去通假，闕實例。

上博竹書字詞校補*

何義軍

摘　要：《競公瘧》簡3“身爲親，又何炁（愛）焉”的“炁（愛）”，指的是愛惜珪璧幣帛等祭品；《凡物流形》簡7的“祭祀奚逐”的“逐”應讀爲“由”，訓爲用；《凡物流形》簡8的“設”可讀爲“懈”。

關鍵詞：上博簡；字詞；校補

一、《競公瘧》“身爲親，又何炁（愛）焉”

上博六《競公瘧》簡3云：

> 高子、國子答曰：“身爲親，又何炁（愛）焉？是信吾無良祝、史，公盍誅之？”

其中“炁（愛）”字，整理者（馬承源，2007:170）釋爲“忺”，陳偉先生改釋爲“炁（愛）”，意爲“吝惜”①，後來他又改變了看法，認爲“愛”指對人或物的深厚真摯感情，並説“簡文可能是説自己對自身親近，對他人沒有真摯的感情”（陳偉，2008:146）。董珊先生從陳偉先生之釋，將此句讀爲“身爲親，又何愛焉？”並解釋説：“謂沒有比景公的身家性命更重要的，景公之身有疾將滅，又

* 本文寫作受到張顯成老師、李春桃老師的悉心指導，師兄李琦以及曹磊、蔡振華等同學在修改過程中提供了許多幫助，投稿後匿名審稿專家也對本文提供了寶貴修改意見，在此一併致謝。

①陳偉：《讀〈上博六〉條記》，簡帛網，2007年7月9日，http://www.bsm.org.cn/show_article.php?id=597。

何愛于祝史乎？這是慫恿景公誅殺祝史。”[①]蘇建洲先生認爲整理者釋“忎”不誤，並將“忎”讀爲“燒”[②]。劉信芳先生從整理者釋“忎”，讀爲“妖”，認爲此句大意是説：“身體爲親！有什麼妖祥爲害於身體，這種情況確實是因爲我們没有稱職的祝史。”[③]

按，“忎（愛）”字亦見於上博一《孔子詩論》《性情論》以及上博四《曹沫之陳》等篇，陳偉、董珊等先生將釋其爲“忎（愛）”，甚確。至於簡文中“忎（愛）”的對象所指爲何，諸家意見不一，陳偉先生認爲泛指他人，董珊先生則認爲是指祝、史。但無論哪種理解，在簡文中似都無法很好地溝通上下文義。我們認爲，“忎（愛）”的對象應指“珪璧幣帛”等祭品，這一點需要聯繫簡1、2進行説明。先將簡1—2的有關文句釋寫如下：

> 齊景公疥且瘧，逾歲不已。會譴與梁丘據言於公曰：“吾幣帛甚美於吾先君之量矣，吾珪璧大於吾先君之☐公疥且瘧，逾歲不已，是吾亡良祝、史也。吾欲誅諸祝、史。”公舉首答之倘然：“是吾所望於汝也，盍誅之？”二子急將☐[④]

會譴與梁丘據認爲，齊景公祭祀鬼神不吝惜珪璧幣帛，禮敬有加，然而景公的病却長時間不痊愈，這是因爲鬼神不賜福，鬼神之所以不賜福，是因爲没有好的祝、史替景公祝説。這里隱含着一個重要的觀念，即：若祭祀鬼神的物品齊備、對其禮敬有加，再加上稱職的祝、史爲之祝説，鬼神就會降福庇護。反之則會受到鬼神的懲罰。事實上，這種觀念在春秋戰國時代十分流行，在古書中也得到了反映。例如：

> （1）晉之邊吏讓鄭曰：“鄭國有災，晉君、大夫不敢寧居，卜筮走望，不愛牲玉。鄭之有災，寡君之憂也。”（《左傳·昭公十八年》）
>
> （2）故古者聖王明天鬼之所欲，不避天鬼之所憎，以求興天下之利，除天下之害。是以率天下之萬民，齋戒沐浴，潔爲酒醴粢盛，以祭祀天鬼。其事鬼神也，酒醴粢盛不敢不蠲潔，犧牲不敢不腯肥，珪璧幣帛不敢不中度量，春秋祭祀不敢失時。（《墨子·尚同中》）

---

①董珊：《讀〈上博六雜記〉（續一）》，簡帛網，2007年7月11日，http://www.bsm.org.cn/show_article.php?id=607。

②蘇建洲：《讀〈上博六·景公虐〉札記一則》，簡帛網，2007年7月26日，http://www.bsm.org.cn/show_article.php?id=668。

③劉信芳：《〈上博藏六〉試解之三》，簡帛網，2007年8月9日，http://www.bsm.org.cn/show_article.php?id=694。

④由於簡文殘斷，此處斷句、讀法存疑。

（3）長勺之役，曹劌問所以戰於莊公，公曰：“余不愛衣食於民，不愛牲玉於神。（《國語・魯語上》）

這些都可與簡文合觀。了解了這一點，“愛”的對象是“珪璧幣帛”等祭品就不難理解了。高子、國子説“身爲親，又何悉（愛）焉”，正與會譴、梁丘據所説的“吾幣帛甚美於吾先君之量矣，吾珪璧大於吾先君之”含義相同，他們都認爲景公祭祀鬼神不曾憐惜珪璧幣帛，景公之所以久病不愈，完全是祝、史的過錯。可見，將“愛”的對象理解爲“珪璧幣帛”等祭品是很合適的。另外，前引書證中，多用“不愛+祭品”的表述以説明對鬼神的崇敬，正可與簡文“愛”字的含義和用法合觀。此亦可證我們的觀點應可成立。

最後，試將“身爲親，又何悉（愛）焉？是信吾亡良祝、史，公盍誅之？”語譯如下：身體是（您）自己親近的，又何曾憐惜珪璧幣帛呢？（您之所以生病久不痊愈）是我們真的没有好的祝、史，大王您爲何不殺了他們呢？

二、《凡物流形》“祭祀奚逐”

上博七《凡物流形》甲本簡6-7有如下一段：

鬼生於人乎，奚故事之？骨肉之既靡，身體不見乎，奚自食之？其來無度乎，奚待之窟？祭祀[①]奚逐乎，如之何使飽？

上引簡文前半部分大意是説，鬼生於人，爲何人要侍奉他呢？人的骨肉消弭，身體消失不見（而變成鬼），從何處才能食祭他呢？鬼來往没有規律，爲何要在墓穴等待他呢？而簡文接下來講到的“祭祀奚逐乎，如之何使飽”句，由於研究者對其中的“逐”字理解存在分歧，因此解釋文意也不盡相同。這裏我們主要討論“逐”的訓釋問題，並對其所在文句進行疏通。

據文意，“祭祀奚逐乎，如之何使飽”也應是講祭祀鬼的。值得注意的是，上引“鬼生於人乎，奚故事之？”等三個以“奚”爲標誌的問句中，“奚”前的陳述句和“奚”字所在的問句之間顯然存在着文意上的聯繫，我們要討論的“祭祀奚逐乎，如之何使飽”句也不應例外，即是説“祭祀奚逐乎”和“如之何使

①“祀”原作“異”，此從單育辰先生讀，參看單育辰《佔畢隨録之八》，復旦大學出土文獻與古文字研究中心，2009年1月3日，http://www.gwz.fudan.edu.cn/Web/Show/606。

飽”也應存在文意上的聯繫。由此觀之，研究者將“祭祀奚逐乎”的“逐”訓爲求，或理解爲追逐、追趕[①]，均與下句“如之何使飽”義不相屬。

我們認爲，“逐”應讀爲“由”。古音“逐”在定母覺部，“由”在余母幽部，聲韻俱近，自可相通。《易•頤》“其欲逐逐”，馬王堆帛書本作“笛笛”。《詩•衛風•考槃》“碩人之軸”，鄭玄箋：“軸，病也。”孔穎達疏：“箋以與陸爲韻，宜讀爲逐。《釋詁》云：‘逐，病也。’與軸蓋古今字異。”《易•大畜》：“九三：良馬逐，利艱貞。”上博簡本“逐”作“由”。凡此皆可證“逐”可讀爲“由”。

“由”即用、使用。《小爾雅•廣詁》：“由，用也。”《尚書•君陳》：“即見聖，亦不克由聖。”孔傳：“已見聖道，亦不克用之。”《吕氏春秋•務本》：“詐誣之道，君子不由。”高誘注：“由，用也。”簡文“祭祀奚由乎，如之何使飽”是説：祭祀該用什麽（祭品）呢？如何才能使鬼神吃飽？

三、《凡物流形》“奚事之㱿”

上博七《凡物流形》簡7-8有句云：

> 順天之道乎，奚以爲首乎？欲得百姓之和乎，奚事之△天之䁖奚得？鬼之神奚食？先王之智奚備……

上引簡文的“△”字，原作：

此字舊釋紛紜，筆者（2020:84-88）曾論證此字應釋爲“㱿”，讀爲“懈”，最近見到侯瑞華先生（2020:74-80）亦將此字釋爲“㱿”[②]，心中竊喜，幸能與侯先生相合。不過，侯先生將“㱿”讀爲“繫”，他對簡文的斷句以及對文意的理解，都與我們不同。今試將我們的意見寫出，以就正於侯先生及讀者。

---

①諸家意見可參看俞紹宏、張青松（2019:175-177）。

②蒙審稿專家提醒，俞紹宏、張青松（2019:179）已經指出原簡字形與“㱿”有關，但没有指出其具體用法。謹此向審稿專家表示感謝。

《凡物流形》多爲韻文，“㱿”字所在的這段也不例外，現將本段簡文韻脚字標出，抄寫於下：

> 祭祀奚逐[**覺**]乎，如之何使飽[**幽**]？順天之道[**幽**]乎，奚以爲頁（首）[**幽**]乎？欲得百姓之和[**歌**]乎，奚事之㱿天之明奚得[**職**]？鬼之神奚食[**職**]？先王之智奚備[**職**]？

顧史考先生曾詳細考證過本篇的押韻情況，他認爲此段簡文屬於句中押韻，其説可從[①]。按照句中押韻的規則，“和”字必須有與之相應的韻脚字，這樣“㱿”字只能屬上讀，並作爲韻脚字與“和”相押。那麽，古音在錫部的“㱿”，與在歌部的“和”字能否押韻呢？我們的回答是肯定的。《楚辭》常見支歌合韻，而錫韻爲支韻之入聲韻，自然也可以和歌韻相押，《詩經》就有“歌錫”相押的例子。《小雅・斯干》：“乃生女子，載寢之地，載衣之裼，載弄之瓦。無非無儀，唯酒食是議，無父母詒罹。”嚴學宭先生（1984:105）認爲“裼”與“地”“瓦”“儀”“議”“罹”屬於支歌合韻，王力先生（1986:303）則謹慎地擴注“歌錫通韻？”表示存疑。對於上引《詩經》文句是否屬於歌錫合韻，何科根先生（1996:72）引《吕氏春秋》及《史記》的相關韻文，作出了肯定的回答，他説：

> （《吕氏春秋》）第25例韻語：“賢不肖不可以不相分，若命之不易，若美惡之不可移。”（仲春紀・功名）對這一例子，我們也不匆忙做出判斷，再推及西漢的例子。《史記・秦始皇本紀》“帝、地、劃、懈、辟、易”爲韻；又《史記・太史公自序》“帝，地”爲韻，都跟《吕氏春秋》第25例一樣，可看作是錫歌合韻。

可見，歌錫可以合韻。因此，“欲得百姓之和乎，奚事之墼天之明奚得”就應該斷讀爲：“欲得百姓之和乎，奚事之㱿？天之明奚得？”侯瑞華先生“㱿（繫）天之明，奚得？”的斷讀不符合此段押韻規則，他對文意的理解恐怕也就不大可信了。

下面談談對“欲得百姓之和乎，奚事之㱿？”句的理解。“㱿”可讀爲“懈”，二字相通，魏宜輝（2009:151-153）、蘇建洲[②]、王凱博（2018:53-56）等先生已有論述，此不贅。“懈”有“懈怠”之義。簡文“欲得百姓之和乎，奚事之

---

①參看顧史考《上博七〈凡物流形〉上半篇試探》，復旦大學出土文獻與古文字研究中心，2009年8月23日，http://www.gwz.fudan.edu.cn/Web/Show/875。

②蘇建洲：《初讀清華三〈周公之琴舞〉、〈良臣〉札記》，簡帛網，2013年1月18日，http://www.bsm.org.cn/show_article.php?id=1821。

轂（懈）”，大意是説：“想要使人民和睦相處，爲何做起來（却）有懈怠呢？”也就是説，想要讓人民和睦，就應該時刻勉勵，而不應該有所懈怠。

參考文獻：

陳　劍　2013　《戰國竹書論集》，上海古籍出版社。
陳　偉　2008　《讀上博竹書〈景公瘧〉札記》，《出土文獻與古文字研究》（第2輯），復旦大學出版社。
何科根　2013　《〈吕氏春秋〉韻語研究》，廣東人民出版社。
何義軍　2020　《上博竹書字詞釋讀補正》，西南大學碩士學位論文。
侯瑞華　2020　《讀上博簡瑣記》，《簡帛》（第21輯），上海古籍出版社。
馬承源（主編）　2007　《上海博物館藏戰國楚竹書（六）》，上海古籍出版社。
馬承源（主編）　2008　《上海博物館藏戰國楚竹書（七）》，上海古籍出版社。
王凱博　2018　《出土文獻資料疑義探研》，吉林大學博士學位論文。
王　力　1986　《詩經韻讀 • 楚辭韻讀》，《王力文集》第6卷，山東教育出版社。
魏宜輝　2009　《利用戰國竹簡文字釋讀春秋金文一例》，《史林》第4期。
嚴學宭　1984　《周秦古音結構體系（稿）》，《音韻學研究》（第1輯），中華書局。
俞紹宏　張青松　2019　《上海博物館藏戰國楚簡集釋》，社會科學文獻出版社。

Proofreading of *The Bamboo Slips Collected in the Shanghai Museum*

He Yijun

Abstract: The word Ai(悉) in the phrase Shen Wei Qin, You He Ai Yan(身爲親，又何愛焉) from *Jing Gong Nue* (競公瘧) means to cherish the oblations ; the character Zhu(逐) in *Fan Wu Liu Xing*(凡物流形) should be read as You(由), which means to use; read the word Ji(轂) in *Fan Wu Liu Xing*(凡物流形) as Xie(懈) .

Key words: *The Bamboo Slips Collected in the Shanghai Museum*(上海博物館藏戰國楚竹書); words; proofreading

（何義軍，吉林大學考古學院　吉林　130012）

馬王堆漢墓竹簡《十問》“湩酒”釋讀問題*

馬永萍

摘　要：馬王堆漢墓竹簡《十問》簡40的“酒食五味以志治氣”，《長沙馬王堆漢墓簡帛集成（陸）》綴之於簡72“禹於是歙（飲）湩”後，但仍是“酒”屬下讀，即“禹於是歙（飲）湩，酒食五味，以志治氣”。經過全面考論，“酒”字當屬上讀，釋文當作“禹於是歙（飲）湩酒，食五味，以志治氣”。我們認爲，原釋文及諸家“湩”釋爲“乳”，當是。“湩酒”應釋爲“奶酒”，即當是《漢書》中所説的“挏馬酒”，一種以馬乳製作而成的奶酒。它既具有奶的滋補功效，又具有酒通血脉、禦寒氣、除濕氣、行藥勢等之功。因此，大禹飲湩酒是取其養生之功效。

關鍵詞：馬王堆漢墓竹簡《十問》；湩酒；斷讀；奶酒

一、引言

馬王堆漢墓竹簡《十問》是一篇早期的房中文獻。1985年，文物出版社出版了《馬王堆漢墓帛書（肆）》（以下簡稱“原釋文”），首次對這篇文獻進行了釋讀。2014年，裘錫圭先生主編的《長沙馬王堆漢墓簡帛集成（陸）》（下稱《集成》）對這篇文獻再次進行了整理與校釋，进一步提高了釋讀質量。但是我們在研讀《集成》重新編聯過的第八問“禹問於師癸章”時，發現其中綴聯

* 本文爲國家社科基金重大項目“簡帛醫書綜合研究”（12&ZD115）、國家社會科學基金青年項目“西北漢簡所見漢與周邊交往資料的搜集整理與研究”（21CZS015）、中央高校基本科研業務費專項資金資助項目“古文字與出土文獻研究”（SWU2009108）的階段性研究成果。本文寫作承業師張顯成教授指導，同門周序林、祝永新、唐强、李志文、何義軍等在修改過程中提供了許多幫助，投稿後匿名評審專家提供寶貴修改意見，本文多有採納，謹致謝忱。

處即簡72+40的釋讀有商榷的必要。爲便於討論，現先將《集成》該章的釋文移録如下[①]：

> 禹問於師癸曰：“明(明)耳目之智，以治天下，上均（徇/徇）湛地，下因江水，至會稽（稽）$_{66}$之山，處水十年矣。今四枝（肢）不用，家大紀（亂），治之奈何？”師癸合（答）曰：“凡治$_{67}$正（政）之紀，必自身始。血氣宜行而不行，此胃（謂）款央（殃），六極之宗也。此氣血$_{68}$之續也，筋脉之族也，不可廢忘也。於腦（腦）也施（馳），於味也移，道（導）之以志，動（動）$_{69}$之以事。非味也，無以充亓（其）中而長其節（節）；非志也，無以智（知）其中虛興〈與〉實$_{70}$；非事也，無以動（動）亓（其）四支（肢）而移去其疾。故覺侵（寢）而引陰，此胃（謂）練筋；既（既）信（伸）有（又）詘（屈）$_{71}$，此胃（謂）練骨。動(動)用必當，精故泉出。行此道也，何泄（世）不物？”禹於是歙（飲）湩$_{72}$，酒食五味，以志治氣。目明（明）耳蔥（聰），被（皮）革有光，百脉充盈，陰乃□生$_{40}$，以安后姚，家乃復寧。師癸治神氣之道$_{73}$。

原釋文將簡72與簡73直接連讀，即爲：“禹於是歙（飲）湩$_{72}$，以安后姚，家乃復寧。師癸治神氣之道$_{73}$。”《集成》採納裘錫圭先生（2012）的觀點，將簡72與簡40綴聯[②]。但有關解讀還有討論研究的必要。以下是學界有關的成果：

原釋文在“湩”後斷讀，將“湩”釋作“奶”，《集成》及諸家均從之（參看周一謀，1988:389；魏啓鵬、胡翔驊，1992:120；馬繼興，2015:654）。上引“酒食五味”之所指，原釋文、《集成》均未作解釋，馬繼興先生（2015:629-630）釋爲“包括酒類在内的各種食品，可作爲輔助養生之需”，周祖亮、方懿林（2014:294-297）釋爲“美酒佳餚，五味之食，以其各有功效”。也就是説，學界均將“酒食”連讀，且還有明確訓爲名詞的。但是統觀上下文，我們認爲學界的斷句以及馬繼興和周祖亮、方懿林的解釋均不妥。以下先辨析其不妥，然後陳述我們的釋讀意見。

①關於簡72與簡40的編聯，裘錫圭先生（2012:179）已進行了詳盡論述。裘説可從。

②原釋文的簡40編於第四問“黄帝問於容成”，其前後文爲：“治氣有經，務在積精，精盈必寫（瀉），精出必補。補寫（瀉）之時，於臥爲之$_{39}$，酒食五味，以志治氣。目明耳葱（聰），被（皮）革有光，百脈充盈，陰乃□生$_{40}$，繇使則可以久交，可以遠行，故能壽長$_{41}$。”

二、“湩酒”斷讀駁議

學界的“湩”後斷讀，即讀爲“禹於是猷（飲）湩”是不妥的，且雖然《集成》將簡40綴於簡70後是正確的，但聯綴後的釋文“禹於是猷（飲）湩，酒食五味，以志治氣”的斷讀也自然是不妥的。理由如下：

（一）不符合漢語句法

從句法上仔細考察，發現斷讀爲“酒食五味，以志治氣”是不合漢語句法的。因爲表目的“以志治氣”前一定是一個動詞性句子或動詞性詞組，當是“‘吃喝’類意義的詞+賓語”的結構，如“喝美酒”“食五味”，即句式上應當是“帶賓語的動詞性句子或動詞性詞組+以志治氣”，邏輯上應當是表目的“以志治氣”與前面的語句是由某種動作行爲達到某種結果目的邏輯關係（行爲→目的）。而“酒食五味”却是一個典型的名詞性詞組，不是表示動作行爲的動詞性句子或動詞性詞組，故如此斷讀不合句法，語意上也不合邏輯。

統觀綴聯後的文字，我們認爲“酒”字當屬上讀，即與簡72末字“湩”字連讀，該處當讀爲“禹於是猷（飲）湩酒，食五味，以志治氣”。句式正好是“帶賓語的動詞性詞組+以志治氣”，邏輯上正好是“行爲→目的”。並且，這裏的“飲湩酒”和“食五味”相互對文，“飲”與“食”、“湩酒”與“五味”分別對舉。其句法結構當與《十問》簡63-64的“含亓（其）五味，飲夫泉英”相類。秦漢文獻中，“食+名詞賓語”與“飲+名詞賓語”相互對文的例子甚多，也就是説，這種相互對文已是規律。以下僅舉幾例：

（1）有疾則飲酒食肉。(《禮記・曲禮上》)

（2）人主欲觀之，必半歲不入宫，不飲酒食肉，雨霽日出，視之晏陰之間，而棘刺之母猴乃可見也。(《韓非子・外儲説左上》)

（3）陸居則食草飲水。(《莊子・馬蹄》)

（4）昔吾先君桓公善飲酒窮樂，食味方丈。(《晏子春秋・問・下二》)

（5）會使衣皮而寇角，食野草，飲野水，孰能用之，傷心者不可以致功。(《管子・侈靡》)

（6）夫蚓上食槁壤，下飲黄泉。(《孟子・滕文公下》)

上述例（1）（2）（3）中，“飲”“食”直接帶名詞賓語，結構爲“動+

名”。例（4）中，“飲”“食”所帶名詞賓語後面分别加了補語“窮樂”和“方丈”，分别用來補充説明飲酒和食肉的程度，結構爲“動+名+補語”。例（5）（6）的賓語（“野草”“野水”“槁壤”“黄泉”），均爲定中式組合。

由上所舉可見，“飲+名詞賓語”與“食+名詞賓語”結構均對舉，其句法結構均是“飲”和“食”帶單賓語（一個名詞一賓語），不帶兩個名詞賓語。我們通查了“中國基本古籍庫”，發現古籍中“飲”和“食”帶賓語時其賓語均是單賓語，無雙賓或多賓語。故“禹於是歙（飲）湩酒，食五味，以志治氣”中的“湩酒”當指一物，不指兩物。

如上所述，“飲湩酒”和“食五味”二者相互對文，則兩者的句法結構也當相同，“食五味”的賓語“五味”是定中結構（“五”修飾限定“味”），則“飲湩酒”的賓語“湩酒”也當是定中結構（“湩”修飾限定“酒”）。秦漢文獻中這種“飲+限定成份+酒”的結構形式很多，如：

（7）已（已）傅藥，即歙（飲）善酒，極厭而止，即炙矣。（《集成·五十二病方》123/123）

（8）先歙（飲）美酒，令身温熱。（《集成·五十二病方》354/344）

（9）之温内，歙（飲）熱酒，已（已），即入湯中。有（又）歙（飲）熱酒其中，雖久騷（瘙），已。（《集成·五十二病方》427/417）

（10）吏之言深刻，欲務聲名者，輒斥取之。日夜飲醇酒。（《史記·曹相國世家》）

（11）五丁者，皆由喜怒忧思，冲寒冒热，恣饮醇酒，多嗜甘肥，毒鱼酢酱，色欲过度之所为也。（《中藏經·論五丁狀候》）

（12）是以曹丞相日飲醇酒，倪大夫閉口不言。（《鹽鐵論·刺復》）

上例中“善”“美”“熱”“醇”等均作“酒”的定語，這與“飲湩酒”中的“湩”作“酒”的定語文法亦相同。因此，“飲湩酒，食五味”是符合古書句法結構的。

（二）不符合語用習慣

所謂語用，指詞語意義在文獻中的使用。從語用角度看，説禹“飲湩”，即認爲是“飲乳”，不符合語用習慣，即不符合詞語在文獻中的使用習慣的，亦即在早期反映中原文化的文獻中可能没有“飲湩”指“飲乳”這一意義的用法。

有關先秦兩漢中原文化的記載中，漢文化是没有飲乳的習慣的，《十問》類醫學文獻，是典型的中原文化甚至已擴展包含了楚文化在内的文化的反映，而在當時，食乳的風俗主要見於北方少數民族。《史記·匈奴列傳》曰："（匈奴）自君王以下咸食畜肉，衣其皮革，披旃裘……其得漢繒絮，以馳草棘中，衣袴皆裂敝，以示不如旃裘之完善也。得漢食物皆去之，以示不如湩酪之便美也。"裴駰集解："湩，乳汁也。"這裏以"湩酪"與"漢食物"作對比，説明"乳"的作用是區分匈奴與漢人的飲食之異，説明"乳"並不屬於中原人的食品。《漢書·西域傳》也載，北方民族"以肉爲食兮酪爲漿"。這種西域少數民族飲乳的風習雖然作爲逸聞趣事爲漢人所了解，但是鮮有看到中原人飲乳的記載。

我們統計已刊布的簡帛醫籍材料中"乳"的用例①，凡22見，其表示乳汁的5見，其中"乳汁"入藥的情況3見，兹録如下：

（13）治目恿（痛）方：以春三月上旬治藥，曾青四兩，戔（戎）鹽三兩，皆治，合，以乳汁和，盛以銅器，以傅目。良。（《武威漢代醫簡》16）

（14）（治爛者方：）冶蘖米，以乳汁和，傅之。不痛，不瘢。（《集成·五十二病方》321/311）

（15）凡閒（癇），先久（灸）疾（侯-喉）上三壯。取牡鴇（烏）矢（屎）、美棗$_1$饑（肌）、乳計〈汁〉，孰（熟）摩（磨）。小未能歆（飲），以涂（塗）其$_2$母乳=（乳）之。$_3$"②（胡家草場木牘）

"乳汁"在引例中均是在外敷方劑中用以和藥的賦形劑，例（13）（14）的藥物用於外用，例（15）是將藥物塗抹於母親乳頭令患兒吮吸，以此爲哺乳

①這裏的"簡帛醫籍材料"包括所有已經刊布的大宗簡帛醫籍材料，還包括其他散見醫簡。另"乳"與"奶"同義，下文没有對"奶"進行統計的原因是"奶"表示"乳汁"是後出義，故不需討論。

②簡帛網於2020年1月14日發布翁明鵬《胡家草場醫方木牘小考》，其釋文爲："凡閒（癇），先〈无（無）〉氒（厥）疾（侯-喉）、上三〈气（氣）〉壯（狀），取牡鴇（烏）矢（屎）、美棗、（第一行）飢（脂）、乳計〈汁〉孰（熟）摩（磨）。小未能歆（飲），以涂（塗）其（第二行）母乳乳之（第三行）。"1月15日發布李志芳、何有祖《胡家草場醫方木牘補説》，該文在翁文基礎上，將釋文調整爲："已閒（癇）无（無）久，戾上三，壯取牡鴇（烏）矢（屎）、美棗、Ⅰ飢乳計（汁）孰（熟）摩（磨），小未能歆（飲），以涂其Ⅱ母乳乳之。Ⅲ"1月16日發布謝明宏《試釋胡家草場醫方木牘的"尾上三壯"》，將木牘首8字釋讀爲"已閒（癇），先久尾上，三壯"。段禎（2020）的釋文爲："凡閒(癇)，先久（灸）侯(喉)上三壯，取牡鴇矢、美棗，饑，乳計(汁)孰摩(磨)。小未能歆(飲)，以塗其母乳，乳之。"以上四家釋文均有不確。蒙匿名審稿專家提示，簡文當斷讀爲："凡閒（癇），先久(灸)疾（侯-喉）上三壯。取牡鴇（烏）矢（屎）、美棗$_1$饑（肌）、乳計〈汁〉，孰（熟）摩(磨)。小未能歆(飲)，以涂（塗）其$_2$母乳=之。$_3$"感謝審稿專家的寶貴意見。

期患兒給藥。

據我們統計，出土簡帛醫藥文獻未見通過飲乳治病的用例。有必要説明的是，《十問》中有兩處提到了飲“走獸泉英”，儘管這兩處不是以“走獸泉英”來治病，但爲了説明這裏的“泉英”不是乳汁，有必要進行討論。這兩處所在上下文如下：

（16）秦昭王問道曰：“……募（寡）人何處而壽可長？”王期合（答）曰：“……食松柏，歙（飲）走獸泉英[①]，可以却老復莊（壯），曼澤有光……”（《集成·十問》96）

（17）黃帝問於大成曰：“……民何得而奏（腠）理靡曼，鮮白有光？”大成合（答）曰：“君欲練色鮮白……君必食陰以爲當（常），助以柏實盛良，歙（飲）走獸泉英，可以却老復壯，曼澤有光。”（《集成·十問》8-11）

“走獸泉英”，原整理者、馬繼興（2015:606-607）、周祖亮、方懿林（2014:290-291）等都認爲是牛羊乳汁。周一謀、蕭佐桃先生（1988:369-370）認爲：“也可能指走獸精液[②]，包括以動物陰莖或睾丸煎湯服食，如狗鞭、馬鞭、牛鞭之類。《神農本草經》：‘白馬莖，味鹹平，主傷中脉絶，陰不起，强志益氣’；‘牡狗陰莖，味鹹平，主治傷中，陰痿不起，令强熱大，生子，除女子帶下十二疾。胆，明目。一名狗精。’這樣解釋，與下文的‘却老復壯’‘接陰將衆’等，恰好互相銜接，順理成章。”[③]我們認爲周、蕭先生之論當可信從。因爲統觀整個簡帛醫書，“泉英”凡三見，除以上二見外，還見於《十問》第七問“帝磐庚問於耇老章”的簡64，其上下文爲“含亓（其）五味，歙（飲）夫泉英”，周一謀、蕭佐桃（1988:386-389）、魏啓鵬、胡翔驊（1992:117-118）、周祖亮、方懿林（2014:302-303）均認爲“泉英”是指“口中津液”。統查傳世的先秦兩漢文獻，“泉英”只有一例，見《管子·地員》：“山之上命之曰泉英，其草蘄白昌，其木乃楊，鑿之五尺，而至於泉。”張佩綸注：“《廣雅·釋詁四》：‘英，美也。’《白虎通·封禪》：‘醴泉者，美泉也。’《吕氏春秋·本味》：‘伊尹曰：水之美者，高泉之山，其上有涌泉

①這裏的“食松柏，歙（飲）走獸泉英”也是“食+名詞賓語”與“飲+名詞賓語”相互對文的結構形式，只不過各自所帶的賓語字數不完全等同罷了。

②這裏的“精液”，指精華之液。漢王充《論衡·祀義》：“風猶人之有吹煦也，雨猶人之有精液也，雷猶人之有腹鳴也。”

③周一謀、蕭佐桃（1988）引《神農本草經》第二條脱“主治傷中”和“胆，明目”，據補。另該條“牡狗陰莖”，今輯本多作“狗陰莖”。

焉。’《山海經·中山經》‘高前之山，其上有水焉，甚寒而潛。帝臺之漿也’，郭注：‘今河東解縣南檀道山上有水泉出停而不流，俗名爲盎漿，即此類也。’《水經·涑水注》‘鹽道山，翠柏蔭峰，清泉灌頂’，郭景純云：‘世所謂盎漿也，發於上而潛于下矣。’‘英’與‘泱’通。《説文》：‘泱，滃也。’《周禮》‘盎齊’，注：‘“盎”猶翁也，成而翁然蔥白然，如今酇白矣。’《釋名》：‘盎，滃也，滃滃然濁色也。’‘英’‘泱’‘英’均央聲。‘盎漿’即醴泉，此之‘泉英’是也。”也就是説，《管子》中的“泉英”，即泉之美者，亦即美泉。

統觀文獻中的“泉英”可知，其意義本爲泉之美者，引申指水液之美者，《十問》中的“走獸泉英”之“泉英”爲引申義，即周一謀先生之説的指走獸精液，包括以動物陰莖或睾丸的煎湯。總之，無論是出土簡帛文獻，還是傳世的先秦兩漢文獻，“泉英”之所指均當與乳汁無涉，自然上述“走獸泉英”與乳無關。

總之，從語用的角度來看，説禹“飲湩”是“飲乳”，不符合語用習慣。

（三）不符合醫理藥理

首先，從文義看，舊説禹“飲湩”（即“飲乳”），與醫理不合。第八問“禹問於師癸章”講述大禹因治水而得了四肢疲痹、朘陰不用等疾病需治療。從中醫理論來説，這種人體局部的病理變化往往與全身臟腑、氣血、陰陽的盛衰有關。我們通過文義知道，禹因治水而中了濕邪寒邪，濕邪是重濁之邪，容易阻遏人體氣機，使氣血運行受阻；寒邪性凝滯，易使氣血津液凝結、經脉阻滯。由於經脉阻塞，氣血虧虚，臟腑得不到滋潤，陰陽偏頗，便會使人身體虛損致極，百病叢生。這恰是本篇中師癸提到的“血氣宜行而不行，此謂款殃，六極之宗”的情况。因此，禹所患病當用除寒濕、行血氣之方。而“酒”正具有此功用，“乳”却没有此功用。以下我們就來看看“酒”和“乳”的藥理功用：

酒，正具有通血脉、禦寒氣、除濕氣、行藥勢，治風寒痺痛等功效，《靈樞·經脉》稱：“飲酒者，衛氣先行皮膚，先充絡脉，絡脉先盛，故衛氣已平，營氣乃滿，而經脉大盛。”《本草经集注·米食部·酒》：“主行藥勢，殺邪惡氣。”《經史證類本草·穀部·酒》引《名醫别録》曰：“（酒）主行藥勢，殺邪惡氣。”又引《嘉祐本草》曰：“通血脉，厚腸胃，潤皮膚，散濕氣。”《醫林纂要》卷二稱其“散水，和血，行氣，助暖興陽”。孟詵《食療本草·穀部·酒》稱其“通脉，養脾氣，扶肝”。這些都説明，酒的功效恰好可以對症治療禹所患的疾病。又《十問》第九問“文執（摯）見齊威王章”中，亦有描述酒“入中散流”“入理徹而周”的發散功用，如簡75-82：“（文摯答）曰：‘臣爲道三百編，而臥最爲首。’威王曰：‘臥時食何是有？’文摯答曰：‘淳酒毒韭’……威王曰：‘善。子之長酒何也？’文摯答曰：‘酒者，五穀之精氣也，亓（其）人〈入〉中散溜（流），亓（其）人〈入〉理也㯹（徹）而周。不胥臥而九（究）理，故以爲百藥繇（由）。’”

乳汁不具備通血脉的功效，只有滋補功用。《本草綱目 • 獸部 • 牛》：“（牛）乳，甘，微寒，無毒。補虛羸，止渴。”引《名醫別録》曰：“養心肺，解熱毒，潤皮膚。”又《獸部 • 羊》：“（羊）乳，甘，温，無毒。補寒冷虛乏。”

因此，“禹於是猷（飲）湩酒，食五味”中的“酒”當上讀，因爲“飲湩酒”更合文義，“湩酒”當指一物，指某種酒。酒入腸胃之後會很快流散到全身，通達肌體，循行周身，自然利於治療調理大禹因治水而得的疾病。故這裏斷讀爲“飲湩酒”更合文義。

其次，句中“五味”指調和衆味而成的食品（由“指酸、甜、苦、辣、鹹五種性味”引申而來）。食材的“性味”不同，對身體的功用便不同。五味入五臟，各司其職。如《靈樞 • 五味》：“五味各走其所喜，穀味酸，先走肝；穀味苦，先走心；穀味甘，先走脾；穀味辛，先走肺；穀味咸，先走腎。穀氣津液已行，營衛大通，乃化糟粕，以次傳下。”又《十問》第八問“禹問於師癸章”的簡69提到“於味也移”，意即“飲食口味要有所變化，不能只偏食某種或某幾種食物”（周一謀、蕭佐桃，1988:389）。同章中簡70提到“非味也，無以充亓（其）中而長其節（節）”，即五味可以充實内臟，滋長關節。《素問 • 藏氣法時論》也提到“五穀爲養，五果爲助，五畜爲益，五菜爲充，氣味合而服之，以補精益氣”，認爲穀類、水果、肉類、蔬菜各有所養，做到飲食均衡，五味並重，這樣才有利於身體健康。因此，“食五味”，即食用多種不同性味的食物來滋養身體，此解釋與簡文意義更符。

所以，簡文説通過“猷（飲）湩酒，食五味”，即通過飲用“湩酒”和食用“五味”的方法，治療大禹的虛實夾雜之證，以達到“氣血宜行”“目明（明）耳蔥（聰），被（皮）革有光，百脉充盈，陰乃□生”的目的。

綜上所述，簡文的“酒”當屬上讀，簡文斷讀當如下：

……禹於是猷（飲）湩$_{72}$酒，食五味，以志治氣……$_{40}$。

三、“湩酒”所指考辨

上文已論證，“酒”當屬上讀，當斷讀爲“猷（飲）湩酒，食五味”，則

“湩酒”的所指是什麽呢？我們認爲，原釋文及諸家“湩”釋爲“乳”[①]，當是。“湩酒”應釋爲“奶酒”，當是《漢書》中所説的“挏馬酒”，一種以馬乳製作而成的奶酒。奶酒，既具有奶的滋補功效，又具有酒的通血脉、禦寒氣、除濕氣、行藥勢等之功。關於“奶”的滋補功效，《本草綱目·獸部·牛》曰：“（牛）乳，甘，微寒，無毒。補虚羸，止渴。”引《名醫别録》曰：“養心肺，解熱毒，潤皮膚。”又《獸部·羊》曰：“（羊）乳，甘，温，無毒。補寒冷虚乏。”又《獸部·馬》曰：“（馬）乳，甘冷，無毒。止渴。”引《名醫别録》曰：“治熱。作酪，性温，飲之消肉。”《本草經·蟲獸·馬乳》曰：“馬乳，止渴。”所以，由“奶酒”的功效可知，其可對症治療大禹所患病證。以下我們談爲什麽説“湩酒”當是漢代上層社會所飲用的“挏馬酒”（馬奶酒）。

（一）從古籍記載來看

首先，我們明確一個事實，前文提到古代中原地區没有乳文化，因此用乳釀酒的條件並不充足，當時的酒主要以穀物酒爲主，如林劍鳴（1985:124）對秦漢時期的酒分類時提到當時釀酒的主要原料是穀物。王賽時（2010:8）也説：“從考古發現以及文獻記載來看，我國古代釀酒主要使用穀物爲原料，像糖蜜、獸乳和植物汁液這樣可用於單發酵的原料在中原並不充足。”而北方的匈奴、烏桓、鮮卑等民族均有飲用馬奶酒的習俗，如《五雜俎》記載：“北方有馬奶酒，不用麴蘗，自然而成者，也能醉人。”

那麽，爲何屬於中原文化的馬王堆漢墓竹簡《十問》却以“湩酒”（奶酒）養生？我們認爲，馬王堆漢墓爲王侯貴族墓葬，墓主人身份顯赫，其出土的竹簡《十問》是房中性質的養生書籍，這種書籍在當時只有上層社會之間流傳，書中提到的“湩酒”應當就是指流行於西漢宫廷貴族等上層社會的一種奶酒，即“挏馬酒”（馬奶酒）。因此，《十問》中提到用奶酒養生符合當時上層社會的飲食習慣。

西漢時期，史書中多有記載和描述“挏馬酒”（馬奶酒）的情况。這種遊牧民族的飲食習慣如何傳入中原皇室貴族中，雖無史料明確記載，但是這和西漢時期皇室與北方遊牧民族和親、邊貿、戰争等有極大關係。

因此，西漢初期在朝廷所設置的各種官制中就有了“家馬令”這一官職。這種官職就是當時專門管理天子私用的家馬的官員。《漢書·百官公卿表上》曰：“太僕掌輿馬，有家馬令，五丞一尉。”顔師古注曰：“家馬者，主供天

①匿名審稿專家指出：“湩酒”之“湩”可能就是指乳。按，此説可從，本文修改稿直接採用此説，將“湩”理解爲“乳”。

子私用，非大祀、戎事、軍國所須，故謂之家馬。”又曰：“武帝元年更名家馬爲挏馬。”顔師古注引應劭曰：“主乳馬，取其汁挏製之，味酢可飲。因以名官也。”武帝太初元年，即公元前104年，更名家馬爲挏馬，則改“家馬”官爲“挏馬”官。如此，則太僕有挏馬令一人，有挏馬丞五人，有挏馬尉一人，其所治亦主供天子私用之馬。則挏馬者，乃太僕之屬官也。九卿之下設這個官職，可見用馬乳製作“味酢可飲”的這種飲品在漢室貴族及上流社會中的地位。顔師古注又引如淳曰：“主乳馬，以韋革爲夾兜，受數斗，盛馬乳，挏取其上肥，因名曰挏馬。《禮樂志》丞相孔光奏省樂官七十二人，給大官挏馬酒。今梁州亦名馬酪爲馬酒。”《説文・手部》：“挏，擁引也。漢有挏馬官，作馬酒。”《本草綱目・獸部・馬》亦曰：“漢時以馬乳造爲酒，置挏馬之官，謂挏撞而成也。挏音同。”清代鄧廷楨《雙研齋筆記・論説文》：“其（作馬酒）法以革囊盛馬乳，一人抱持之，乘馬絶馳，令乳在囊中自相撞動，所謂挏也。往復數十次，即可成酒。”可見，挏馬官主取馬乳所製“味酢可飲”的這種飲品便是以馬乳造的馬奶酒。上引“今梁州亦名馬酪爲馬酒”，即所謂“馬酒”實爲“馬酪”。酪是用牛羊馬等的乳汁煉製成的食品，有乾濕二種，乾者成塊，濕者爲漿。《正字通・酉部》：“酪有乾濕二種。”顔師古所謂的“今梁州亦名馬酪爲馬酒”之“馬駱（馬酒）”，當指的是馬酪之濕者。《史記・匈奴列傳》記載匈奴人“得漢食物，皆去之，以示不如重酪之便美也”。重酪亦即馬奶酒。《六書故》説：“重酪，酒類也。北方以馬乳爲酪，因謂重酪”，《釋名》：“酪，澤也。乳汁所作。”

又《漢書・禮樂志》曰：“師學百四十二人，其七十二人，給太官挏馬酒。”李奇注曰：“以馬乳爲酒，撞挏乃成也。”顔師古注曰：“挏，音動，馬酪味如酒，而飲之亦可醉，故呼爲酒也。”撞挏，即敲擊摇動。故，上注“挏馬酒”是將馬乳盛入容器中通過敲擊摇動加熱使之發酵而成的一種奶酒。漢朝官坊釀造“挏馬酒”並特地分配給太樂學生，這不僅説明這種酒在當時已經被漢人所接受，而且只有上層社會的人才能享用。可見“挏馬酒”在漢室貴族及上流社會中的地位。

以上可説明西漢皇室上層社會已設專門官員管理家馬並釀制馬奶酒了，“馬奶酒”亦根據官名稱爲“挏馬酒”。因此，我們認爲，漢代上層社會流行馬奶酒是無疑的，馬王堆漢墓竹簡《十問》作爲流傳於上層社會的書籍，其間記録的養生食品是貴族食品也是合理的。

由此可見，在中原地區没有乳文化的前提下，馬王堆漢墓出土房中養生書《十問》中的“湩酒”（奶酒）應該就是僅在宫廷貴族及上流社會流行的“挏馬酒”。西漢時期，飲用馬奶酒之風在上層社會可謂十分盛行。《十問》文獻是秦漢之際的房中文獻，文中飲用的奶酒便是當時流行於上層社會的“挏馬酒”。

（二）從奶酒的製作方法來看

我們可以通過蒙古馬奶酒的製造方法得知，奶酒一般以馬、牛、羊、駱駝的鮮奶爲原料釀製而成，尤以馬奶酒居多。傳統的釀製方法主要採用撞擊發酵法。

蒙古族用馬奶酒招待賓客時，往往先在盛馬奶酒的容器中攪拌搖動數下的習慣可以看出，其最明顯的特點就在挏治、發酵、攪拌等一系列技術手段製作出來的一種草原民族保健飲品。這種製作技術起源於遊牧民族。其製作的方法與西漢“挏馬酒”的製作方法一致，都是採用“撞擊發酵法”製作馬奶酒，謝肇淛《五雜俎》卷十一記載，北方的馬奶酒“不用麴櫱，自然而成者，亦能醉人”。其原因在於“撞擊”這種强烈的震蕩摇晃的作用，最後形成了所謂的渣滓狀物質。由於單純的撞擊不能使馬奶升温，而使其中的渣滓不能得到充分的沉澱和分離，所以需要攪拌的技術，即用一種特質的木棒對馬奶進行連續攪拌，13世紀傳教士威廉·魯不魯乞東游時記載了馬奶酒的製作過程，“收集了大量的馬奶時……就把奶倒入到一隻大皮囊裏，然後用一根特製的棒開始攪拌，這種棒的下端象人頭那樣粗大，並且是挖空了的。當他們很快地攪拌時，馬奶開始發出氣泡，象新釀的葡萄酒一樣，並且變酸和發酵。他們繼續攪拌，直至能提取奶油。這時他們嘗一下馬奶的味道，當它相當辣時，他們就可以喝它了……攪拌馬奶，直至奶中所有的固體部分下沉到底部，象葡萄酒的渣滓那樣，而純净的部分則留在上面，象乳清或白的發酵前的葡萄酒汁那樣”（道森，1983:116-117）。

可以看出，攪拌並不是一個簡單的動作，而是根據當時馬奶具體發酵的情況和環境温度等决定的，攪拌棒的底端粗大中空是爲了提高攪拌的效率和發酵程度以致釀出更品質的馬奶酒。楊印民（2007）説：“决定馬奶酒品質的高下有兩個關鍵因素：一是馬乳攪拌的次數；二是馬畜品種的優劣。”而能達到以上兩個因素，大多是皇家貴族才能擁有，第一種能决定發酵的質量，第二種能决定原料的優劣。如此釀造的奶酒，元代詩人許有壬寫的《馬酒》詩中説：“味似融甘露，香疑釀醴泉。新醅撞重白，絶品挹清元。”看來這種酒既甘甜，又醇厚，而且性温，具有驅寒、活血、舒筋、健胃等功效。所以深受皇家貴族所喜愛，也得到了詩家的贊賞，劉因詩曰：“仙酪誰夸有太玄，漢家挏馬亦空傳。香來乳面人如醉，力盡皮囊味始全。”

綜上所述，馬王堆漢墓竹簡《十問》是一篇流傳於當時上層社會的一部房中養生典籍，其中涉及的“湩酒”是一種奶酒，即是當時流行於西漢上層社會的“挏馬酒”（馬奶酒），其性甘温，有驅寒、舒筋、活血、健胃等功效。此“湩酒”的功效是可以對症治療大禹所患病證的。

四、結語

通過研究分析，我們認爲學界將“禹於是畬（飲）湩，酒食五味，以志治氣”中的“湩酒”分開斷讀是錯誤的。這種斷讀不符合漢語句法、語用習慣以及醫理藥理。經過全面考論，“酒”字當屬上讀，釋文當作“禹於是畬（飲）湩酒，食五味，以志治氣”。“湩酒”當釋爲奶酒，應當就是西漢時期流行於上層社會的“挏馬酒”。

參考文獻：

段　禎　2020　《胡家草場木牘醫方校釋》，《中華醫史雜誌》第5期。
林劍鳴　1985　《秦漢社會文明》，西北大學出版社。
馬繼興　2015　《中國出土古醫書考釋與研究（下）》，上海科學技術出版社。
馬王堆文物整理小組　1985　《馬王堆漢墓帛書（肆）》，文物出版社。
裘錫圭　2012　《馬王堆醫書釋讀瑣議》，《裘錫圭學術文集・簡牘帛書卷》，復旦大學出版社。
裘錫圭（主編）　2014　《長沙馬王堆漢墓簡帛集成（陸）》，中華書局。
王賽時　2010　《中國酒史》，山東大學出版社。
魏啓鵬　胡翔驊　1992　《馬王堆漢墓醫書校釋（貳）》，成都出版社。
楊印民　2007　《蒙元時期的葡萄酒和馬奶酒》，《歷史教學問題》第4期。
周一謀　蕭佐桃（主編）　1988　《馬王堆醫書考注》，天津科學技術出版社。
周祖亮　方懿林　2014　《簡帛醫藥文獻校釋》，學苑出版社。
（英）道　森（編）　吕　浦（譯）　周良霄（注）　1983　《出使蒙古記》，中國社會科學出版社。

Collation and Interpretation of Dongjiu(湩酒) in *The Shiwen*(十問) Excavated in the Han Dynasty Tomb at Mawangdui

Ma Yongping

Abstract: Slips 40 and 72 of *The Shiwen*(十問) excavated in the Han Dynasty tomb at Mawangdui, was mistakenly grouped as far apart as indicated by their slip numbers in Volume II of *Changsha Mawangdui Hanmu Jianbo Jicheng*(長沙馬王堆漢墓簡帛集成). In Volume VI, these two slips were correctly regrouped together, with slip 40 right after slip 72. However, the beginning characters on slip 40 酒食五味 and the ending characters on slip 72 禹於是歙湩 were punctuated as follows: 禹於是歙湩，酒食五味, with Dong(湩) being separated from Jiu(酒) by a comma. A thorough examination revealed that the character Dong(湩) ought to collocate with the character Jiu(酒), namely, 禹於是歙湩酒，食五味. We believe that the original interpretation of the text and the various "something" as "milk" should be correct. Dongjiu(湩酒) should be interpreted as milk wine , which may be called Dongmajiu(挏馬酒) in *Hanshu*(漢書), a kind of milk wine made from horse milk. Milk wine not only has the nourishing effect of milk, but also has the function of tonifying blood vessels, resisting cold, removing dampness and medicine. Its Pharmacology and medical theory is in line with the fact that Dayu(大禹) the Great's body. Therefore, Dayu(大禹) drank Dongjiu(湩酒) in order to maintain and enhance health.

Key words: *The Shiwen*(十問) excavated in the Han Dynasty tomb at Mawangdui; Dongjiu(湩酒); separation of Dong(湩) from Jiu(酒) by a comma; Naijiu(奶酒)

（馬永萍，西南大學漢語言文獻研究所　重慶　400715）

北大漢簡《節》編聯芻議*

龐壯城

摘　要：通過北大漢簡《節》簡背刻痕的研究，發現可據刻痕將簡文分爲三個部分：1. "月令"，説明一年中四立、二分、二至的時序與宜忌；2. "刑德"，説明刑德七處的相關理論與應用；3. "陰陽總綱"，將陰陽理論推展至"戰争舉事""居處宜忌"與"兵家戰陣"。而由本篇的簡背刻痕問題，可擴及北大漢簡相關諸篇（如《趙正書》《荆决》《雨書》等）的編聯問題，即便文意通暢，其刻痕仍存在着重刻、紊亂、替换等現象。

關鍵詞：北京大學藏西漢竹書；《節》；編聯；簡背刻痕

一、《北京大學藏西漢竹書・節》概述

《節》收録於2014年出版的《北京大學藏西漢竹書（伍）》中，共54枚簡，《節》篇首第三枚簡背書有"節"字，故原整理者依此定名爲"節"。全篇除兩簡（簡14、45）稍微殘斷外，其餘簡皆保存良好，且簡文背面有刻痕，可幫助簡文排序。

《節》篇内容涉及陰陽刑德、月令與兵陰陽學説，可與馬王堆帛書《刑德》、銀雀山漢簡諸多篇章（如《地葆》《地典》《十陣》《四時令》等）參照。原整理者認爲簡文所涉及的兵陰陽觀念與月令學説有共同處，故合抄於

* 本文爲2019年福建省社會科學規劃項目"西漢初期數術類簡帛詞語整理與研究"（FJ2019C061）的階段性研究成果。本文撰寫過程中，承蒙審稿專家提供意見與指正，使文章論點得以改善，謹此致謝。

一篇，可從。近期出版的《清華大學藏戰國竹簡（拾）》收録了《四告》一篇，内容爲四則“告禱”的文字，分别是《周公祈臯繇》《伯禽父禱》《周穆王告》《召伯虎告》，原整理者認爲：“四篇告辭按性質類聚，按年代排列，正體現了書類文獻的編排原則。”（黄德寬，2020:109-125）[①]不過類似的合抄情况，也習見於出土文獻，例如本文要討論的《節》。這種匯集、抄録性質類似文獻於一卷中的現象，是古代常見的編書、成書方式，不一定僅限於書類文獻。必須指出的是，《節》篇的抄録者（或作者）“且述且作”，並非單純地抄録底本，而是系統性地講述陰陽刑德理論，並配合“時節”的觀念，逐一將“陰陽刑德”擴展至“戰爭舉事”“居處宜忌”與“兵家戰陣”等領域；在月令部分更舉孝景元年冬、夏至干支爲例，説明刑德七處與十二月宜忌，完全符應篇名“節”；簡文最後更有一段文字講述明曉、慎行刑德理論的好處，非常特殊。《節》這種完整的抄寫模式，罕見於先秦兩漢的數術類出土文獻。

本篇字體謹飭，爲標準漢隸風格，但與北大漢簡其餘篇章相比，本篇使用較多異體字，如脩作絛，雷作靁，番作畓，明作明，侯作矦，這些字形皆可見於馬王堆帛書、銀雀山漢簡；部分用字習慣則與睡虎地秦簡相同，如以“裚”爲“製”，説明本篇成書時間可能較早。本篇書手共使用四種符號，其一爲篇章符號“•”，如（簡7）、（簡8），用於各段文字的起始處，但也有書於簡文最末端者，如（簡7）。其二爲重文符號“=”，如（簡3）、（簡6）。其三爲句讀符號“ㄴ”，如（簡10）、（簡13）、（簡20）。其四爲合文符號“=”，如簡28“虗”字後的，讀爲“丘虗”。

本篇記載陰陽刑德的理論及其在“戰爭舉事”“居處宜忌”與“兵家戰陣”的應用，簡文系統性地濃縮、簡化了馬王堆帛書、銀雀山漢簡的内容，並進行改寫，如將銀雀山《地典》的“十一勝”增爲“十二勝”，濃縮“地陣”的文字，擷取馬王堆帛書《刑德》刑德小遊圖之結論，並以總綱統攝舉事、居處、戰陣，凸顯陰陽刑德的重要性。本篇計算冬、夏至的方式，改良自馬王堆帛書《陰陽五行乙》、銀雀山漢簡《三十時》與《淮南子 • 天文》，並承繼馬王堆帛書的陰陽思想，以刑德聯繫陰陽與五行學説。相關的兵陰陽理論，則與銀雀山漢簡相近，與張家山漢簡《蓋廬》相反，此或即本篇内容抄寫自時代較早底本之原因。

①城按：類似的編排情况又如清華簡壹的《尹至》《尹誥》與清華簡叁的《赤鴼之集湯之屋》屬於三篇合抄；清華簡柒《趙簡子》屬於兩篇合抄。

二、《北京大學藏西漢竹書·節》編聯問題

北大漢簡的篇章多具有簡背刻痕幫助編聯，本篇亦然。《節》多採分行書寫，相同内容的簡文必然書於一段，大幅減少編聯困難，故目前的研究多採原整理者的簡序爲主。依照簡背刻痕以及文義内容，《節》篇可分爲四個部分：1.“篇題”，提示本篇内容與“時節”有關；2.“月令”，説明一年中四立、二分、二至的時序與宜忌，後以孝景元年爲例，説明冬、夏至的算法，接着帶入刑德七處及十二月宜忌的觀念；3.“刑德總綱”，將陰陽刑德理論推展至“戰爭舉事”“居處宜忌”與“兵家戰陣”。

有關《節》的刻痕問題可從兩個層次談起，一是整體的刻痕與文義是否貼合，若否，如何調整；二是個別有疑問的刻痕是否又見於北大漢簡的其他篇章，以哪些現象呈現。

原整理者提供的《節》簡背刻痕如下（北京大學文獻研究所，2014:32-33）：

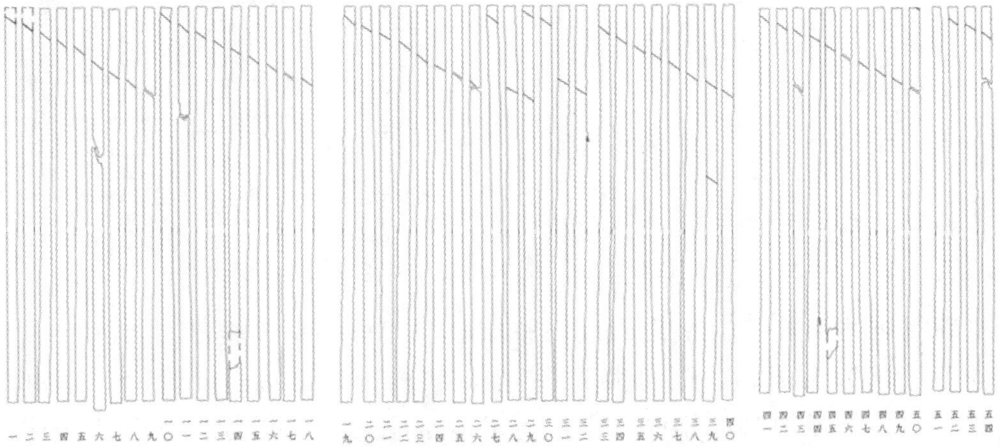

圖1：《節》原簡背刻痕（原）

本篇簡背可見五道主要的刻痕，但簡文“戰陣”“孝景元年紀年”（簡27至簡32）的刻痕與前後無法相連，可見現行的排序不僅不合刻痕，也不合文義，十分突兀。現行的簡序排列與簡文内容無法貼合的問題有二。其一，簡31至簡34，記録了孝景元年的冬、夏至干支，並以横劃紀年（簡31、32）。此簡表有助於推算西漢時期的干支紀年，但原整理者將此四簡放在“地陣”之後，“陰陽刑德”之前，與前後文字皆無關係，十分突兀。其二，簡35：“陰陽有執

裚（製）者，勿重∟，陽居高者之下者，陰居下者之高者，舉事、居處∟、戰陣（陣）以爲法。”簡文説明舉事、居處、戰陣是以“陰陽”爲法，可見這是一段説明、論述刑德理論應用的文字，但簡35後僅有“刑德七處”及“刑德遊五宫”的文字，與此簡内容不同，值得商榷。

根據前述兩個疑點，本文在原整理者的基礎上，調整簡文順序。由於簡3背面有篇題，故以此段文字（簡1至簡7）作爲錨點，將孝景元年紀年（簡31至簡34）提至此後，視爲月令理論的例證，十二月宜忌（簡13至15）則爲例證的説明，後則由此延伸出陰陽刑德七處的内容（簡8至簡12）。

簡35自言舉事、居處、戰陣以陰陽刑德爲法，《節》正有相關内容，故當以此簡爲陰陽刑德理論的總綱。依簡35所述，“舉事”爲簡16至簡21，“居處”爲簡36至簡54，“戰陣”爲簡22至簡30。據此重新排列簡文，其簡背刻痕如下：

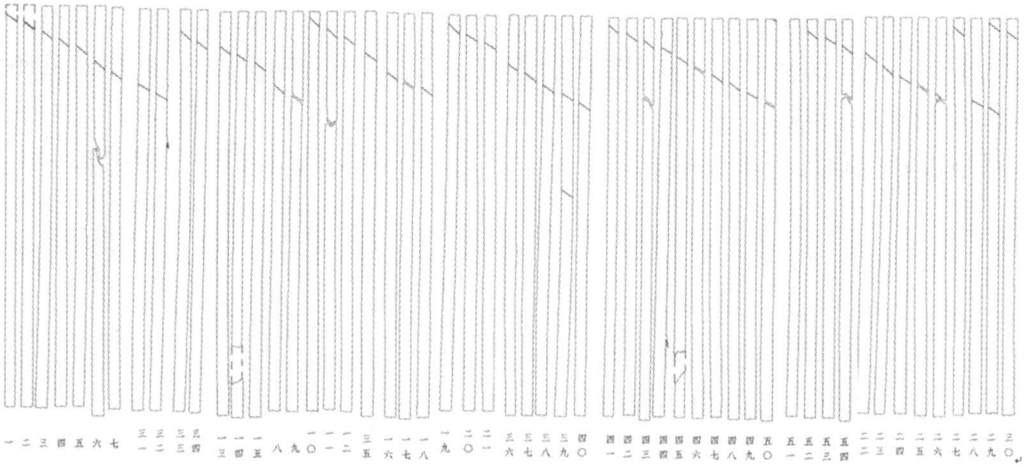

圖2：《節》簡背刻痕（本文）

重新排列後的簡背，呈現六道完整刻痕，而原先呈現紊亂刻痕的“孝景元年紀年”（簡31至簡34）則可與簡7相接，“戰陣”（簡27至簡30）的刻痕雖仍不整齊，但根據簡35的排序，則改置於本篇末端，不影響其他刻痕順序。據此，本文重新排列後的《節》全文如下：

節【3背】

【·】日至卌六日，陽涷（凍）澤（釋），四海雲至，虞土下，鴈（雁）始登，田脩（脩）封彊（疆），司空脩（脩）社稷，鄉騷（掃）除【1】術，伐枯弃青，天將下享氣。有（又）卌六日，瑕（蝦）莫（蟆）鳴，燕降，天地氣通，司空衡（徹）道，令關市【2】輕政（徵/征）賦。有（又）卌六日，陰乃壞（還）降百=泉=（百泉，百泉）始廣大，利大宫室及道，以小爲大。有（又）卌六日=（日，日）【3】夏至，草木番（藩）昌，人主利居高明（明）。有（又）卌六日，涼風至，白露降，令圂彘，枸藩閉。有（又）卌【4】六日，靁（雷）戒執（蟄），燕登，令暴布，敬禁，始言盜賊、收斂、會計。有（又）卌六日，天氣始并（屏），地氣【5】始臧（藏），斬殺毄（擊）伐，毋有天央（殃）。有（又）卌六日=（日，日）冬至，大寒之櫓（隆），毋作事，毋動衆，天地氣絶【6】之時也。 •【7】

•一　三　三　一　二　三　二　三　二　一　三　二　一【31】

•一　　冬　夏　一　冬　夏　二　冬　夏　一　冬　夏　一【32】

•孝景元年，冬至庚寅。上八畫之下，即庚寅也。其次畫之下，亦夏至之日也∟。丹【33】畫閒=（閒，閒）一歲也。盡如此以日次數之，每一畫一日也，終而復上，以爲常。【34】

•正月毋攻玉石∟，二月毋隄溝∟，三月毋置嗇夫∟，四月毋伐木∟，五月毋高城深池，六月毋行土事∟，七月【13】毋舉火∟，八月毋燔石流金∟，九月毋積壤∟，十月毋爲營（榮）華、建文章、始乘車∟，十一月毋……溝術，【14】十二月毋正地、操繩墨鉤柱。【15】

•凡陰陽行也，昜（易）出昜（易）入。日至卌六日春立，有（又）卌六日=（日日）夜分。二月之時，陰陽相遇門。【8】有（又）卌六日夏立，有（又）卌六日夏至。有（又）卌六日秋立，有（又）卌六日=（日日）夜分。八月之時，陰陽復【9】遇門∟。有（又）卌六日冬立∟，有（又）卌六日冬至∟。凡七處，陽爲德，陰爲刑。十一月陽在室，陰在野【10】，陰執裚（製）行刑。陽居室卅日，以日至爲主，前日至十五日，後日至十五日，而徙所【11】居各卅日。陰亦如是。故曰：陽生子，陰生午。陽在室曰臧（藏），在堂曰溺（弱），在㢟（庭）卑，在門順。【12】

•陰陽有執裚（製）者，勿重∟，陽居高者之下者，陰居下者之高者，舉事、居處∟、戰陳（陣）以爲法。【35】

•御歲舉事=（事，事）不成，以戰，不勝，有罪不壹必再，毋伐華木。【16】

•子午刑德∟，丑未豐龍（隆）∟，寅申風伯∟，卯酉大音∟，辰戌靁（雷）公∟，巳亥雨師。【17】

•刑德，將軍也。酆（豐）龍（隆），司空也。風伯，矦（侯）

〈公〉也。大音，令尉也。靁（雷）公，司馬也∟。雨師，倉主也。【18】御【刑】德戰，三軍烕（滅）亡，其將亡∟。御豐（豐）龍（隆）戰，削其土彊（疆），亡其司空∟。御風伯戰，士卒走，失【19】其㑀（侯）〈公〉∟。御大音戰，士卒粱（迷）胙（阻），令尉傷∟。御靁（雷）公戰，中折其兵，司馬不得其鄉（向）∟。御【20】雨師戰，士卒病腹腸，倉吏走行。【21】

·德在室=（室，室）不可毀也，諸室事不可動也。釜增（甑）毀者，家有毀，以人隨之。有盗室中者，【36】盗報有央（殃）。毋鄉（向）室以兵，不可塞汚（污）𣹢（壑）井窌（窖）。動屋，父當之，動壁，母當之，鑿鄉、爲户【37】牖之事，子當之。利以受取，不可出謝。以是受罪者，毋傷也。燔其席蔑（報），有去人，【38】女子出，男隨之。不可鬻室宅器。【39】

·德在堂=（堂，堂）不可動也，藩垣不可壞也，丘陵不可隤也。利以鄉（饗）大客，利塞下、闐（填）汚（污）𣹢（壑），【40】不可鼓〈封〉柱。【41】

·德在㢕（庭）=（庭，庭）及宫不可動也。利爲堂門，利以見客、受爵禄。以亡於堂，後世昌。【42】

·德在門=（門，門）閭庫廄不可動也。其入也，脩（脩）宫㢕（庭），利爲間事、正封彊（疆）。其出也，利爲陽事。【43】不可晝閉門，必有兇（凶）客。【44】

·德在閭=（閭，閭）不可塞正也，樹不可伐，巷狗不可鄲（戰）也。其入也，利脩（脩）門閭，【其】出【也】……高藩。【45】

·德在術=（術，術）不可變也，櫝（瀆）樹不可伐也，術橋不可發（廢）。其入也，利脩（脩）閭里之事。其出【46】也，利壄（野）外之事。【47】

·德在壄（野）=（野，野）物不可暴也，壄（野）樹木不可伐也。農夫毋休禦、灰瘳（嘐）、菆营、弋邋（獵）、羅罔（網），毋操【48】斧鏺入山林中，毋罪田吏，毋執人田山林中，有央（殃）。歌田者報有喜，哭田者報有【49】央（殃）。利以遠行、親諸㑀（侯）。弓弩不張，毋取瞉卵台（胎）夭。凡其出也，利爲陽事，其入也，利【50】爲陰事。凡其前，利有脩（脩）也，其後，利有毀去也，其處，利有敬也，爲善事。【51】

·德在木=（木，木）不可伐∟。德在火=（火，火）不可動，見火勿先走也∟。德在金=（金，金）不可流燔石∟。德在水=（水，水）不【52】可塞，毋行水∟。德在中=（中，〈中〉）不可動土功、爲汚（汚）池。【53】

• 刑德所并，兵不可鄉（嚮）行∟。德在中，不可爲人始，是爲五行。【54】

• 凡十二勝，一曰山勝丘=（丘，丘）勝陵=（陵，陵）勝城=（城，城）勝虛=（虛∟，虛）勝墓=（墓，墓）勝險=（險，險）勝易=（〈易〉，〈易〉）勝澤=（澤，澤）勝藪=（藪，藪）勝夷=（夷，夷）勝谿=（谿，谿）勝【22】溝，是胃（謂）地之十二勝，各有時。高之屬，无（無）時，左之勝；下之屬，【无（無）時】，右之勝∟。前後皆高，左右【23】皆高。春夏倍（背）蒼赤，秋冬倍（背）黑白。地陳（陣）曰：易〈易〉則方之，險則員（圓）之，丘陵則從之。春爲【24】牝陳（陣），矛爲前行。夏爲方陳（陣），弩爲前行∟。六月爲員（圓）陳（陣），劍爲前行。秋爲牡陳（陣），戟爲前行。【25】冬爲從（縱）陳，杸（殳）爲前行。【26】

• 地有五則，命山爲龍，命丘爲豹，命陵爲虎，命邑爲文，命川爲武。山、丘、陵，倍（背）之、左【27】之勝∟，倍（背）邑火陝（陣）者勝∟，右川而殺，是胃（謂）盛武∟。地有七死（11），毋居天牡、地牝、虛=（丘虛）、乾魚（涸）、宿【28】死∟、虛埸∟、蜚蓬（蜂），居此者不死必亡。故曰：上謹天道，貴而壽，中謹人道，聖而智，下謹【29】地道，食而疾不至。故智者不困，行者不窮。【30】

三、《北京大學藏西漢竹書》其餘諸篇編聯問題

北大漢簡的篇章多具簡背刻痕，但原整理者並未解釋各篇刻痕的分布情形；本篇重刻、紊亂、替換的現象尚可見於北大漢簡其他篇章，如簡39背面除上端有刻痕外，其中間位置還有一道刻痕（簡29的兩道刻痕則是集中於上端），此種一簡有兩道刻痕的現象，或可稱爲“重刻”，與《周馴（訓）》簡12、簡27、簡52、簡92、簡105、簡106、簡116、簡135、簡136，《趙正書》簡7、簡8、簡25、簡26、簡40、簡41，《雨書》簡5，《揕（堪）輿》簡46的情形相同。這些重刻的痕

迹與簡序、文義並無關聯，可能爲書手誤刻，或有意爲之[①]。以《趙正書》的刻痕爲例（引自北京大學出土文獻研究所，2015:183-184）：

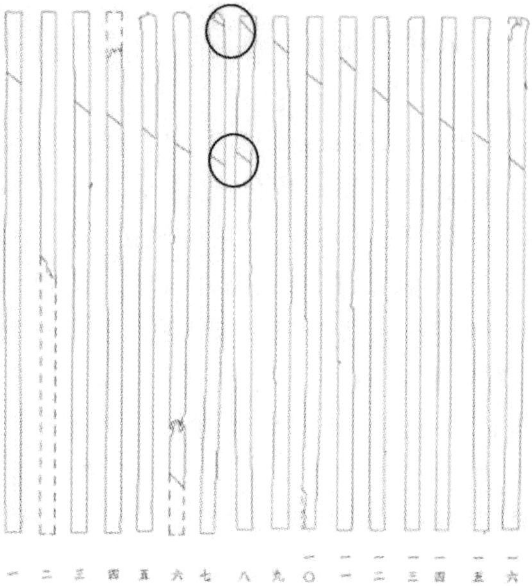

圖3：《趙正書》簡背刻痕刻痕（簡1-16）

簡7、8皆有兩道刻痕，分别屬於第一道刻痕（簡1至簡8）之末端與第二道刻痕（簡7至簡16）之首端。

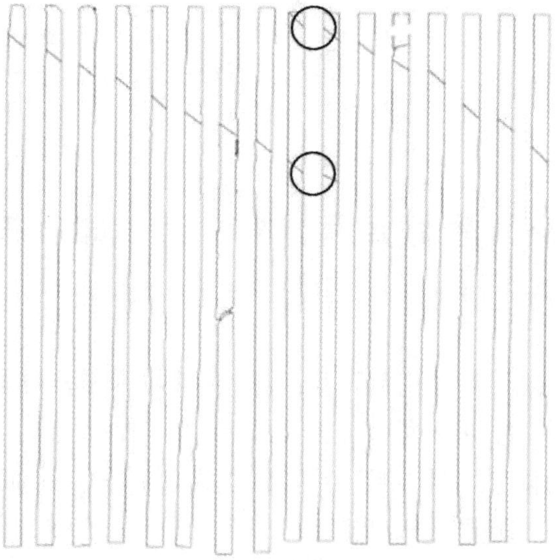

圖4：《趙正書》簡背刻痕（簡17-32）

①審稿專家指出，“重刻”亦有可能是在刻痕製作過程中自然形成，與抄手無關。

簡25、26亦有兩道刻痕，分别屬於第三道刻痕（簡17至簡29）之末端與第四道刻痕（簡25至簡32）之首端。

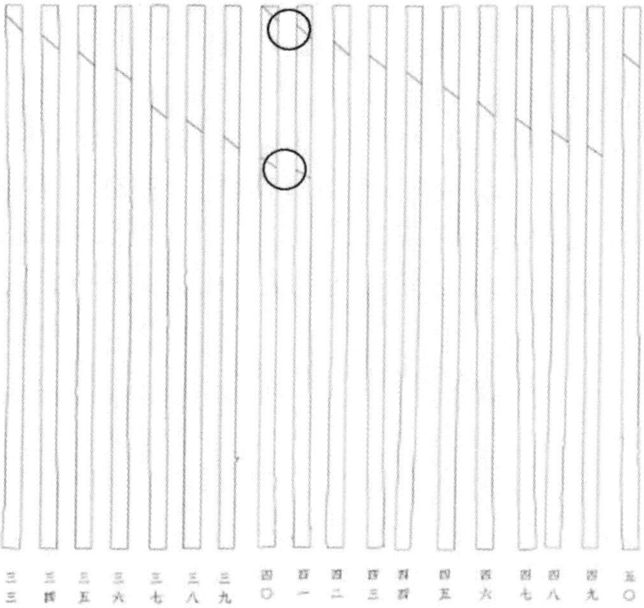

圖5：《趙正書》簡背刻痕（簡33-50）

簡40、41亦有兩道刻痕，分别屬於第五道刻痕（簡33至簡41）之末端與第六道刻痕（簡40至簡49）之首端。若將竹簡卷成筒狀，其刻痕應呈現如下圖：

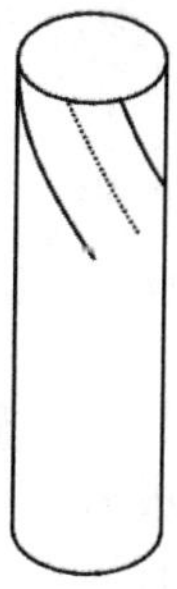

圖6：《趙正書》簡背刻痕（立體）

實綫爲第一、三道刻痕，虚綫爲第二道刻痕，三道刻痕首尾重叠，因而形成《趙正書》一簡有兩刻痕，且刻痕整齊、重叠的現象。這很可能是書手爲幫助簡文編聯而刻劃的，因爲兩道刻痕，更能幫助簡文排序；若簡背刻痕互不重叠，簡文的順序便只能以文義判斷[①]。《節》簡50有兩道刻痕的原因可能亦同。然本篇簡39雖有兩道刻痕，第二道刻痕却無法與本篇任何一道刻痕相接，故誤刻的可能性極高[②]。

《節》簡27的簡背刻痕與簡28、29無法聯繫，但正面的簡文却可相連，此種刻痕不相接而文字相連的現象，或可稱爲“紊亂”，與《周馴（訓）》簡47、簡123、簡127、簡137、簡138、簡150、簡198，《趙正書》簡11、簡50，《雨書》簡4、簡11，《揕（堪）輿》簡46、簡66，《荆决》簡4至5、簡6至7、簡12至13、簡14至15、簡16至17、簡26，《六博》簡27至28情況類似。這些紊亂刻痕有的可以連接，如《荆决》（引自北京大學出土文獻研究所，2014:166）：

圖7：《荆决》簡背刻痕

①孫沛陽（2011:449-462）認爲竹簡的刻痕有三種：“劃綫—編聯—書寫”“書寫—劃綫—編聯”與“劃綫—書寫—編聯”，其中第一種用於分欄書寫、表格横讀的竹簡，如睡虎地秦簡、嶽麓秦簡；而第二、三種則用於竪行直讀的竹簡，但此種竹簡無法判斷書寫與編聯的順序。賈連翔（2015:82-102）據孫説系統性地整理清華簡，認爲清華簡的刻痕皆刻於竹簡的製作過程中。孫、賈二説皆認爲刻痕皆先於編聯，但孫説刻、寫的順序有所保留，是着眼於各批竹簡的狀況不同，賈説則是針對清華簡。依照本文的理解，《趙正書》《節》的簡背刻痕確實有幫助判别編聯的效果，否則無須“重叠刻痕”，故有可能是先寫再刻。但只要書手依序抄簡，即使刻痕是在書寫前刻劃，同樣可以幫助編聯。姚磊曾根據李天虹對竹簡編、寫形制的結論，認爲北大漢簡《趙正書》的三道編繩存有契口，而編繩上下文字間距較大，不存在編繩壓字的情況，屬於“先編後寫”。然此種解釋亦難落實，因爲契口是可以先刻好，再避開書寫。參看姚磊《北大藏漢簡〈趙正書〉札記二則》，武漢簡帛網，2016年1月1日，http://www.bsm.org.cn/show_article.php?id=2413。

②但也有可能是書手抄寫至此時，取到其他已有刻痕的竹簡，故簡39的刻痕與同篇其他簡的位置完全不同。

簡4至5刻痕、簡文皆連續，内容也與其後的簡文有關，但却無法連接，簡6至7、簡12至13、簡14至15、簡16至17的情況亦同。此現象可能肇因於書手每抄完一段文字（兩簡）就翻面刻痕，忽略這幾段文字可以連接，導致同段文字的刻痕兩兩相接却無法完整相連①。本篇簡27至30的情況與此相似，屬於同段文字，却有三道刻痕，十分特殊。刻痕紊亂的情況還有一種，如《趙正書》簡50，按原整理者的排序，其刻痕單獨存在，但該簡却可與簡1的刻痕相接，如圖8：

圖8：《趙正書》簡背刻痕

由於《趙正書》簡2背面書有篇題，可知該篇竹簡應是由末端往回卷的收納形式，如此簡2才會出現在整卷竹簡的最上面。然簡50與簡1明顯相連②，借由前述對《趙正書》"重刻"現象的理解，只能將簡50視爲《趙正書》的第一

①審稿專家指出，"紊亂"亦有可能是抄手再取用竹簡時没有嚴格遵照原來的安排，取用了與此前所用竹簡並非同一道刻痕的竹簡。而賈連翔（2015:100）認爲清華簡的刻痕形成於竹簡的製作過程中，然而本篇與《荆决》兩兩相連的刻痕，應刻於文字書寫之後，因爲竹簡製作中刻劃的刻痕不該如此短小，刻痕範圍應該拉長。否則就得認爲這些竹簡在書寫前皆已有刻痕，只是這幾段文字之間"廢簡"過多，導致刻痕兩兩成對，然此種可能性極低。

②然而簡50、簡1的刻痕位置較低，並非由頂端開始往右下延伸，故兩簡可能不是此批竹簡的第一、二枚簡，當屬於第三、四枚之後的簡。

簡（在此之前的簡可能爲廢簡，或未被使用）[①]，而簡50屬於“論贊”性質的文字，簡文起始處又有“ㄴ”作爲標誌。據此，或能推測古書的論贊形式未必如今人書於文章最末端，而有可能在文章的最前端[②]。

本篇簡51背面無刻痕，然前後皆有，簡文與簡50也能相接，可能是書手抄寫至此，遇到廢簡，故以其他簡代替此簡，或可稱爲“替换”，與《儒家説叢》簡7，《反淫》簡1，《陰陽家言》簡3、4，《雨書》簡6、簡34的情況相同。相較於重刻、紊亂，北大漢簡中無刻痕的簡較少，應是廢簡不多的緣故。

四、結論

上述重刻、紊亂、替换的情況皆可見於《節》與北大漢簡其他篇章，可見此種分類方式或可用於觀察北大漢簡的簡背刻痕（北大漢簡參收録的《陰陽家言》，其簡背刻痕亦有不少問題存在）。陳劍討論《妄稽》的編聯時，認爲："簡背劃痕對於簡序編聯的參考作用是有一定限度的，不可將其絶對化。簡背劃痕的問題很複雜，簡單説來，簡序編聯主要還是得依靠文義等證據，或者説是依靠文本本身的各種‘内證’。在有充分内證的情況下，如調整後劃痕正好相合，可以起到補充印證的作用；但如劃痕不合，也不能作爲否定有關編聯的致命反證。”[③]本篇簡27至簡32的刻痕情況，正好可以印證刻痕與文義不必然相合的結論。由是可知簡序的排列，仍要以文義爲依歸，以通讀簡文爲主，進行判斷，簡背刻痕僅能起到旁證的作用。

本篇抄録了月令、紀年、刑德、舉事、居處、戰陣等源於各種數術文獻的内容，每段文字以墨點作爲區隔，看似鬆散的雜抄，但經過排序後，呈現以“月令”爲首，説明陰陽刑德應用於各領域的基礎理論，十分具備系統性與完整性，完全呼應篇名“節”。由此可見作者對於陰陽刑德、月令等觀念的掌握

①若本篇爲“先刻再寫”，則書手故意將刻痕屬首端的簡50置於末端，再開始抄寫，非常奇怪；若解釋爲書手在抄寫時拿錯簡，從第三、四枚簡開始抄起，到最後才發現前一枚簡尚未使用，故以之抄録最後一句，亦十分牽强。因爲書手即使用該簡抄録同一段文字，亦不會造成編聯上的困難。若爲“先寫再刻”，則呈現書手故意在最後一簡刻上與首簡相連的痕迹，也不合理。

②審稿專家指出，“勾識符號”一般多用爲區隔文義，所以原整理者將本簡置於最後也是有一定道理。

③陳劍：《〈忘稽〉〈反淫〉校字拾遺》之跟帖4樓，復旦大學出土文獻與古文字研究中心，2016年7月4日，http://www.gwz.fudan.edu.cn/Web/Show/2850。

非常嫻熟，否則無法將各種基礎理論融於一篇之内，亦無法明列舉事、居處與戰陣的理論。

参考文獻：

北京大學出土文獻研究所（編） 2014 《北京大學藏西漢竹書（伍）》，上海古籍出版社。
北京大學出土文獻研究所（編） 2015 《北京大學藏西漢竹書（叁）》，上海古籍出版社。
黄德寬（主編） 2020 《清華大學藏戰國竹簡（拾）》，中西書局。
賈連翔 2015 《戰國竹書形制及相關問題研究——以清華大學藏戰國竹簡爲中心》，中西書局。
孫沛陽 2011 《簡册背劃綫初探》，復旦大學出土文獻與古文字研究中心編《出土文獻與古文字研究》（第4輯），上海古籍出版社。

The Study of Inscriptions on the Back of the Bamboo Slips *Jie*(節) from *Beijing Da Xue Cang Xi Han Zhu Shu*

Pang Chuangcheng

Abstract: Based on the study of the inscriptions on the back of the bamboo slips Jie(節) from *BeiJing Da Xue Cang Xi Han Zhu Shu*(北京大學藏西漢竹書), this paper believes that the inscriptions can be divided into three parts: 1. "Monthly Order", which explains the timing and appropriateness of the Sili(四立), Erfen(二分), Erzhi(二至) in a year; 2. "Criminal virtue", explaining the related theories and applications of the seven criminal virtues about the Xingde(刑德); 3. "Theory of Yin and Yang(陰陽)", extending the theory of yin and yang to "war activities", "dwelling taboos" and "strategic battles". The problem of the inscriptions on the back of the bamboo slips in this article can be extended to the problems in the compilation of the relevant articles of the Han bamboo slips of *BeiJing Da Xue Cang Xi Han Zhu Shu*(北京大學藏西漢竹書), such as *Zhaozhengzhu*(趙正書), *Jingjue*(荆决), *Yushu*(雨書), etc. Even if the text is smooth, the inscriptions still exist engraving, disorder, replacement and other phenomena.

Key words: *BeiJing Da Xue Cang Xi Han Zhu Shu*(北京大學藏西漢竹書), "Jie(節)", sequence, inscriptions on the back of the bamboo

（龐壯城，福建師範大學文學院 福建 350001）

《老子》第1–5章會箋*

李 鋭 張 帆

摘 要：《老子》出土簡帛本已有四種，敦煌本及傳世本更有不少，異文衆多。排比異文，會而箋之，以《老》解《老》，可以解决一些疑難，有助於了解《老子》的文義、思想。如第1章中，“兩者同出”，帛書本前無“此”字，當從，“兩者”應該是泛指凡對偶爲兩者；“以觀其妙”之“妙”義爲“成”。第2章闡發第1章之“兩者”，“爲而不恃”之“恃”當讀爲“持”，與51、77章等相關。第3章“强其骨”舊多不爲人注意，其實“强”與“物壯則老，是謂不道，不道早已”之“壯”相關，説明聖人治民，雖是無爲之治，然亦是“以百姓爲芻狗”，合於道然並非與民同歸於道、守柔。第4章“道沖，而用之或不盈”，“而”之義爲故，“或”義爲如。第5章“芻狗”讀爲“雛狗”，“雛”本義爲雞子，即小雞；“不仁”乃無偏私，“不屈”乃“不積”之義。

關鍵詞：《老子》；簡帛；兩者同出；芻狗

《老子》自馬王堆帛書本出現以來，研究進入了新階段。特别是郭店簡《老子》的出現，又迎來了高潮。北大漢簡《老子》的公布，更提供了新材料。北大漢簡整理者還將王弼本、河上公本、嚴遵本、想爾注本、傅奕本以及帛書《老子》甲乙本、郭店《老子》三組、北大漢簡本等九種重要的《老子》並列（其中嚴遵本和想爾注本各殘存約半），爲《老子》研究提供了重要參照。此後裘錫圭團隊撰著的《長沙馬王堆漢墓簡帛集成》，爲帛書《老子》甲乙本提供了更理想的底本。目前已有幾處研究團隊以《老子》諸本研究爲課題，《老子》諸本合注顯然是基礎的研究。我們也參加了課題研究，以李鋭近年來在北京師範大學講授的課件爲基礎，加以整理、更訂、補充。《會箋》以

* 本文寫作得到2019年度國家社科基金重大項目“出土簡帛文獻與古書形成問題研究”（19ZDA250）科研基金的資助。

九種《老子》爲主，兼以古來各本，分析其異文，主融通而不主優劣。爲討論方便，每章會箋下所列章節句讀以通行本王弼本爲依據。

一、第1章

文本對照[①]

王弼本：

道可道，非常道；名可名，非常名。無名天地之始，有名萬物之母。故常無欲，以觀其妙（眇）；常有欲，以觀其【所】徼。此兩者同出而異名，同謂之玄，玄之又玄，衆妙之門。

河上公本：

道可道，非常道；名可名，非常名。無名，天地之始；有名，萬物之母。故常無欲，以觀其妙（眇）。常有欲，以觀其【所】徼。此兩者同出而異名，同謂之玄，玄之又玄，衆妙之門。

嚴遵本：

道可道，非常道；名可名，非常名。無名，天地之始；有名，萬物之母。故常無欲，以觀其妙（眇）；常有欲，以觀其所徼。此兩者同出而異名，同謂之玄，玄之又玄，衆妙之門。

傅奕本：

道可道，非常道；名可名，非常名。無名天地之始，有名萬物之母。故常無欲，以觀其妙（眇）；常有欲，以觀其【所】徼。此兩者同

①本文“文本對照”所列諸本，“王弼本”經、注參《老子道德經注校釋》（樓宇烈校釋，中華書局，2008）；“河上公本”經、注參《老子道德經河上公章句》（王卡點校，中華書局，1993年），又參《增訂老子河上公注疏證》（鄭成海著，華正書局，2008）；“嚴遵本”經文依道藏本，又參《老子指歸校箋》（樊波成注，上海古籍出版社，2013）；“傅奕本”經文亦依道藏本；“想爾注本”參《老子想爾注校箋》（饒宗頤，蘇記書莊，1956），又參《老子想爾注校證》（饒宗頤，上海古籍出版社，1991）。出土諸本文字以圖版爲據，“帛書甲本”“帛書乙本”又參《長沙馬王堆漢墓簡帛集成（肆）》（裘錫圭主編，中華書局，2014）；“郭店本”參《郭店楚墓竹簡》（荆門市博物館編，文物出版社，1998）；“漢簡本”參《北京大學藏西漢竹書（貳）》（北京大學出土文獻研究所編，上海古籍出版社，2012）。此外，《北京大學藏西漢竹書（貳）》書後有《〈老子〉主要版本全文對照表》，已列出上述諸本，較爲詳盡。其中有誤之處本文已作更正，並據《長沙馬王堆漢墓簡帛集成（肆）》補訂帛書《老子》甲、乙本。

出而異名，同謂之玄，玄之又玄，衆妙之門。

帛書甲本：

道可道也，非恆道也；名可名也，非恆名也。无（無）名，萬物之始也；有名，萬物之母也。故恆无（無）欲也，以觀其眇；恆有欲也，以觀其所噭（徼）。兩者同出，異名同胃（謂），玄之有（又）玄，衆眇（妙）之門。（甲93-94）

帛書乙本：

道可道也，【非恆道也；名可名也，非】恆名也。无（無）名，萬物之始也；有名，萬物之母也。故恆无（無）欲也，【以觀其眇】；恆又（有）欲也，以觀亓（其）所噭（徼）。兩者同出，異名同胃（謂），玄之又玄，衆眇（妙）之門。（乙44上-44下）

漢簡本：

·道可道，非恆道毆（也）；名可命，非恆名也。無名，萬物之始也；有名，萬物之母也。故恆無欲，以觀其眇；恆有欲，以觀其所僥（徼）。此兩者同出，異名同謂，玄之有（又）玄之，衆眇（妙）之門。（124-126）

會箋

道可道，非常道；名可名，非常名

"道可道"，帛書本句末有"也"。

"非常道"，"常"，帛書本作"恆"，漢簡本作"恆"①。"恆"，通行本避漢文帝劉恆諱作"常"，下同不另注。本句帛書本句末有"也"，漢簡本作"毆"，亦見於睡虎地秦簡，相當於"也"，段玉裁《説文解字注》（1981:119-120）曰："此字本義亦未見……秦人借爲語詞。"

"名可名"，帛書本句末有"也"，漢簡本作"名可命"，"名""命"爲常見通假字，音近可通。"非常名"，帛書本、漢簡本作"非恆（恒）名也"，義近。

"道可道也，非恆道也。名可名也，非恆名也"，關於這兩句的釋讀，學者有不少意見。裘錫圭（1996）、郭永秉（2013:595-611）指出，恆、常不當作

①北大簡整理者原皆直接隸定爲"恒"，今按圖版作"恆"，二字乃今印刷之别，今依圖版隸定。

永恒理解，而是一般、普通的意思。這是宋人開始的解釋，李若暉（2015:133-135）有辯駁。從《老子》全文來看，道是在言詮之外的，恆是形容其恒長不滅的，可以理解爲今天所説之永恒。《韓非子·解老》引文有：

> 凡理者，方圓、短長、粗靡、堅脆之分也，故理定而後可得道也。故定理有存亡，有死生，有盛衰。夫物之一存一亡，乍死乍生，初盛而後衰者，不可謂常。唯夫與天地之剖判也具生，至天地之消散也不死不衰者謂“常”。而常者，無攸易，無定理。無定理，非在於常所，是以不可道也。聖人觀其玄虛，用其周行，强字之曰：“道”，然而可論。故曰：“道之可道，非常道也。”

無攸易，無定理，實際上是形容恒道，不是解釋恒。《老子》説道“獨立而不改”，當是恒定不變者；古本其下本無“周行而不殆”句，若周行而不殆，則非不變，只是守恒了。《韓非子》講“周行”，殆已非古本。

第一個、第三個道、名，是名詞，第二個道、名是動詞，表示言説和命名。第一個道和名，只是普通的稱謂，不等於第三個道和名，因爲第三個可以稱爲大道、恒道和恒名。“道可道也，非恆道也；名可名也，非恆名也”，每一句兩“也”字連用，裘錫圭（1996）、郭永秉認爲傳統的理解，應該説“道可道者，非恆道也；名可名者，非恆名也”。其實兩“也”字連用正相當於“者……也”，與傳世本意思無别。《經傳釋詞》已經指出例證：《穀梁傳》成公十七年：“不曰至自伐鄭也，公不周乎伐鄭也。”（王引之，2017:86）裴學海《古書虛字集釋》（1935:236）又補《禮記·郊特牲》：“其謂之明水也，由主人之絜著此水也”等。

無名，天地之始；有名，萬物之母

“無”，帛書本作“无”，《説文》以爲“无”爲“無”之古文奇字，下同不另注。

“天地之始”，“天地”，帛書本、漢簡本皆作“萬物”，句末有“也”。馬敘倫（1974:88）指出《史記·日者列傳》引作“無名者，萬物之始也”，王弼注“未形無名之時，則爲萬物之始”；蔣錫昌（1988:4）指出成玄英疏：“故經云‘萬物始’也”（引者按：此出自顧歡《道德真經注疏》52章“天下有始，以爲天下母”），則帛書、漢簡本作“萬物”者是原文。在文獻中，天地、天下、萬物文義有相通的證明。如《管子·宙合》言：“天地，萬物之橐也。”定州漢簡《文子》0607號簡曰：“文子曰：萬物者，天地之謂也。”（河北省文物研究所定州漢簡整理小組，1995）《老子》中25章王弼本、郭店本作“天下母”，帛書本、漢簡本爲“天地母”；再如今本“天地”“萬物”《老子》中有混用現象，如今本37章王弼本“天下將自定”，帛書、漢簡本作“天地將自正”，郭店本作“萬物牆自定”。可知文義相近，可以換用。不過《老子》也有“天地不仁，以萬物爲芻狗”，天地、萬物對言則别，散言則通。

“有名，萬物之母”，帛書本、漢簡本句末有“也”，義近。下文不影響文義的句末虛詞，不再注出。

本句斷句歷來就有歧義，於“無”“有”之下斷句，始於司馬光、王安石，根據是今本40章“天下之物生於有，有生於無”，第2章亦言“有無相生”，《莊子·天下》有“建之以常無有，主之以太一”。而於“名”下斷句，則據《老子》今本32章“道常無名……始制有名”，又有“道隱無名”“吾將鎮之以無名之樸”。《文子·道原》有：“有名産於無名，無名者有名之母也。”《史記》引文“無名”後也有“者”字，證明不可於“有”“無”下斷句。今按“有”“無”指有形有名，無形無名，王弼的解釋是正確的。今人作爲抽象的哲學範疇，並不合於古。此句“無名”“有名”所指皆爲“道”，雖然“道隱無名”，但“吾未知其名，字之曰道”。

故常無欲，以觀其妙；常有欲，以觀其徼

“故常無欲”，“常”，帛書本作“恆”，漢簡本亦作“恆”，帛書本句末有“也”字。

關於本句斷句，學者亦有争訟。帛書本“欲”後有“也”字，證本句不可於“無”“有”下斷句。按今本34章有“衣養萬物而不爲主，常無欲，可名於小；萬物歸焉，而不爲主，可名爲大”，“衣養萬物而不爲主”帛書本作“萬物歸焉而弗爲主”。依此則“恆無欲”者是指“道”，這也和前文講道是一貫而下。當然，有學者根據34章某些版本無“常無欲”，認爲原本當無此三字，爲嚴格的對句，目的是要從無、有之下斷句（馬叙倫，1974:91）。但是帛書兩句均作“萬物歸焉而弗爲主”，故不是嚴格的對句。《老子》也有“恒使民無知無欲也”，可見“無欲”之下可以斷句，而《老子》中的有、無是有形無形之義。過去學者講這裏的“常以無欲”“欲以常無”，主語都成了“人”，不確，實際上主語是“道”。“其”則當指萬物，古棣（1991:6）有此説，也和前文“萬物”一貫。

“以”，裴学海（1935:24）：“以”犹“可”也。

“妙”，帛書本、漢簡本作“眇”，“妙”“眇”均爲明紐宵部字，音近可通。章太炎指出“妙”有兩義，一爲“美”，二爲“散”，“《老子》：‘常無欲以觀其妙。’注：‘妙者，微之極也’……凡‘杪’‘秒’‘眇’‘篎’諸字，皆有小誼，故漢世多言微眇，亦無失也。”（章炳麟，1971:158-159）但以觀其妙，妙爲萬物之妙，則不能作小講，道才可爲小。

今按《老子》有“功成不名有”，“道生之，德畜之，物形之，勢成之。是以萬物莫不尊道而貴德。道之尊，德之貴，夫莫之命而常自然。故道生之，德畜之，長之，育之，亭之，毒之，養之，覆之。生而不有，爲而不恃（持），長而不宰，是謂玄德”，道無欲，但使萬物長、養功成。故妙、眇可釋爲“成”。《集韻·笑韻》：“眇，成也。”《易·説卦》“神也者，妙萬物而爲言者也”，陸德明《經典釋文》：“王肅作‘眇’，董云：‘眇，成也。’”今爲與後文區别，統一讀爲“眇”。

“以觀其徼”，“其”，帛書乙本作“亓”，古通，下同不另注。嚴遵本、帛書本、漢簡本“其”後有“所”字。“徼”，帛書本作“噭”，漢簡本作“僥”，均爲見紐宵部字，音近可通。上述“徼”字音近可通，不過所訓仍須考量。河上公訓爲“歸也”，王弼訓爲“歸終也”，陸德明《經典釋文》有訓爲“小道也，邊也，微妙也”。朱駿聲認爲讀爲“竅”，《説文》：“竅，空也。”敦煌本P.2584等作“皦”，于省吾（1999:337）、朱謙之（2000:6-7）訓爲“皦（皎）”，光明之謂。吴澄（2010:2）：“徼者，猶言邊際之處，孟子所謂端是也。”陳鼓應（1984:62）據之譯爲“端倪”。然徼可以指邊塞、邊際，與孟子的四端並不同。《經典釋文》之“微妙”，照顧到了它與“妙”的聯繫，可對應“兩者同出而異名”，但是無古代根據。蔣錫昌（1988:8-9）、張松如（1998:9）據《説文》“徼，循也”義釋爲“要求”“求索”。

按依帛書“所噭”來看，爲動詞，當讀爲“徼”，訓爲“歸”。《列子·天瑞》：“死也者，德之徼也。”古者謂死人爲歸人。後世無“所”字本，也可訓爲“歸”“歸終”。本句主語亦當爲“道”，“其”字所指當爲“萬物”（古棣有此説）。

此兩者同出而異名，同謂之玄。玄之又玄，衆妙之門

“此兩者同出而異名，同謂之玄”，帛書本作“兩者同出異名同胃”，漢簡本作“此兩者同出異名同謂”，古本與今本差别較大。“謂”從“胃”聲，古通，下同不另注。“玄之又玄”，帛書甲本作“玄之有玄”，“有”“又”爲常見通假字，下同不另注；漢簡本作“玄之有玄之”，義近。

關於“兩者”具體指代的問題，可以説但凡前文能舉出作爲“兩者”者，基本都涉及了。如河上公以爲，兩者指有欲、無欲；同出指同出於人心。王弼以爲指“始”和“母”。陳景元（2016:20）認爲是可道、可名，無名、有名，無欲、有欲也。童書業（1982:119）認爲當爲“無”和“有”或“妙”和“徼”，這是“同出而異名”的。

按帛書的“兩者同出”，比傳世本少了“此”，看似没有差别；“兩者同出，異名同謂”與“此兩者同出而異名，同謂之玄”，看似也差别不大，只是傳世本説謂之爲“玄”。北京大學藏漢簡《老子》作“此兩者同出，異名同謂。玄之有（又）玄之，衆眇之門”，又有了“此”字；“玄之又玄之”，除個别學者，如曹峰（2013）外，一般没有作特别解釋。高延第（2011:303-304）説：“玄之又玄，即《莊子》深而又深，神而又神。”

看起來，出土簡帛本《老子》對於此處的解釋没有多少幫助。但我們認爲此處帛書甲乙本《老子》的“兩者同出”，對於解釋疑難有重要意義。北大本、傳世本加了“此”字，好像差别不大，其實這雖然讓章節緊凑了，但是却容易失掉本有的意義，還是需要從“兩者同出”解釋起才能不失本義。

“兩者同出”，是直接拿“兩者”做主語；“兩者同出，異名同謂”是説凡對偶成爲“兩者”者，都是同時産出的，名稱不同，所指謂的却相同，是泛指。前文雖然有“無名”“有名”，“恒無欲”“恒有欲”這些對偶成兩者，但是“兩者”並不直接指代他們。加了“此”字，就非要指代前文了，是專指，但指代不明。而且如果要指代，恐怕絶不能只指近不指遠，而必須要指“無名”“有名”，“恒無欲”“恒有欲”，甚或包括可道、不可道，可名、不可名，因爲他們都是“同出”“異名同謂”的，這又和專指有些相違背了。帛書、漢簡本没有説“兩者”同謂之玄，只是説“（此）兩者同出，異名同謂”。《老子》中有很多對偶成二的概念，如陰、陽，有爲、無爲等，其第二章更多：“天下皆知美之爲美，斯惡已；皆知善之爲善，斯不善已。故有無相生，難易相成，長短相較，高下相傾，音聲相和，前後相隨。”除郭店簡《老子》章節不明，來源有待研究外，目前的諸種《老子》章節將第二章緊連第一章，或許所據本第一章本來都是作“兩者同出”者，並了解“兩者”是泛指，故以第二章連接第一章。這些對偶成二者，所指的或者所根據而分爲二的，都是同一個物件。比如美惡，善不善，都是對某個所指謂的東西的評價，有無所指爲形，難易所指爲事，長短高下則是某物的對比，音聲指謂聲樂，前後、陰陽指謂某物，有爲無爲指謂行事方法。概而言之，具體的兩者所指謂的可以説都是“一物”，或“一器”，或“一術”，而抽象的兩者所指謂的則是“一”。故抽象、具體的“兩者”所同出者，終不過可以説是一，最後則是道。雖然有些“兩者”如陰陽、有無後來上升成爲專門概念，但是其來源都是同出而異名同謂的。

《玉篇·玄部》：“玄，妙也。”諸“眇”字，今從後世習慣，讀爲“妙”。“玄之又玄，衆妙之門”，是説道玄而又玄，是衆多奇妙之事的門户。如果是像漢簡本作“此兩者同出，異名同謂”，則所指前文諸多兩者，然而他們確實如前所述，主語皆是道。但傳世本“皆謂之玄”，則不合道之名稱，因《老子》有

“玄德”，玄乃描述德者，一如“玄之又玄”描述道，而不得謂道爲玄。

此處“兩者”，可以和上博簡《恒先》相參照：“舉天下之作，强諸果，天下之大作，其敦尨不自若作，庸有果與不果？兩者不廢。舉天下之爲也，無舍也，無與也，而能自爲也”。

二、第2章

文本對照

王弼本：

天下皆知美之爲美，斯惡已；皆知善之爲善，斯不善已。故有無相生，難易相成，長短相較<形>，高下相傾，音聲相和，前後相隨。是以聖人處無爲之事，行不言之教，萬物作焉而不辭（治），生而不有，爲而不恃（持），功成而弗居。夫唯弗居，是以不去。

河上公本：

天下皆知美之爲美，斯惡已；皆知善之爲善，斯不善已。故有無相生，難易相成，長短相形，高下相傾，音聲相和，前後相隨。是以聖人處無爲之事，行不言之教，萬物作焉而不辭（治），生而不有，爲而不恃（持），功成而弗居。夫惟弗居，是以不去。

嚴遵本：

天下皆知美之爲美，斯惡已；皆知善之爲善，斯不善已。故有無相生，難易相成，長短相較<形>，高下相傾，音聲相和，先後相隨。是以聖人處無爲之事，行不言之教，萬物作焉而不辭（治），生而不有，爲而不恃（持），功成而弗居。夫唯弗居，是以不去。

傅奕本：

天下皆知美之爲美，斯惡已；皆知善之爲善，斯不善已。故有無之相生，難易之相成，長短之相形，高下之相傾，音聲之相和，前後之相隨。是以聖人處無爲之事，行不言之教，萬物作而不爲始（治），生而不有，爲而不恃（持），功成不處。夫惟不處，是以不去。

帛書甲本：

天下皆知美爲美，惡已（已）；皆知善，訾（斯）不善矣。有无

（無）之相生也，難易之相成也，長短之相刑（形）也，高下之相盈也，意〈音〉聲之相和也，先後之相隋（隨），恒也。是以聲（聖）人居无（無）爲之事，行【不言之教。萬物作而弗】□（治）也，爲而弗志（持）也，成功而弗居也。夫唯〖弗〗居，是以弗去。（甲95-97）

帛書乙本：

天下皆知美之爲美，亞（惡）已（已）；皆知善，斯不善矣。【有無之相】生也，難易之相成也，長短之相刑（形）也，高下之相盈也，音聲之相和也，先後之相隋（隨），恒也。是以耶（聖）人居无（無）爲之事，行不言之教。萬物昔（作）而弗始（治），爲而弗侍（持）也，成功而弗居也。夫唯弗居，是以弗去。（乙44下-46上）

郭店本：

天下皆智（知）𢼸（美）之爲媺（美）也，亞（惡）已；皆智（知）善，此丌（其）不善已。又（有）亡之相生也，戁（難）惖（易）之相城（成）也，長耑（短）之相型（形）也，高下之相浧（盈）也，音聖（聲）之相和也，先遂（後）之相墮（隨）也。是吕（以）聖人居亡（無）爲之事，行不言之孝（教）：萬勿（物）复（作）而弗忖（治）也，爲而弗志（持）也，城（成）而弗居。天〈夫〉唯弗居也，是吕（以）弗去也。■（甲15-18）

漢簡本：

·天下皆智（知）美之爲美，亞（惡）已；皆智（知）善之爲善，斯不善矣。故有無之相生，難易之相成，短長之相刑（形），高下之相頃（傾），言〈音〉聲之相和，先後之相隨（隨）。是以聖人居無爲之事，行不言之教，萬物作而弗辭（治），爲而弗侍（持），成功而弗居。夫唯弗居，是以弗去。（127-130）

會箋

天下皆知美之爲美，斯惡已

“天下皆知美之爲美”，帛書甲本作“天下皆知美爲美”，義近。郭店本“知”作“智”，即“智（智）”字，爲文獻中常見通假字；“美”作、，整理者分别隸定爲“𢼸”和“𢼸”，二字爲“媺”之省寫，“媺”即古

“美”字。

“斯惡已”，郭店、漢簡本均作“亞已”，“亞”讀爲“惡”。下同，不另注。《經傳釋詞》：“斯，猶則也，猶乃也。”（王引之，2017:167）而“已”在句末與“也”“矣”同義。帛書本作“巳”，《集成》指出“已”本“巳”之分化字（裘锡圭等，2014:8）。

皆知善之爲善，斯不善已

“皆知善之爲善”，帛書本、郭店本無“之爲善”三字。此處異文各家多認爲脱文或後人衍誤。按此處爲省文，前有句例樣式後無需全備，義近。

“斯不善已”，漢簡本、帛書乙本“已”作“矣”，同義。帛書甲本作“訾不善矣”，訾爲精紐支部字，斯爲心紐支部字，音近可通。

故有無相生

帛書本、郭店本無“故”字，帛書乙本殘缺，嚴遵本、帛書甲本、郭店本、漢簡本以下至“先後相隨”句均有“之”字，帛書本以下至“音聲之相合”句、郭店本至“先後之相隨”句句末均有“也”。帛書甲本“無”作“无”，帛書中“無”寫爲“无”“亡”的情况多見，《説文·亡部》：“無，亡也。无，奇字無。”郭店本“有”寫爲“又”。“無”寫爲“亡”，郭店簡中多見，義近。下同不另注。

本章與《老子》其他諸章有頗多文意耦合之處。如傳世本第11章“故有之以爲利，無之以爲用”，是“有無相生”的例證。

難易相成

郭店本“難”寫爲“戁”，從難從心，雙“土”爲繁飾，讀爲難。

傳世本第63章有“圖難於其易”，“天下難事必作於易”，可作爲本句例證。

長短相較

“長短”，而郭店本作“長耑”，漢簡本作“短長”。“耑”與“短”均爲端紐元部字，音近可通。但本章言“有無”“難易”“高下”“音聲”“先後”等，據老子整個文意來看都較偏重後者，較小弱的部分，故北大簡作“短長”恐不確。王弼、嚴遵本作“長短相較”，河上公本作“長短相形”，傅奕本作“長短之相形”，帛書本、漢簡本“形”寫爲“刑”，郭店本寫爲“型”，均通“形”。王弼、嚴遵本作“較”，畢沅（1985:2）曰：“古無

‘較’字。本文以‘形’與‘傾’爲韻，不應用‘較’又明矣。”

本句的例證，可舉傳世本第64章“千里之行，始於足下”，路之長短是相互而形的。

高下相傾

本句帛書本作“高下之相盈也”，郭店本作“高下之相浧也”，“浧”爲“涅”之省寫，讀爲“盈”。通行本作“傾”，漢簡本作“頃”，通“傾”，《淮南子•齊俗》有“高下之相傾也”，説明作“傾”字有來源。帛書整理小組（1980:13）指出通行本是“蓋避漢惠帝劉盈之諱而改。盈，假爲呈或逞，呈現。”但荀悦有言：“諱盈之字曰滿。”（班固、顔師古，1962:86）

按《易・屯・彖》：“雷雨之動滿盈”，李富孫（1976:14）指出：“集解引荀、虞説‘盈’作‘形’。案：形、盈聲之轉，義亦通。”“有無之相生”與“難易之相成”兩句中“生”與“成”義近，“長短之相形”與本句“高下之相盈”句中“形”與“盈”義近，雖然“盈”“傾”古音可通假，但此字讀“盈”比“傾”更好。

本句的例證，傳世本第39章有“高必以下爲基”。

音聲相和

帛書甲本“音”寫作“意”，“意”爲影紐職部，“音”爲影紐侵部，音近可通，徐鍇《説文繫傳》認爲“意”從“音”聲，王念孫《讀書雜志》（2015:1226-1228）中有通假之例。漢簡本寫爲“言”，整理者（2012:145）以爲訛字。“聲”，郭店本寫爲“聖”，聲、聖一字分化。

本句的例證，傳世本第41章有“大音希聲”。

前後相隨

嚴遵本、帛書本、郭店本、漢簡本均作“先後”，鄭良樹（2011:25）以爲東漢後才被易爲“前”。按：“先”“前”古通（張儒、劉毓慶，2002:952）。本句的例證有：傳世本第7章“是以聖人後其身而身先”；第14章“迎之不见其首，隨之不見其後”；第66章“欲先民，必以身後之”；第67章“舍後且先”等，故作“先後”優於“前後”。

“隨”，帛書本寫爲“隋”，郭店本寫爲“陸”，即“墮”字。郭店簡整理者（1998:115）指出包山楚簡有“隋”字（、），與此字（）上部相同。“隋”“墮”諧聲。漢簡本寫爲“遀”，整理者（2012:145）以爲“隨”的異體。

帛書本此句後有“恒也”二字，高明（1996:231）以文意和韻讀爲證，認爲此句爲老子本意。而古棣、周英（1991:118）以爲不當有，認爲“有‘恒也’二字於義可通，但破壞了詩的格律，《老子》原文並不如此”。《集成》指出：“如六句句中用‘之’字，而無末句之後的‘恒也’，語意實不完，在語法上也站不住，故前人據傳本講《老子》者或以爲此六句‘之’字不應有。從簡帛本都有‘之’字看，此字似爲《老子》所原有，疑郭簡與北大本脱落‘恒’字或‘恒也’二字，後世傳本皆襲此種脱字之本。”（裘錫圭等，2014:44）

按：《集成》説恐不可取，“之”義實爲“者”。

是以聖人處無爲之事，行不言之教

“聖”，帛書甲本多寫爲“聲”，説見前文；帛書乙本全部寫爲“耶”，省體，下同不另注。傳世本“處無爲之事”，帛書本、郭店本、漢簡本作“居無（无、亡）爲之事”，“居”“處”義近，《老子》文本中多見，如傳世本第38章“是以大丈夫處其厚，不居其薄；處其實，不居其華”，嚴遵本均作“處”，而帛書、漢簡本均爲“居”。下同，不另注。

“教”，郭店本寫爲“季”，見《説文》，乃“效”字。但古文字中季、學、教爲常見通假字，可以通用，讀爲教。

萬物作焉而不辭

漢簡本作“萬物作而弗辤”，從現在越來越多的出土文獻看，“弗”“不”多通用，不過在古代二者本來是有區别的（參丁聲樹，2020:17-65），後混用，今略。“辤”同“辭”，亦見於馬王堆漢墓帛書《經》①。傅奕本作“萬物作而不爲始”，帛書甲本殘缺，帛書乙本作“萬物昔而弗始”，“昔”爲心紐鐸部字，“作”爲精紐鐸部字，音近可通。文獻中常見從“昔”之字與從“乍”之字互通的例證，如“乍”與“措”，“酢”與“醋”等。郭店本作“萬勿復而弗忖也”，“勿”通“物”，古文字中常見。“復”讀爲“作”，是“作”的繁化。“忖”，郭店簡整理者隸定爲“忖”，郭店楚簡《老子》甲【注釋】[三〇]引裘按：“‘忖’之聲旁亦可隸定爲‘司’。”（荆門市博物館，1998:115）

“萬物作而不（或弗）始（或辭）”，本句異文的關鍵在於是取“始”還

①此處篇題，張政烺先生曾認爲當爲《十六經》，裘錫圭先生後來則認爲仍當爲《十大經》。李學勤先生則認爲“十大”爲小題，“經”爲大題。參裘錫圭（1996）、李學勤（1993、2001）。按：若取十六經或十大經爲名，則《順道》後一段文字將没有篇題，故本書仍採用李學勤先生的讀法。疑帛書此篇最後有脱字。

是“辭（辤）”。易順鼎（2011:440）曾據王弼注將本句改爲“不爲始”，朱謙之（2000:10–11）從之。改動後的差别只在於簡本、帛本無“爲”字。傳世本的“辭”字，從字義上來説文意難解，有學者取“始”，解釋爲首、先。而高亨（2004:42）先從于省吾説讀爲“司”，以對應51章的“宰”。後來在《注譯》中又讀作“治”（高亨，2004:258）。郭店簡文“㓅”可隸定爲“司”也可爲“台”。“辭”古音邪紐之部，“司”古音心紐之部，“台”古音定紐之部，古音相近。《玉篇•宀部》：“宰，治也，制也。”今讀爲治。

生而不有，爲而不恃

“生而不有”，帛書本、郭店本、漢簡本均無此句，敦煌寫本P. 2370、P. 2584、P. 2596、散0667、遂州龍興碑本亦無。今本應是涉第10、51章等衍此四字。第10章有“生之畜之，生而不有，爲而不恃，長而不宰”（但帛書本、北大本無“爲而不恃”句）。第51章“道生之，（而）德畜之”句之後帛書本、王弼本皆有“生而不（弗）有，爲而不（弗）恃，長而不（弗）宰，是謂玄德”。漢簡本作“生而弗有，爲而弗持，長而弗宰，是謂玄德”。第77章有“是以聖人爲而不恃，功成而不處”，帛書本作“是以聖人爲而弗有，成功而弗居也”，北大本作“是以聖人爲而弗有，成功而弗居”。第34章“大道泛兮，其可左右。萬物恃之以生而不辭，功成而不名有”，帛書本作“道汎呵，其可左右也，成功遂〔事而〕弗名有也”。漢簡本作“道汎旖，其可左右。萬物作而生弗辤，成功而弗名有”。

從以上幾章文例可得，“生而不有”常與“□生之”連用；“生”“長”對舉，“作”“爲”對舉，但“爲而不×”可單用（如第77章），是有一定的行文規範的。所以本章有“生而不有”者應爲衍文。

“爲而不恃”，帛書甲本、郭店本作“爲而弗志”，帛書乙本、漢簡本作“爲而弗侍”。“侍”“恃”“志”皆從“之”得聲，諧聲可通。高亨《正詁》（2004:42）曾訓“恃”爲“德”，從河上公説“施爲不恃望其報”。但此處主语是萬物，而河上公注指聖人施爲於萬物，高亨所言文意不順。後來高亨（2004:259）讀“恃”爲“持”，《説文》：“持，握也。”我們認爲“爲而不恃”當據漢簡本第51章讀爲“爲而弗持”，不過文義當同於第77章的“爲而不（弗）有”，“持”“有”義近。

功成而弗居

傅奕本作“功成不處”，帛書本、漢簡本作“成功而弗居（也）”。郭店作“成而弗居”，無“功”字，最古，且保持四字一律，當從。第77章有“功成而不處”，帛書本作“成功而弗居也”，北大本作“成功而弗居”，疑本當作“成（功）而弗居”。

李若暉、莊景晴（2015）指出將“功”解釋爲功勞而不是事功，是受黄老學思想影響的結果。

按第34章“大道泛兮，其可左右。萬物恃之以生而不辭，功成而不名有”，帛書本作“道汎呵，其可左右也，成功遂〔事而〕弗名有也”。《廣雅•釋言》“居，據也”，據、有義近。

夫唯弗居，是以不去。

“夫唯弗居”，傅奕本作“夫惟不處”。帛書甲本誤漏“弗”字，作“夫唯居”，郭店本作“天唯弗居也”，“天”爲“夫”字之誤。《説文》：“去，人相違也。”

三、第3章

文本對照

王弼本：

不尚賢，使民不争；不貴難得之貨，使民不爲盗；不見可欲，使民心不亂。是以聖人之治，虛其心，實其腹；弱其志，强其骨。常使民無知、無欲，使夫智（知）者不敢、爲也。爲無爲，則無不治。

河上公本：

不尚賢，使民不争；不貴難得之貨，使民不爲盗；不見可欲，使心不亂。是以聖人之治，虛其心，實其腹，弱其志，强其骨。常使民無知、無欲，使夫智（知）者不敢、爲也。爲無爲，則無不治。

想爾注本：

不見可欲，使心不亂。聖人治，靈<虛>其心，實其腹，弱其志，强其骨。常使民无知、无欲，使知者不敢、不爲，則無不治[1]。

傅奕本：

不尚賢，使民不争；不貴難得之貨，使民不爲盗；不見可欲，使

①想爾注本從此章開始。

民心不亂。是以聖人之治也，虛其心，實其腹；弱其志，彊其骨。常使民無知、無欲，使夫知者不敢、爲。爲無爲，則無不爲矣。

帛書甲本：

不上（尚）贀（賢），【使民不爭。不貴難得之貨，使】民不爲【盜】。不【見可欲】，使民不乚（亂）。是以聲（聖）人之【治也，虛其心，實其腹；弱其志，】强其骨。恒使民无（無）知、无（無）欲也。使夫【知】不敢、【弗】爲【而已，則無不治矣。】（甲97-99）

帛書乙本：

不上（尚）賢，使民不爭。不貴難得之貨，使民不爲盜。不見可欲，使民不𠃧（亂）。是以耶（聖）人之治也，虛亓（其）心，實亓（其）腹；弱亓（其）志，强亓（其）骨。恒使民无（無）知、无（無）欲也。使夫知不敢、弗爲而巳（已），則无（無）不治矣。（乙46上-47上）

漢簡本：

• 不上（尚）賢，使民不争；不貴難得之貨，使民不爲盜；不見可欲，使心不亂。是以聖人之治也，虛其心，實其腹，弱其志，强其骨。恒使民無智（知）、無欲，使夫智（知）不敢、弗爲，則無不治矣。（131-133）

會箋

不尚賢，使民不争

"尚"，帛書本、漢簡本作"上"，同爲禪紐陽部字，爲常見通假字。下同不另注。"賢"，帛書甲本作"贀"，"賢"字繁構。

不見可欲，使民心不亂

想爾注本殘缺，從此句開始。"見"，通"現"。王弼本、傅奕本"使民心不亂"，河上公本、想爾注本、漢簡本作"使心不亂"，帛書甲、乙本作"使民不亂"。"使民不亂"，無心字合上文"使民"之文例。但有心字，合乎下文虛其心。紀昀、劉師培以爲此句本有"民"字，但因唐初避諱刪去，朱謙之（2000:15）非之。古書多有引作"使心不亂"者，而作"民"字的本子也應有所來源。本處暫從帛書本"使民不亂"。

是以聖人之治，虛其心，實其腹；弱其志，强其骨

“是以聖人之治”，傅奕本、帛書乙本、漢簡本句末有“也”。想爾注本作“聖人治”，義近。傅奕本“强”作“彊”，二字本不同，後世多以“强”代彊。下同不另注。

“虛其心”，想爾注本寫爲“靈其心”，然注爲“虛去心中兇惡”，可證本當爲“虛”。

按：《老子》第30章：“物壯則老，是謂不道，不道早已。”聖人治民，“强其骨”，則雖是無爲之治，然亦是“以百姓爲芻狗”，合於道然並非與之同歸於道。

常使民無知無欲，使夫智者不敢爲也。爲無爲，則無不治

王弼本、河上公本“無知無欲”與“智者”之“知”“智”，帛書本、想爾注本、傅奕本均作“知”，漢簡本均作“智”，“智”與“知”爲常見通假字。下同不另注。“智者”，古本無“者”字，僅作“知”。就前文“無知無欲”而言，諸本“智”以通假作“知”爲上。《玉篇・矢部》：“知，識也。”《中庸》：“君子之道費而隱，夫婦之愚，可以與知焉；及其至也，雖聖人亦有所不知焉。”

“不敢爲”，對應古本的“不敢、弗爲”，則應作“使夫知者不敢、爲”，“不”字統管“敢”“爲”二字。

“爲無爲”，帛書甲本殘，帛書乙本、漢簡本、想爾注本、羅振玉藏敦煌寫本（散0667）、景龍碑本並無“爲無爲”一句，馬叙倫（1974:109）懷疑爲注文誤入。“無不治”，傅奕本作“無不爲”，恐涉“無爲而無不爲”而誤。

四、第4章

文本對照

王弼本：

道沖，而用之或不盈，淵兮似萬物之宗，挫其鋭，解其紛，和其光，同其塵，湛兮似或存。吾不知誰之子，象帝之先。

河上公本：

道冲（沖），而用之或不盈，淵乎似萬物之宗，挫其鋭，解其紛，

和其光，同其塵，湛兮似若存。吾不知誰之子，象帝之先。

想爾注本：

道冲（沖），而用之又（或）不盈，𣶏（淵）似萬物之宗，挫其鋭，解其忿（紛），和其光，同其塵，湛似常存。吾不知誰子，像帝之先。

傅奕本：

道盅（沖），而用之又（或）不滿（盈），淵兮似萬物之宗，挫其鋭，解其紛，和其光，同其塵，湛兮似或存。吾不知誰之子，象帝之先。

帛書甲本：

【道沖，而用之有（或）弗】盈也，潚（淵）呵始（似）萬物之宗。銼（挫）其〖鋭〗，解其紛，和其光，同【其塵，湛呵似】或存。吾不知【誰】子也，象帝之先。（甲100-101）

帛書乙本：

道沖，而用之有（或）弗盈也，淵呵佁（似）萬物之宗，銼（挫）亓（其）兑（鋭），解亓（其）芬（紛），和亓（其）光，同亓（其）𡏼（塵），湛呵佁（似）或存。吾不知亓（其）誰之子也，象帝之先。（乙47上-47下）

漢簡本

•道沖，而用之有（或）弗盈，淵旖佁（似）萬物之宗，桂（挫）其脱（鋭），解其紛，和其光，同其袗（塵），湛旖佁（似）或存。吾不智（知）其誰子，象帝之先。（134-135）

會箋

道沖，而用之，或不盈

"道沖"，河上公本、想爾注本作"道冲"，傅奕本作"道盅"。"冲"爲"沖"之俗字。下同不另注。"沖"，俞樾（1954:144）《諸子平議》云："《説文·皿部》：'盅，器虚也。'《老子》曰：'道盅而用之。''盅'訓'虚'，與'盈'正相對。作'沖'者，叚字也。"按一些學者喜歡用《説文》求本字，然一則《説文》之説未必皆可靠，引經也常改爲所謂古字；二則即便可靠，古今字宜以便利今人閱讀爲宜，故此讀爲“沖”。後文類似者不另注。

“或不盈”，想爾注本作“又不盈”，帛書甲本殘缺，帛書乙本、漢簡本作“有弗盈”，傅奕本作“又不滿”。“有”“或”“又”古音相近，古代文獻中常見通用。“盈”，避漢惠帝諱作“滿”。蔣錫昌（1988:29）曰：“古言盈沖，亦言盈虛……四十五章：‘大盈若沖，其用不窮。’然則‘不盈’猶言‘不窮’矣。”然第45章“大盈若沖”“大直若屈”等，均爲兩個相反意義的詞對舉，“盈”“沖”對舉，此處曰沖、不盈，則爲同義，不成對，不得說“‘不盈’猶言‘不窮’”。蔣說乃根據王弼注：“故沖而用之，又復不盈，其爲無窮亦已極矣。”

按此處“而”義爲則、故；“有”“又”當讀爲“或”，義爲若、如（吴昌瑩，1983:56）。“道沖，而用之或不盈”，即是道虛，故用之如不滿。王弼說“又復不盈”亦不確。此處當於“沖”字處斷句，與下“宗”字押韻。

淵兮似萬物之宗

河上公本作“淵乎似萬物之宗”，想爾注本作“[illegible]似萬物之宗”，饒宗頤（1991:101）已據隋《劉淵墓誌》指出“[illegible]”即“淵”字。帛書甲本作“潚呵始萬物之宗”，帛書乙本作“淵呵佁萬物之宗”，漢簡本作“淵旖佁萬物之宗”。帛書甲本“潚”字，從“肅”声。整理者（1980:13）指出“潚是淵之异体字，春秋時《王孫遺者鐘》‘肅哲聖武’，《齊鎛》及《叔夷鐘》‘肅肅義政’，肅皆讀爲淵。”近出楚簡中常見以潚爲淵。

“兮”“乎”“呵”“旖”等均爲語氣詞。孔廣森（2002:416下）《詩聲類》（卷7）云：“《秦誓》‘斷斷猗’，《大學》引作‘斷斷兮’，似‘兮’‘猗’音義相同。‘猗’，古讀‘阿’，則‘兮’字亦當讀‘阿’。”聞一多（1982:181-182）在《歌與詩》中指出，界乎音樂與語言之間的一聲“啊——”，就是歌的起源。二者皆從“可”得聲，古音大概是没有分别的。在後世的歌詞中，有時又寫作“猗”，“古書往往用‘猗’或‘我’代替兮字，可知三字聲音原來相同，其實只是啊的若干不同的寫法而已”。

“兮”作爲語氣詞在《詩經》《楚辭》中很常見，但出土戰國秦漢簡帛多作“呵”，或作“乎”，漢簡本多作“虖”，《集韻 • 模韻》：“乎，古作虖。”

“佁”字帛書本中多見，如王本第20章“若無所歸”，帛書乙本作“佁無所歸”，漢簡本作“台無所歸”，但除本章之外，王本作“似”之字，帛書、漢簡本多作“以”。“始”與“佁”“似”“以”，皆从㠯声，可通。

“萬物之宗”，宗，主也。王本第70章：“言有宗，事有君。”君、主義近故對舉。

挫其鋭，解其紛，和其光，同其塵

“挫其鋭”，帛書甲本作“銼其”，缺字，帛書乙本作“銼亓兑”，漢簡本作“椊其脱”，“挫”與“銼”“椊”，皆從“坐”聲，可通。“銼”本義爲器皿，小釜，則當爲通假字。《説文》：“挫，摧也。”馬叙倫（1974:115）則以爲通“剉”。按《説文》：“剉，折傷也。”今讀爲“挫”。“挫其鋭”又見第56章，郭店簡作“剮”。

“鋭”與“兑”“脱”，諧声。今讀爲“鋭”。

“解其紛”，想爾注本作“解其忿”，帛書乙本作“解亓芬”，“紛”“芬”“忿”諧聲。“紛”，俞樾（1954:144）《諸子平議》認爲當作“忿”；馬叙倫（1974:115）、蔣錫昌（1988:31）則認爲“紛”字爲是。《經典釋文》有一解釋爲“盛”，《楚辭·離騷》：“紛吾既有此内美兮，又重之以修能”，王逸注曰：“紛，盛貌。”則紛可訓爲盛。“鋭”“紛”“光”“塵”都是某一物本身的特點，將“紛”解釋爲紛争或忿都是不恰當的，而訓爲盛則文意可通，消解“鋭”“紛”“光”“塵”，就是消除尖鋭、過盛者，柔和光華。

“同其塵”，帛書乙本作“坐”，漢簡本作“袗”。《説文》有“麤”，“坐”即麤字的省寫。《集韻·真韻》：“麤，塵，《説文》：‘鹿行揚土也’，或省，俗作尘。”帛書乙本（王本第56章）亦有“坐”。“塵”古音定母真部字，與“袗”（章母真部）音近通假。

本句另見於王本第56章：“知者不言。言者不知。塞其兑，閉其門。挫其鋭，解其紛，和其光，同其塵，是謂玄同。故不可得而親，不可得而疏；不可得而利，不可得而害；不可得而貴，不可得而賤。故爲天下貴。”馬叙倫（1974:116）以爲此處爲56章錯簡，“淵兮似萬物之宗，湛兮似或存”爲對文。但第56章“挫其鋭，解其紛，和其光，同其塵，是謂玄同”，有一個總結句。由“玄同”則“不可得而親，不可得而疏；不可得而利，不可得而害；不可得而貴，不可得而賤”；本章道爲“萬物之宗”，使萬物“挫其鋭，解其紛，和其光，同其塵”；第56章則指人。當然，萬物之中也包括人，但畢竟所指不同。

湛兮似或存

“湛”，奚侗（2011:4）引《説文》“湛，没也”及《小爾雅·廣詁》“没，無也”，認爲“道不可見，故云‘湛’”。高亨（2004:46）《正詁》則認爲“湛者，黯不可見之貌。當讀爲黮，《廣雅•釋器》：‘黮，黯黑也。’‘黮’‘黯’同訓，而俱有不可見之義。道不可見，故曰‘湛兮似或存。’”但在《注譯》中他放棄了此説，從奚侗説。並言：“或説：‘湛，亦深也。’也通。”（高亨，2004:262）按《方言》：“湛，安也。”郭象注：“道湛然安静，古今不變，終始常一，故曰存。存而無物，故曰似也。”

本句河上公本作“湛兮似若存”，或、若義近。想爾注本作“湛似常存”，景龍碑本作“湛常存”，朱謙之（2000:20）即以此爲定文，蔣錫昌（1988:32）考證强思齊本成疏亦作“常存”。按“或”有“常”義，如皇侃疏《論語》“不恒其德，或承之羞”即用此義。郭象注也説“終始常一”。河上公本當是以若代或，不如或作常解。

吾不知誰之子，象帝之先

“吾不知誰之子”，帛書甲本缺字，作“吾不知□子也”，帛書乙本作“吾不知其誰之子也”，漢簡本作“吾不智其誰子”，想爾注本作“吾不知誰子”。“誰之子”與“誰子”義近。

另外一個異文是句中是否有“其”，蔣錫昌（1988:33）指出王弼本是有“其”字的，而據《廣雅•釋言》“子，似也”，讀爲“吾不知其誰之似”。恐不必。

“象帝之先”，想爾注本作“像帝之先”，“像”“象”爲常見通假字。

五、第5章

文本對照

王弼本：

天地不仁，以萬物爲芻（雛）狗；聖人不仁，以百姓爲芻（雛）狗。天地之間，其猶橐籥（籥）乎？虛而不屈，動而愈出。多言數窮，不如守中（沖）。

河上公本：

天地不仁，以萬物爲芻（雛）狗；聖人不仁，以百姓爲芻（雛）狗。天地之間，其猶橐籥乎？虛而不屈，動而愈出。多言數窮，不如守中（沖）。

想爾注本：

天地不仁，以萬物爲蒭（芻）苟（狗）；聖人不仁，以百姓爲蒭（芻）苟（狗）。天地之間，其猶橐籥（籥）。虚而不屈，動而愈出。多聞（問）數窮，不如守中（沖）。

傅奕本：

天地不仁，以萬物爲芻（芻）狗；聖人不仁，以百姓爲芻（芻）狗。天地之間，其猶橐籥乎？虚而不詘，動而俞出。多言數窮，不如守中（沖）。

帛書甲本：

天地不仁，以萬物爲芻（芻）狗；聲（聖）人不仁，以百省（姓）【爲芻】狗。天地【之】閒（間），其猶（猶）橐籥輿（歟）？虚而不淈（屈），蹱（動）而俞（愈）出。多聞（問）數竆（窮），不若守於中（沖）。（甲101–102）

帛書乙本：

天地不仁，以萬物爲芻（芻）狗；耶（聖）人不仁，【以】百姓爲芻（芻）狗。天地之閒（間），亓（其）猷（猶）橐籥輿（歟）？虚而不淈（屈），動（動）而俞（愈）出。多聞（問）數竆（窮），不若守於中（沖）。（乙47下–48上）

郭店本：

天埅（地）之勿（間），丌（其）猷（猶）囩（橐）籊（管）與？虚而不屈，遧（動）而愈出。（甲23）

漢簡本

• 天地不仁，以萬物爲芻（芻）狗；聖人不仁，以百姓爲芻（芻）狗。天地之閒，其猶橐籥虖（乎）？虚而不屈，動而揄（愈）出。多聞（問）數竆（窮），不若守於中（沖）。（136–137）

會箋

天地不仁，以萬物爲芻狗；聖人不仁，以百姓爲芻狗

郭店本無此句。

“芻狗”，想爾注本作“蒭苟”，“芻”“蒭”可通，“狗”“苟”可

通。

“姓”，帛書甲本作“省”，爲常見通假字，讀爲“姓”。

關於“芻狗”爲何物，歷來學者有不少争論。在王弼注中，“芻狗”就是直觀理解上的芻草和狗畜：“地不爲獸生芻，而獸食芻；不爲人生狗，而人食狗。”河上公注亦作此解。另一種意見則認爲“芻狗”即“結芻爲狗”，是一種祭祀物品。《莊子·天運》有：“夫芻狗之未陳也，盛以篋衍，巾以文繡，尸祝齋戒以將之。及其已陳也，行者踐其首脊，蘇者取而爨之而已。”《韓詩外傳》《淮南子》等亦有作此解者。由於文獻中出現較多，學者多有從者。對於“芻狗”在此處的解釋，高亨（2004:264）認爲老子用這個比喻，取義在於人對於芻狗没有愛憎，芻狗是由於客觀條件的變化而受到尊重或遭到抛棄。

今按“芻狗”或可讀爲“雛狗”，“雛”本義爲雞子，即小雞；“狗”即小犬，《爾雅·釋畜》：“（犬）未成豪，狗。”“芻狗”即小雞小狗，今本第80章有“雞犬之聲相聞”（河上公本、帛書甲本、漢簡本作“雞狗”），可見雞和狗常連用。“芻狗”是需要被撫養的對象，而天地對於萬物正如人對小雞小狗一般，是要“生之，畜之”的，是要“長之育之，亭之毒之，養之覆之”的，但“生而不有，爲而不恃（持），長而不宰”（第51章）。

本句另一個重要的問題是“天地”與“聖人”是否不仁。于鬯（1963:3）《香草續校書》指出此句爲倒裝文句，“天地不仁以萬物爲芻狗”作一句讀，義爲天地以萬物爲芻狗爲不仁；汪桂年（1935:6）説此爲“不仁實仁”，皆是從正面解釋。高亨（2004:47）以爲老子並非批評天地，不仁的關鍵在於“仁”非上德。仁表親愛，不仁即無所親愛。

按今本第27章有“聖人常善救人，故無棄人；常善救物，故無棄物”，第49章有“聖人無常心，以百姓之心爲心”，第81章有“天之道，利而不害；聖人之道，爲而不争”，可知“天地”“聖人”對萬物、百姓有“善”之行，却並無“親愛”的偏愛之心，即今本79章所言“天道無親”之意。

天地之間，其猶橐籥乎

“地”，郭店本作“埅”，劉釗（2005:16）指出爲“地”之古文，古文字中多見。

“間”，帛書本作“閒”，“閒”爲本字，後以“間”替之。郭店本作“夗”，整理者（1998:116）指出相似字形見於曾姬無卹壺。劉釗（2005:19）指出“夗”當爲“外”所混，“外”從“月”得聲，楚系文字中常有替换現象，故可讀爲“間”（即“閒”）。

“猶”，帛書甲本作“猶”，當爲省寫；帛書乙本、郭店本作“猷

（猷）”，左右偏旁互换，今讀爲“猶”。

“橐”，郭店本作“囝”，從乇得聲，讀爲“橐”。

“籥”，想爾注本作“𥳇”，河上公本、傅奕本、帛書本、漢簡本作“籥”，均從“龠”，諧聲可通。郭店本作“篧”，整理者（1998:116）疑爲“籥”字之誤，劉信芳（1999:28）指出其從“吅”聲，《説文》“讀若讙”，爲曉紐元部字，應讀爲“管”（見紐元部，劉信芳以其爲見紐文部），“管”“籥”義近。

按古代“管”“籥”常並稱連用，皆指似笛之樂器，如《史記·司馬相如列傳》：“蓋象金石之聲，管籥之音。”《詩·小雅·賓之初筵》：“籥舞笙鼓”，鄭玄箋：“籥，管也。”又“籥”爲“鑰”之借字，指鑰匙。《禮記·月令》：“（孟冬之月）修鍵閉，慎管籥。”《左傳》僖公三十二年“鄭人使我掌其北門之管”，杜預注：“管，籥也。”清華簡第三册《良臣》篇中，“管夷吾”作“龠寺虗”，“管”字作“龠”。可知“管”“龠”當爲同義换讀關係，則郭店簡與今本並無差别。廖名春先生（2003:240）指出從押韻考慮，最初當作“橐管”，大概在楚地流傳而變爲“橐籥”。

“乎”，想爾注本無；帛書本作“輿”，郭店本作“與”，可讀爲“歟”；漢簡本作“虖”，同“乎”。裴學海（1935:245-250）指出“與”字可以表示“也”。今讀爲反問語氣詞，校定文用“歟”。

虛而不屈，動而愈出

“屈”，想爾注本作“詘”，帛書本作“淈”。“屈”，《爾雅·釋詁下》：“屈，聚也。”有聚積之意。“不屈”，即“不積”。今本81章有“聖人不積，既以爲人，己愈有；既以與人，己愈多。天之道，利而不害；（聖）人之道，爲而不争”之語。

“動”，帛書甲本作“踵”，帛書乙本作“勭”，郭店本、漢簡本作“違”。“童”從“重”省聲，諸字諧聲可通。

“愈”，傅奕本、帛書本作“俞”，漢簡本作“揄”，讀爲“愈”。“動而愈出”，“出”，生也，今本第15章有“孰能安以動者將徐生”，即爲此意。

多言數窮，不如守中。

郭店本無此句。

“多言”，傅奕本作“多言”（或本作“言多”，所據爲涵芬樓影印《道藏》本，而文物出版社本作“多言”），想爾注本、帛書本、漢簡本作“多聞”。《文子·道原》引作“多聞”，《淮南子·道應》則引作“多言”。蔣錫昌（1988:37）認同“多言”（希言自然，不言之教）。高明（1996:246–247）認同“多聞”（學不學）。

今按“聞”應讀爲“問”，皆從門聲。《易·益·象傳》：“勿問之矣”，李鼎祚（2016:262）《集解》引崔注：“問，猶言也。”《廣雅·釋詁二》：“言，問也。”“問”“言”義近。

馬叙倫（1974:121–122）訓“數”爲“速”，不如《經典釋文》引王注爲“理數”，數也有道之義。

“窮”，帛書本作“窜”，漢簡本作“穷”。今本第45章“窮”字，郭店本作“穿”，劉釗（2005:34）指出“穿”爲“窮”之初文。故“窜”“穷”皆可讀爲“窮”。

“不如守中”，帛書本、漢簡本作“不若守於中”，義近。高亨（2004:264）讀“中”爲“盅”。“中”即今本第4章“道沖而用之”之“沖”，意爲虛。

郭店本只有“天地之間，其猶橐管歟？虛而不屈，動而愈出”一段，或謂本文三段並不連貫，而是偶然拼合在一起。按“天地之間”一段，以鼓風之橐管爲喻，正説明天地、聖人不積，自能若橐管鼓風以助蓄養萬物、百姓，但行事無爲、不妄作，一視同仁，生之畜之，“利而不害”，故“百姓皆謂我自然”，是以天地、聖人似不仁。第三句之多問，正如橐管但往外鼓風，然若内部不能虛而不積，則亦不能持續鼓風，必使道窮，亦若天地、聖人有爲而去養萬物、百姓，必至雖仁而亂生，故不如守内部之沖虛。因此三句之間仍有一定關聯。

參考文獻：

班　固（撰）　顔師古（注）　1962　《漢書》，中華書局。
北京大學出土文獻研究所　2012　《北京大學藏西漢竹書（貳）》，上海古籍出版社。
畢　沅　1985　《老子道德經考異》，中華書局。
曹　峰　2013　《“玄之又玄之”和“損之又損之”——北大漢簡〈老子〉研究的一個問題》，《中國哲學史》第3期。
陳鼓應　1984　《老子註譯及評介》，中華書局。
陳景元　2016　《道德真經藏室纂微篇》，華夏出版社。
丁聲樹　2020　《釋否定詞“弗”、“不”》，《丁聲樹文集》，商務印書館。
段玉裁　1981　《説文解字注》，上海古籍出版社。
樊波成　2013　《老子指歸校箋》，上海古籍出版社。
高　亨　2004　《老子正詁·老子注譯》，清華大學出版社。
高　明　1996　《帛書老子校注》，中華書局。

高延第　2011　《老子證義》，熊鐵基、陳紅星主編《老子集成》第11卷，宗教文化出版社。
古　棣　周　英　1991　《老子通（上）·老子校詁》，吉林人民出版社。
國家文物局古文獻研究室（編）　1980　《馬王堆漢墓帛書》，文物出版社。
郭永秉　2013　《關於〈老子〉第一章“道可道”、“名可名”兩句的解釋》，《出土文獻與古文字研究》（第5輯），上海古籍出版社。
河北省文物研究所定州漢簡整理小組　1995　《定州西漢中山懷王墓竹簡〈文子〉釋文》，《文物》第12期。
蔣錫昌　1988　《老子校詁》，上海書店。
荆門市博物館　1998　《郭店楚墓竹簡》，文物出版社。
孔廣森　2002　《詩聲類》，《續修四庫全書》第246册，上海古籍出版社。
李鼎祚　2016　《周易集解》，中華書局。
李富孫　1976　《易經異文釋》，嚴靈峰編《無求備齋易經集成（一六六）》，成文出版社。
李若暉　2015　《老子集注彙考》，上海辭書出版社。
李若暉　莊景晴　2015　《老子“功遂身退”辨正》，《中原文化研究》第4期。
李學勤　1993　《馬王堆帛書〈經法·大分〉及其他》，《道家文化研究》（第3輯），上海古籍出版社。
李學勤　2001　《論〈經法·大分〉及〈經·十大〉標題》，《簡帛佚籍與學術史》，江西教育出版社。
廖名春　2003　《郭店楚簡老子校釋》，清華大學出版社。
劉信芳　1999　《荆門郭店竹簡老子解詁》，藝文印書館。
劉　釗　2005　《郭店楚簡校釋》，福建人民出版社。
陸德明　1985　《經典釋文》，上海古籍出版社。
樓宇烈　2008　《老子道德經注校釋》，中華書局。
馬叙倫　1974　《老子校詁》，中華書局。
裴學海　1935　《古書虛字集釋》，上海書店。
裘錫圭　1996　《馬王堆帛書〈老子〉乙本卷前古佚書並非〈黄帝四經〉》，《文史叢稿——上古思想、民俗與古文字學史》，上海遠東出版社。
裘錫圭（主編）　2014　《長沙馬王堆漢墓簡帛集成（肆）》，中華書局。
饒宗頤　1991　《老子想爾注校證》，上海古籍出版社。
童書業　1982　《先秦七子思想研究》，齊魯書社。
汪桂年　1935　《老子通詁》，《北强月刊（國學專號）》。
王念孫　2015　《讀書雜志》，上海古籍出版社。
王引之　2017　《經傳釋詞》，上海古籍出版社。
聞一多　1982　《歌與詩》，《聞一多全集》，生活·讀書·新知三聯書店。
吴昌瑩　1983　《經詞衍釋》，中華書局。
吴　澄　2010　《道德真經吴澄註》，華東師範大學出版社。
奚　侗　2011　《老子集解》，熊鐵基、陳紅星主編《老子集成》第13卷，宗教文化出版社。
徐　鍇　1971　《説文繫傳》，華文書局。
易順鼎　2011　《讀老札記》，熊鐵基、陳紅星主編《老子集成》第11卷，宗教文化出版社。
于　鬯　1963　《香草續校書》，中華書局。
于省吾　1999　《雙劍誃老子新證》，《雙劍誃群經新證·雙劍誃諸子新證》，上海書店。

俞　樾　1954　《諸子平議》，中華書局。
章炳麟　1971　《小學答問》，文海出版社。
張　儒　劉毓慶　2002　《漢字通用聲素研究》，山西古籍出版社。
張松如　1998　《老子說解》，齊魯書社。
鄭成海　2008　《增訂老子河上公注疏證》，華正書局。
鄭良樹　2011　《老子新論》，上海古籍出版社。
朱駿聲　1984　《説文通訓定聲》，中華書局。
朱謙之　2000　《老子校釋》，中華書局。

Research On Chapters 1-5 of *Laozi*

Li Rui, Zhang Fan

Abstract: There are four unearthed bamboo and silk versions of *Laozi*(老子), and there are many versions found in Dunhuang(敦煌) and handed down from previous dynasties, with many different texts. Comparing the differences between different versions can solve some problems and help to understand the meaning and thought of *Laozi*(老子). For example, in Chapter 1, "兩者同出", there is no word "此" before the sentence in the silk manuscript, which should be followed. "兩者" should be a catch-all, and any duality can be called "兩者". Chapter 2 explains the "兩者" in Chapter 1, and "恃" should be read as "持", which is related to chapters 51 and 77. Chapter 3 "强其骨" was mostly ignored in the past. In fact, "强" is related to the "壯" of "物壯則老".This shows that the sage governs his people by the method of "無爲", which is consistent with the Dao(道), but not returning to the Dao(道) with the people. Chapter 4 "道沖，而用之或不盈", "而" means therefore, and "或" means as. Chapter 5 "芻狗" should be read as "雛狗", "雛" is the chick. "不仁" means no partiality, "不屈" means "no accumulation".

Key words: *Laozi*(老子); bamboo silp and silk manuscript; 兩者同出; 芻狗

（李鋭，北京師範大學歷史學院史學研究所　北京　100875；
張帆，清华大学人文學院歷史系　北京　100084）

新出唐代墓誌殘泐字形例釋*

王　静

摘　要：唐代墓誌存在一定数量的殘泐字形，影响讀者對文意的準確理解，需要進一步研究。殘泐字的考釋可以從殘存字形、上下文文意、押韻規律、前人録文、出典、善拓六個方面進行，文章選取30例試作分析。

關鍵詞：唐代墓誌；録文；残泐字形

近年來唐代墓誌大量出土，備受學界關注，多數研究者已經作出録文，但由於墓誌本身殘泐造成字迹不清，加之唐代墓誌異體俗訛字較多，誤録、缺録等情況時或有之，進一步影響到讀者準確理解文意，因此對殘泐字的考釋也是唐代墓誌整理的一項重要内容。本文從殘存字形、上下文文意、押韻規律、前人録文、出典、善拓六個方面考釋殘泐字，選取30例試作説明。不妥之處，敬請方家是正。

一、依據殘存字形考釋殘字

唐代墓誌拓本殘泐的情況普遍存在，但字形損壞程度不同，有的整體残泐，難以辨識，有的還留有大體輪廓。對於整體輪廓猶存的字形，參考上下文語境，往往可以考釋出一批殘字。例如：

* 本文爲河北省教育廳在讀研究生創新能力培養資助項目“新出唐代墓誌字詞研究”（CXZZBS2022008）的阶段性研究成果。本文承蒙業師梁春勝教授、《出土文獻綜合研究集刊》編輯部和匿名審稿專家提出寶貴修改意見，謹致謝忱。文中疏誤由筆者負責。

1. 唐總章元年（668）《侯師仁墓誌》：“夫其靈根□茂，形□萃而掠雲；純派悠□，□□河而□地。”（《風引薤歌》28）[①]

按：“茂”前缺字拓本作“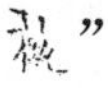”，字迹較淡，剔除泐痕作“”，據字形輪廓及文意，乃是“蓯”字。“蓯茂”即茂密貌。唐開元十一年（723）崔日用墓誌：“承累葉之蓯茂，受自然之淑靈。”（《洛續》193）[②]是其比。

“形□萃”三字拓本依次作“”“”“”，據字形輪廓及文意，乃是“聯玉葉”三字。“掠”拓本作“”，字形較爲清晰，乃是“捎”字。“玉葉”喻皇家子孫。“捎雲”即高貌，喻地位顯貴。前者例證如《全唐文》卷一九八駱賓王《上齊州張司馬啓》：“綴珠華於七曜，聯玉葉於五雲。”後者例證如唐乾封二年（667）王端墓誌：“璿波際日，玉葉捎雲。松貞璧潤，桂馥蘭芬。”（《補遺》3/402）[③]“聯玉葉而捎雲”言誌主家族譜系顯貴。

“悠”下缺字拓本作“”，字形依稀可見，乃是“長”字。“地”前缺字拓本作“”，乃是“括”字。整句話以樹木之茂盛、河水之悠長作喻，謂誌主家族源遠流長。

2. 唐神功元年（697）《杜懷古妻韋氏墓誌》：“父大寶，唐任屯田郎中，饒州刺史。盛德大業，□禮敦詩。爲龍爲光，良弓良冶。”（《珍稀》101）[④]

按：缺字拓本作“”，字有殘損，據字形輪廓及文意，當是“閱”字。《左傳》僖公二十七年：“趙衰曰：‘郤縠可。臣亟聞其言矣，説禮樂而敦《詩》《書》。’”“説”通“閱”，看的意思。“閱禮敦詩”，即出於此，指誌主崇禮。唐大和元年（827）曹朝憲妻陶氏墓誌：“以文會友，擇德爲鄰。閱禮敦詩，恭儉莊敬。”（《補遺》3/190）唐永徽四年（653）劉普曜墓誌：“翱翔墳素，閱禮敦詩，世叔之一覽五行，文公之百遍忘倦。”（《補遺》4/326）是其例。句指誌主父親崇禮好書，非凡特出。

3. 唐開元三年（715）《鞠景墓誌》：“芳枝貴族兮起陶唐，分源引流兮自周昌。英奇俊彦兮擅琳琅，左□右弼兮翊明王。”（《集釋》356）[⑤]

①陝西歷史博物館：《風引薤歌：陝西歷史博物館藏墓誌萃編》，簡稱《風引薤歌》。書名後的數字表頁數，下同。

②毛陽光：《洛陽流散唐代墓誌彙編續集》，簡稱《洛續》。

③吴鋼：《全唐文補遺》，簡稱《補遺》。斜綫前的數字表册數，後表頁數。下同。

④胡戟：《珍稀墓誌百品》，簡稱《珍稀》。

⑤毛遠明：《西南大學新藏墓誌集釋》，簡稱《集釋》。

按：缺字拓本作“”，字形雖有殘損，但字形輪廓依稀可見，左旁應是“車”之殘存筆畫，右旁是“甫”的行草字體，故此字當是“輔”字。唐咸亨元年（670）孟蒲墓誌“方翼輔仁”作“”（《洛續》34），字形大致接近，可以比參。“左輔右弼”語出《孔叢子·論書》：“王者前有疑，後有丞，左有輔，右有弼，謂之四近。”指輔佐帝王左右的重臣。唐貞元十七年（801）裴真卿墓誌：“有扶天翼日之勳，受左辅右弼之寄。”（《集釋》539）是其例。句言誌主是陶唐後裔、周昌分支，是才智特出的賢士和輔佐明王的重臣。

4. 唐大中十一年（857）《王懷義夫人龐氏墓誌》：“雙劍俱埋一玄堂，孝嗣泣号血霑裳。新婦哀號應長川，孫子悲嗟歲月長。”（《集釋》653）

按：“号”“應”“川”拓本依次作“”“”“”，字有泐痕，據殘存字形輪廓及文意，當是“兮”“怨”“别”三字。“怨”同“怨”。“怨長别”指生者與亡者陰陽兩隔，再不復相見的悲傷、哀怨。“雙劍”指龍泉和太阿兩把寶劍，典出於《晉書·張華傳》，記載張華望豐城有劍氣，乃以雷焕爲豐城令，焕掘得龍泉、太阿雙劍，一與華，一自佩。華、焕死後，焕子持劍經延平津，劍從腰間躍出墮水，但見化爲二龍而没。後以“雙劍”作爲成對事物的典實，此處指王懷義及夫人龐氏猶如成對的寶劍，一殞俱殞、一亡俱亡。整句話的意思是説王懷義及夫人龐氏雙雙逝世，新婦韓氏趙氏及子孫極爲哀慟。

5. 唐天寶十三年（754）《張大娘墓誌》：“雖禄利居厚固，宜家積萬鍾。而禮施無疆，遂使至如懸罄。”（景亞鸝，2020:368）

按：“禮”拓本作“”，字有損泐，據殘存字形及文意，當是“檀”字。“檀施”指布施。《高僧傳》卷七《宋餘杭方顯寺釋僧詮》：“詮性好檀施，周贍貧乏，清確自守，居無縑幣。”是其例。此處標點亦有誤，當點作：“雖禄利居厚，固宜家積萬鍾；而禮施無疆，遂使至如懸罄。”句言誌主張大娘家資豐厚但菩薩心腸，樂善好施無止境，以致空無所有。

6. 唐開元十七年（729）《李伯及妻馮氏墓誌》：“功蓋天地，冠三軍。長城載千載，百戰芳開。”（《文化安豐》418）

按：“開”拓本作“”，據字形及文意，並參考押韻規律，當是“聞”字。韻脚字“軍”“聞”同屬文韻，正合於押韻規律。“開”爲咍

韻，若作“開”則失韻，非是。“冠”前拓本作“”，乃是“義”字，誌文脱此字，當補。“長城載千載”拓本無第一個“載”字，衍字，當删。故原文應是：“功蓋天地，義冠三軍。長城千載，百戰芳聞。”句謂誌主功勳卓著，英勇留芳。

二、依據上下文文意考釋殘字

對於殘損程度較爲嚴重的字形，上下文文意可以爲我們在分析殘字的詞性、意義等方面指引方向，從而進一步確認該殘字應爲何字。例如：

7. 唐開元十四年（726）《張闉墓誌》：“公宅夫百行，派以□德。鏘五玉於珮玦，照萬象於胸襟。”（《風引薤歌》65）

按：缺字拓本作“”，字形損泐較甚，根據文意，並參考字形輪廓，當是“九”[①]字。“百行”指各種品行，言誌主品行端正。“九德”指古代賢人所具備的九種優良品格，謂誌主品格優異。在石刻文獻中，“百行”“九德”常對舉出現，用來稱頌誌主的操行。東魏武定八年（550）蕭正表墓誌：“内苞九德，外兼百行。”（《校注》8/125）[②]唐顯慶元年（656）長孫白澤墓誌：“九德咸舉，百行是孚。”（《唐彙續》85）[③]唐龍朔元年（661）張獎墓誌：“性敦百行，心崇九德。”（《唐代墓誌彙編》346）皆可比參。句謂誌主品行優異，顯豁明察。

8. 唐天寶三年（744）《張賓墓誌》：“君無忝前烈，時稱克家。事親以順聞，居衆以謙益。□略名宦，貿遷有無。”（《風引薤歌》77）

按：缺字拓本作“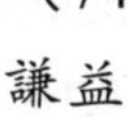”，字形殘損嚴重，根據文意，並參考字形殘劃，當是“脱”[④]字。“脱略”即脱去、省略，後常接表示榮華富貴、名聲利禄等詞

①匿名審稿專家認爲此處碑刻“百行”既與“九德”對應，又常與“四德”相對，文意均可，因字形殘泐而恐難確定到底是“九”還是“四”。筆者竊認爲就此處而言，字形雖殘泐較甚，但仍可參考字形及筆畫的占用空間和字形殘存輪廓，進而確認其字當是“九”字。

②毛遠明《漢魏六朝碑刻校注》，簡稱《校注》。

③周紹良、趙超《唐代墓誌彙編續集》，簡稱《唐彙續》。

④匿名審稿專家認爲個别字殘泐過甚，造成其字形、文意、用例等證據鏈出現缺失，有時難以確定其到底爲何字。筆者竊認爲“脱略……”是墓誌常見表達句式。其次，此字字形雖然殘損嚴重，但細審拓本，該字應是左右結構，且左旁可以辨識，當爲“月”。故此字當是“脱”字。

語，用來稱頌誌主品行高潔，不以功名利禄爲重。北齊武平二年（571）朱岱林墓誌：“脱略榮華，不應徵聘，沈深好古，尤工摛屬。”（《北圖》8/19）[①]隋大業三年（607）劉淵墓誌：“遨遊莊老，脱略功名。”（《北圖》10/16）唐咸亨元年（670）朱通墓誌：“脱略軒冕，耕耘道德，每臨風步月，則蕭然物表。”（《補遺》2/229）是其比。此處謂誌主孝順謙恭，淡泊名利。

9. 唐貞觀二十年（646）《張毅墓誌》：“至貞觀十八年，轉授辰州沅凌縣令。風行草偃，製錦安民。以古疇今，曾何□尚。”（《集釋》188）

按：缺字拓本作“”，字形雖損泐較甚，但細審拓本，字形大致輪廓依稀可見，《集釋》注云：“原刻泐蝕，據殘劃，似‘之’字，録以備參。”今按此字當是“足”字。北齊天保二年（551）元賢墓誌“夫何足雲”作“”（《北圖》7/14），字形接近，可以比參。“曾何足尚”謂不足以超過。北魏永熙二年（533）乞伏寶墓誌：“雖暨號宿德而來踐，宣雲稱職而馳名，對而爲言，曾何足尚。”（《校注》7/50）是其比。句謂誌主擔任縣令後施行仁政，即使是古時前賢也不足以與之匹敵。

10. 唐開元十一年（723）《孔玄策墓誌》：“君資靈上善，韞奇□和。事親孝，居處恭。接兄弟，怡怡如也；狎朋友，衎衎如也。”（《集釋》381）

按：缺字拓本作“”，殘泐較甚，據文意，當是“中”字。“中和”是中庸之道的主要内涵，即天地萬物均能各得其所，達於和諧境界，指誌主以中庸之道處事。“上善”即儒家謂人的道德修養所能達到的最高境界，指誌主品德高尚。在石刻文獻中，“上善”“中和”對舉出現的頻率很高，用來稱頌誌主的品性。北魏太昌元年（532）李林墓誌：“君稟氣中和，資靈上善，識具高明，風神儁達。”（《校注》7/34）東魏建義元年（528）元顯墓誌：“王降精惟岳，資靈懸象，上善是凝，中和載洽。”（《校注》7/379）唐龍朔元年（661）徐綜墓誌：“公上善降靈，中和毓氣，風神濬雅，機韻疏通。”（《北圖》14/24）皆可以比參。此處言誌主品德高尚，處中庸之道，謙恭孝順，與親友相處和樂。

①北京圖書館金石組《北京圖書館藏中國歷代石刻拓本彙編》，簡稱《北圖》。

三、依據押韻規律考釋殘字

銘文部分一般押韻，是石刻文獻在文體方面的特徵之一。根據押韻規律，往往可以考釋出一批處於韻脚字位置的殘字。例如：

11. 唐顯慶元年（656）《王謙及妻素和氏墓誌》："琴瑟相推，世號齊眉。同欣出處，共保休危。一時才子，百代明□。"（《風引薤歌》21）

按：缺字拓本作""，字形稍有泐痕，根據押韻規律，並參考前人録文，當是"嫠"字。韻脚字"眉"屬脂韻，"危"屬支韻，"嫠"屬之韻。王力（2010:242-243）認爲魏晉南北朝的四十二個韻部，到隋唐時代，發展爲五十個韻部，有分化，有合併，合流的情況如等呼相同的之支脂三部合併爲脂部，故此處"嫠"符合押韻規律。吴鋼（2000:257）録作"嫠"，是也。"嫠"指喪夫的婦女。句謂誌主與夫人素和氏恩愛融洽，二人共進退。

12. 唐長慶二年（822）《鄭造墓誌》："猗歟府君，世載其昌。輝涣漢魏，蟬聯隨唐。積善餘慶，終然允□。根深葉茂，派邃流長。桂林枝折，悊人云亡。哀情紀此，何日而忘。"（《風引薤歌》125）

按：缺字拓本作""，字形殘損嚴重，根據押韻規律，並結合字形殘劃及文意，當是"臧"字。韻脚字"昌""長""亡"屬陽韻，"唐""臧"屬唐韻。王力（2010）指出隋唐時代陽韻、唐韻同用，"臧"於韻正合。齊運通（2020:231）作"墻"，是也。"積善餘慶"語本《易・坤》："積善之家，必有餘慶；積不善之家，必有餘殃。"指積德行善之家，恩澤及於子孫。"允臧"指確實好、完善，語出《詩・鄘風・定之方中》："卜云其吉，終然允臧。"孔傳："允，信；臧，善也。"唐天寶六年（747）楊岌墓誌："惠人成德，終然允臧。"（《補遺》1/164）是其比。句謂誌主出自勳貴之家，家族淵源流長，優秀突出却不幸離世。

13. 唐咸通十年（869）《李行素墓誌》："系羈侯王，式是循□。鎮以普寧，犀甲沉槍。"（《珍稀》217）

按：缺字拓本作"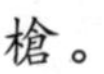"，字有泐痕，根據押韻規律，並結合字形殘劃及

文意，當是“墻”字。韻脚字“墻”“槍”同爲陽韻，於韻正合。齊運通（2020:231）作“牆”，是也。“循墻”典出於《莊子·列禦寇》：“正考父一命而傴，再命而僂，三命而俯，循牆而走，孰敢不軌！”唐成玄英疏：“傴曲循牆，並敬容極恭，卑退若此，誰敢將不軌之事而侮之也！”表示官位愈高愈恭敬謙虚。句指誌主身份高貴却很謙虚。李宗俊（2016:6）録作“攜”，非是。

14. 唐天授二年（691）《蕭珪墓誌》：“悲纏霜露，燧革槐□。唯餘不朽，芳規是刊。”（《珍稀》268）

按：缺字拓本作“”，字形殘損嚴重，根據押韻規律，並參考字形殘劃及文意，當是“檀”字。韻脚字“檀”“刊”皆爲寒韻，於韻正合。《周禮·夏官·司爟》：“四時變國火，以救時疾。”鄭玄注：“鄭司農説以鄹子曰：‘春取榆柳之火，夏取棗杏之火，季夏取桑柘之火，秋取柞楢之火，冬取槐檀之火。’”賈公彦疏：“火雖是一，四時以木爲變，所以禳去時氣之疾也。”“槐檀”，即出此。古代鑽燧取火，不同的季節用不同的木柴，所以换用不同的木柴取火，就表示時節改變了，比喻時光逝去。“霜露”語出《禮記·祭義》：“霜露既降，君子履之，必有悽愴之意。”鄭玄注：“爲感時念親也。”指對父母的懷念。唐開元廿三年（735）劉廉墓誌：“感霜露而崩心，變槐檀而灑血。”（《唐彙續》549）是其比。句謂誌主與夫人相繼離世後合葬，過了一段時間，其二子懷着思念和悲痛之情，撰寫誌文以期永存。毛遠明、李海峰（2019:139）拓本作“”，亦缺録，當據補①。

15. 唐貞元十年（794）《李元諒墓誌》：“建中之難，狂寇竊發。天臨下都，盗入北闕。能以衆正，肅將□□。推鋒决機，既晝亦月。”（《珍稀》276）

按：兩缺字拓本依次作“”“”，損泐較甚，吴鋼（1996:129）録作“九伐”，可從。韻脚字“發”“伐”“月”同屬月韻，符合押韻規律。“能以衆正”謂爲衆人表率，語出《易·師》：“師，衆也。貞，正也。能以衆正，可以王矣。”“九伐”泛指征伐。唐貞觀二年（628）楊敏墓誌：“皇上總統六師，申兹九伐。”（《北圖》11/13）唐總章三年（670）李勣墓誌：“公參陪九伐，戡翦八荒。”（《補遺》1/55）是其比。《舊唐書·李元諒傳》記載建中四年，李希烈叛亂，李元諒勤王力戰，破叛軍朱泚，平李懷光河中之

①此條校讀材料承匿名審稿專家教正而增補，謹此致謝。

亂等，立下赫赫戰功，與誌文所言大致相符。此處謂叛亂頻發，誌主身受重任，多次擊敗叛軍，戰功顯赫。周紹良（2000:5399）及周紹良、趙超（2001:754）皆録作“九□”，前字是，後缺字當據補。

四、依據前人録文考釋殘字

唐代墓誌大多已有前人作出釋録，其中不乏正確意見，所以通過回溯和打撈前人釋録成果，也可以考釋出一批殘字。例如：

16. 唐寶曆元年（825）《鄭何墓誌》：“於□臨軒，命册太和公主，將修二國之好，言趍万里之程。撰□遵途，命公爲使，加檢校左散騎常侍。”（《風引薤歌》130）

按：“撰”下缺字拓本作“”，字形稍有泐痕，吴鋼（2005:139）、吴敏霞（2014:522）録作“日”，是也。“撰日”即擇日。唐元和十二年（817）李崗墓誌：“後盗賊奔潰，洛京反正，將議庀具撰日，備禮歸祔。”（《北圖》29/116）是其比。句謂選取吉利的日子前去和親。“撰”拓本作“”，字形較爲清晰，吴鋼（2005:139）録作“選”，非是。

17. 唐聖曆二年（699）《趙本道墓誌》：“懷材杞梓，淑郁蘭蓀。三冬克學，□出飛文。”（《珍稀》107）

按：“□出”二字拓本依次作“”“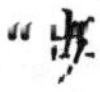”，潘泮、王菁（2015:41）録作“七步”，是也。隋楊君墓誌“奉艱難於天步”之“步”作“”（《隋代墓誌銘彙考》3/282）[①]是其比。《世説新語・文學》：“文帝嘗令東阿王七步中作詩，不成者行大法。應聲便爲詩曰：‘煮豆持作羹，漉菽以爲汁。萁在釜下然，豆在釜中泣。本是同根生，相煎何太急？’帝深有慚色。”“七步飛文”，即出於此。“三冬克學”用漢東方朔之典，見《漢書・東方朔傳》：“年十三學書，三冬文史足用。”王先謙補注：“三冬謂三年，猶言三春三秋耳。”謂勤奮讀書。“杞梓”“蘭蓀”指良材、良佳子弟，比喻誌主優秀傑出。在石刻文獻中，“三冬”“七步”二典常對舉出現，唐總章二年（669）仁軌墓誌：“是以文溢三冬，才過七步，遂得播名京輦，調冠群僚。”（《新

①參看梁春勝《楷書異體俗體部件例字表》，未刊稿。

編》20/14232）[①]是其例。整句話稱頌誌主嗜好讀書，文才出衆[②]。

18. 唐天寶七年（748）《巖和尚墓誌》：“自杯□清江，杖錫宛洛。菩提樹下，開不二法門；蓮花座中，發第一□□。”（《珍稀》137）

按：三缺字拓本依次作“”“”“”，張乃翥（2014:300）録作“渡”“彌”“願”，可從。王慶衛（2019:107）録第一字爲“渡”，後二字用缺字符號代替，可據補。“杯渡”見於南朝梁慧皎《高僧傳·神異下·杯度》，是晉宋時僧人，不知姓名，傳説其常乘木杯渡水，故以“杯渡”爲名。“杖錫”指拄着錫杖（錫杖是雲遊僧所持的法器），謂僧人出行。“杯渡”與“杖錫”同義對舉，結合前文，此處謂巖和尚從大雲寺去了天宫寺。“菩提樹下，開不二法門”，言釋迦牟尼在菩提樹下沉思坐化成佛事，見《注維摩詰所説經》。“蓮花座”即佛座。“彌願”指誠摯的願望。“蓮花座中，發第一彌願”言佛教徒打坐修行，發拯救衆生的大願。

19. 唐天寶七年（748）《巖和尚墓誌》：“以有涯之生，徇無涯之□，非金石也，其能久乎。以天寶七載六月十七日遷化於天宫寺。”（《珍稀》137）

按：缺字拓本作“”，張乃翥（2014:300）録作“智”，是也。“以有涯之生，徇無涯之智”語出《莊子·養生主》：“吾生也有涯，而知也無涯。以有涯隨無涯，殆已；已而爲知者，殆而已矣。”陸德明釋文：“知，音智。”謂生命有限而智慧無際，此處謂巖和尚逝世。南朝梁孝元帝《金樓子·立言上》：“以有涯之生，逐無涯之智，余將養性養神，獲麟於《金樓》之制。”是其比。王慶衛（2019）録作“陷”，非是。

20. 唐天寶四年（745）《張都護墓誌》：“悟性命如□□，視軒冕若秕糠。方乃罄捨家財，堯□檀施。”（《集釋》467）

按：“如”下二缺字拓本依次作“”“”，字有泐痕，王慶昱（2017:109）録作“泡幻”，可從。“泡幻”謂虛幻，雨水落到地上形成的水泡，佛教常用來喻指人生變幻無常。唐開元九年（721）崇福法師塔銘：“以人代如泡幻，以冠冕爲蓋纏，物我雙遣，色空齊置。”（《唐彙續》477）唐天寶元

①周紹良《全唐文新編》，簡稱《新編》。

②此處筆者原作“才華出衆”，後承匿名審稿專家教正，改爲“文才出衆”，謹此致謝。

年（754）裴遘妻李氏墓誌："以味道爲歸根，浮生爲泡幻。"（《補遺》1/186）是其例。此處謂誌主認爲生命虛幻，不以官位爵禄爲重，散盡家財布施救濟。

五、依據出典考釋殘字

用典繁密，也是石刻文獻在文體方面的特徵之一。準確追溯典源，對於用典殘字的考釋也是非常有幫助的。例如：

21. 唐儀鳳元年（676）《胡叔良及前妻李氏後妻李氏墓誌》："英姿虬竦，逸槩鵬騫，隮棘署□□□□□闈以銓綜。德邁隨車之雨，仁揚逐□之風。"（《風引薤歌》34）

按："逐"下缺字拓本作""，字形殘損嚴重，據出典，並結合文意，當是"扇"字。《世説新語•言語》："袁彦伯爲謝安南司馬，都下諸人送至瀨鄉。將别，既自悽惘，嘆曰：'江山遼落，居然有萬里之勢。'"劉孝標注引《續晉陽秋》："太傅謝安賞宏機捷辯速，自吏部郎出爲東陽郡，乃祖之於冶亭，時賢皆集。安欲卒迫試之，執手將别，顧左右取一扇而贈之。宏應聲答曰：'輒當奉揚仁風，慰彼黎庶。'合坐歎其要捷。"所謂"仁揚逐扇之風"，即出於此，形容地方官員行德政。《全唐文》卷八七七韓熙載《上睿帝行止狀》："漫灑隨車之雨，洗活嘉田；輕摇逐扇之風，吹消沴氣。"可資比勘。"隨車之雨"亦是用典，典出於《後漢書•鄭弘傳》"政有仁惠，民稱蘇息"李賢注引三國吴謝承《後漢書》："弘消息繇賦，政不煩苛。行春天旱，隨車致雨。"比喻官吏施行仁政及時爲民解憂。"逐扇之風"與"隨車之雨"同義相對，句謂誌主父親爲官施仁政。在碑刻文獻中，二典常相連用或對舉，稱頌爲官行德政。隋開皇十二年（592）趙齡及妻郭氏墓誌："仁風逐扇，甘雨隨車，鄉無佩犢之民，邑有懷仁之雉。"（《隋代墓誌銘彙考》2/78）唐開元十一年（723）崔志約墓誌："隨車行雨，添筆海之波瀾；逐扇仁風，振詞林而擊響。"（《補遺》6/400）《全唐詩》卷八八張説《洛橋北亭詔餞諸刺史》："扇逐仁風轉，車隨霖雨流。"皆其例。

22. 唐景雲二年（711）《郭機暨妻胡氏墓誌》："君□□逸□，不囂塵俗。丘園偃息，翫惠子之五車；嘯咏林泉，味□湯之□篋。"（《風引薤歌》55）

按："湯"前缺字拓本作""，"篋"前缺字拓本作""，據出典，

並結合字形殘劃，依次當是“張”“三”二字。上一句典出於《莊子 • 天下》：“惠施多方，其書五車。”後用以形容讀書多，學問淵博。下一句典出於《漢書 • 張安世傳》：“上行幸河東，嘗亡書三篋，詔問莫能知，惟安世識之，具作其事。”亦指讀書多，學問淵博。張安世是張湯之子，因《漢書 • 張湯傳》後附子《安世傳》，故墓誌撰者將張安世的事迹誤記爲張湯的事迹，導致張冠李戴。“五車”“三篋”二典對文同義，句謂誌主與詩書爲伴，不問世事，隱逸自樂。在碑刻文獻中，二典常對舉出現，指學問淵博，唐永徽六年（655）夏侯絢墓誌：“雖惠載五車，張誦三篋。莫不祕靈台而無墜，寫玉泉而勿窮。”（《補遺》3/355）亦有連文的情况，唐貞觀十六年（642）李安墓誌：“三篋五車之記，殫見洽聞；茂陵汲塚之書，鈎深致遠。”（《新編》20/13796）唐貞觀廿三年（639）李良墓誌：“三篋五車之義，六藝百家之言。”（《北圖》11/194）是其比。毛陽光、余扶危（2013:111）亦缺録，當據補。

23. 唐開元十五年（727）《杜府君夫人裴氏墓誌》：“壽年已考，從禄于男。將崇□檄之榮，奄次泣壞之禍。春秋□十一。”（《珍稀》127）

按：“檄”前缺字拓本作“”，字形殘損嚴重，據出典，並結合字形殘劃，當是“捧”字。《後漢書 • 劉平等傳序》記載東漢毛義有孝名，張奉去拜訪他，剛好府檄至，要毛義去任守令，毛義拿到檄，表現出高興的樣子，張奉因此看不起他。後來毛義母死，毛義不再出去做官，張奉才知道他不過是爲親屈，感嘆自己知他不深。“捧檄”即出於此，表爲母出仕。唐萬歲登封元年（696）袁子游墓誌：“□資捧檄，遽奄高堂。”（《唐彙續》343）是其比。

“壞”拓本作“”，據字形及文意，當是“瓌”字。“瓌”同“瑰”。“王”“土”俗書相混。“泣瓌”典出於《左傳》成公十七年：“初，聲伯夢涉洹，或與己瓊瑰食之，泣而爲瓊瑰，盈其懷。”“瓊瑰”指次於玉的美石。古人死後口中含玉，喻其死亡之期將至。句謂裴氏在其子即將出仕時離世。

24. 唐景龍三年（709）《申衆墓誌》：“嗣子元軌，隙惭流日，痛結風枝。高柴之血虞霑，顔悌之悲頻絶。”（《集釋》350）

按：“顔”拓本作“”，字形左旁殘損，右旁從“頁”，據出典，當是“顧”字。“顧悌之悲”典出於《三國志 • 吴書 • 顧雍傳》“其以雍次子裕襲爵爲醴陵侯”裴松之注引《吴書》：“雍族人悌，字子通，以孝悌廉正聞於鄉黨。……父以壽終，悌飲漿不入口五日。權爲作布衣一襲，皆摩絮著之，强令悌釋服。悌雖以公議自割，猶以不見父喪，常畫壁作棺柩象，設神座於下，每對之哭泣，服未闋而卒。”“高柴之血”典出於《禮記・檀弓上》：“高子臯之執親之喪也，泣血三年，未嘗見齒。”二典對舉，形容孝子在父母去世後，極其悲傷凄慟。句謂誌主去世後，嗣子元軌悲慟至極。在石刻文獻中，“高柴”“顧悌”二典常對舉出現，用來稱頌人子居喪悲慟，凸顯其孝。唐天寶元年（742）張本及妻鄭氏王氏墓誌：“顧悌絶漿，非唯七日；高柴泣血，豈只三年。”（《北圖》25/2）唐元和八年（813）任紫宸妻桑氏墓誌：“高柴泣血，不可以方；顧悌絶漿，未足爲比。”（《補遺》3/162）是其例。

25. 唐開元二十六年（738）《楊思言墓誌》：“今頓喪天夫，有三從而非改其操。曹太家之明母儀，梁高行易稱難朽。”（《集釋》429）

按：“太”拓本作“”，字形稍有泐痕，據出典，當是“大”字。《後漢書・曹世叔妻傳》：“扶風曹世叔妻者，同郡班彪之女也，名昭，字惠班，一名姬。博學高才……作《女誡》七篇，有助内訓。”所謂“曹大家之明母儀”，即出於此，指班昭作《女誡》闡述婦女應遵從婦道，後用來稱頌女子明禮節。“梁高行易稱難朽”典出於《列女傳》卷四《貞順傳》“梁寡高行”條：“高行者，梁之寡婦也。其爲人榮於色而美於行。夫死早寡不嫁，梁貴人多争欲娶之者，不能得。”指女子從一而終，夫死不再改嫁。二典對舉，句謂誌主離世後，夫人員氏明禮遵規，不改其志，從一而終。“曹大家之……”乃墓誌常見表達句式，用來稱頌女子的德行。唐上元三年（676）楊君妻爾朱氏墓誌：“用曹大家之明訓，執宋伯姬之貞節。”（《新編》4/2241）唐萬歲通天二年（697）韋思謙妻王婉墓誌：“夫曹大家之法度，守而無失；魯敬姜之禮節，遵而不渝。”（《補遺》2/9）唐長安二年（702）史懷訓及妻李氏墓誌：“曹大家之炯誡，早謝貞規；梁高行之英名，懸推麗淑。”（《補遺》6/356）皆可資比勘。

26. 唐大中十二年（858）《韓孝恭墓誌》：“唯疇日所掌器用之物，常緘縢保護，恐其失墜。拳拳然意將有所授，而未之言也。性好獨處，雖親知戚屬，不喜同居。惜乎！慢藏爲誨盜之資，懷璧乃實害之本。中散行解，孰驗其默仙。□當壽登，竟遭其横禍。”（《集釋》655）

按：“實”拓本作“”，字有殘損，據出典，並結合字形殘劃及文意，當是“賈”字。“懷璧賈害”語出《左傳》桓公十年：“匹夫無罪，懷璧其罪，吾焉用此，其以賈害也。”杜預注：“人利其璧，以璧爲罪。……賈，買也。”比喻多財招禍。“慢藏誨盜”語本《易・繫辭上》：“慢藏誨盜；冶容誨淫。”孔

穎達疏：“若慢藏財物，守掌不謹，則教誨於盗者，使來取此物。女子妖冶其容，身不精慤，是教誨淫者，使來淫己也。”指疏於治理或保管會招來盗竊。二典對舉，句謂誌主因懷藏器用之物而招來禍事，此處喻指其離世。

27. 唐咸亨元年（670）《宋素墓誌》：“曾祖顯，周萬豐大監、青徐齊兖四州刺史、元康公。遊霧驤首，垂雲矯翼。立人伊信，衢多警竹之童；御衆以寬，庭少鞭□之吏。”（《陝西省考古研究院新入藏墓誌》243）

按：缺字拓本作“”，字形殘泐較甚，據出典，當是“蒲”字。“鞭蒲之吏”典出於《後漢書·劉寬傳》：“吏人有過，但用蒲鞭罰之，示辱而已，終不加苦。”指以蒲草爲鞭，稱頌官吏刑罰寬仁。北魏永熙二年（533）《元鑽遠墓誌》：“返澆薄之風，回宿食之念，思等蒲鞭，惠同竹馬。”（《遼寧省博物館藏碑誌精粹》262）是其比。“警竹之童”句典出於《後漢書·郭伋傳》：“始至行部，到西河美稷，有童兒數百，各騎竹馬，道次迎拜。伋問：‘兒曹何自遠來？’對曰：‘聞使君到，喜，故來奉迎。’伋辭謝之。及事訖，諸兒復送至郭外，問：‘使君何日當還？’伋謂别駕從事，計日告之。行部既還，先期一日，伋爲違信於諸兒，遂止於野亭，須期乃入。”二典對舉，句言誌主曾祖顯爲官志性遠大，寬仁守信。

六、依據善拓考釋殘字

拓本的優劣，往往對石刻録文的質量起決定性作用。所以廣泛搜集拓本和精選善拓，往往也可以釋讀一部分殘字。例如：

28. 唐大曆十二年（777）《楊綰墓誌》：“循牆而走，不敢告休。□□即世，享齡五紀。”（《珍稀》273）

按：兩缺字《珍稀》所據拓本依次作“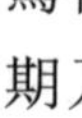”“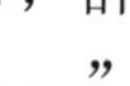”，字形殘損不清。趙振（2015:213）所據拓本作“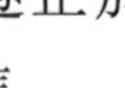”“”，録作“以”“及”，是也。“以及”表示時間範圍上的延伸，猶言“以至”“以至於”。“循牆”用正考父典，表爲官謙虚。“五紀”爲六十年。句謂誌主爲官謙虚稱職，於六十歲逝世。

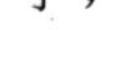

29. 唐大曆十二年（777）《楊綰墓誌》："而公承其弊，未□經時，誠達於上，信孚於下，事□稽難，俗用丕變，豈不言之化夲（本）乎。□□何所感之深，其成也速。"（《珍稀》273）

按：四缺字《珍稀》所據拓本依次作"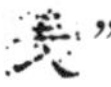""""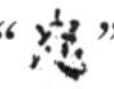"""，字迹較淺。趙振華（2015）所據拓本作依次作"""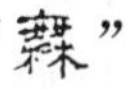""""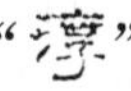"，録作"幾""無""忠""淳"，可從。此處標點亦有誤，趙振華點作："而公承其弊，未幾經時，誠達於上，信孚於下。事無稽難，俗用丕變。豈不言之化，本乎忠淳？何所感之深，其成也速！"大體可從，但仍需稍作修改，"時"後逗號應改爲句號，"淳"後問號應改爲分號。

30. 唐大曆十二年（777）《楊綰墓誌》："□□歲逮於考終，率身之行，世之表儀。蓋國相常公，備厥休烈而□□，豈碑詳矣。□所誌者，其□封乎。"（《珍稀》273）

按：六缺字《珍稀》所據拓本依次作"""""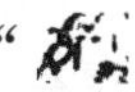"""""""，字形殘泐不清。趙振華（2015）所據拓本依次作""""""""""""，録作"自""冠""刊""諸""今""丘"，可從。""""等形是"丘"的常見隸古定形體。"豈"拓本作"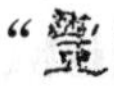"，趙振華録作"豐"，可從。此處標點亦有誤，趙振華（2015）點作："自冠歲逮於考終，率身之行世之表儀。蓋國相常公，備厥休烈，而刊諸豐碑，詳矣。今所誌者，其丘封乎！"大體可從，但仍需稍作修改，"率身之行世之表儀"應遵《珍稀》録文在"行"後點斷，"烈"後逗號可删。

參考文獻：

北京圖書館金石組　1989　《北京圖書館藏中國歷代石刻拓本彙編》，中州古籍出版社。
胡　戟　2016　《珍稀墓誌百品》，陝西師範大學出版總社有限公司。
賈振林　2011　《文化安豐》，大象出版社。
景亞鸝　2020　《新出唐宦官妻南陽郡夫人張大娘墓誌發微》，《唐史論叢》（第31輯），陝西師範大學出版總社有限公司。
李宗俊　2016　《〈唐故容管經略招討處置等使李行素墓誌〉跋》，《唐都學刊》第6期。
梁春勝　2018　《六朝石刻殘損字形例釋》，《漢語史學報》（第19輯），上海教育出版社。
梁春勝　2021　《六朝石刻叢考》，中華書局。
遼寧省博物館　2000　《遼寧省博物館藏碑誌精粹》，文物出版社。
毛陽光　余扶危　2013　《洛陽流散唐代墓誌彙編》，國家圖書館出版社。
毛陽光　2018　《洛陽流散唐代墓誌彙編續集》，國家圖書館出版社。
毛遠明　2008　《漢魏六朝碑刻校注》，綫裝書局。
毛遠明　2018　《西南大學新藏墓誌集釋》，鳳凰出版社。

毛遠明　李海峰　2019　《西南大學新藏石刻拓本匯釋》，中華書局。
潘　萍　王　菁　2015　《西安新出武周聖曆二年〈趙本道墓誌〉釋讀——兼説北周聘陳使主趙士亮》，《碑林集刊》（第20輯），三秦出版社。
齊運通　2020　《洛陽新獲墓誌百品》，國家圖書館出版社。
陝西歷史博物館　2017　《風引薤歌：陝西歷史博物館藏墓誌萃編》，陝西師範大學出版社。
陝西省考古研究院　2019　《陝西省考古研究院新入藏墓誌》，上海古籍出版社。
吴敏霞　2014　《長安碑刻》，陝西人民出版社。
王其禕　周曉薇　2008　《隋代墓誌銘彙考》，綫裝書局。
王　力　2010　《漢語語音史》，商務印書館。
王慶昱　2017　《新見唐西安張都護墓誌考釋——兼補一任安西都護》，《西安電子科技大學學報》第4期。
王慶衛　2019　《新出巖和尚墓誌所見唐代洛陽天宫寺考》，《中原文物》第6期。
吴　鋼　1994-2007　《全唐文補遺》，三秦出版社。
張乃翥等　2014　《佛教石窟與絲綢之路》，甘肅教育出版社。
趙振華　2015　《唐代宰相〈楊綰墓誌〉跋》，《唐史論叢》（第21輯），陝西師範大學出版總社有限公司。
周紹良　趙　超　1992　《唐代墓志彙編》，上海古籍出版社。
周紹良　2000　《全唐文新編》，吉林文史出版社。
周紹良　趙　超　2001　《唐代墓誌彙編續集》，上海古籍出版社。

Interpretation on the Damaged Characters in the Newly Published Epigraph of the Tang Dynasty

Wang Jing

Abstract: The predecessor's interpretation has a certain number of damaged characters, which affects the accurate understanding of the Tang Dynasty epigraph and need further research. Explanation of residual characters can be carried out from six aspects: the remaining characters, the meaning of the context, rhythm regularity, predecessor's view, source of allusions and good rubbings. The article selects and ananysizes 30 cases.

Key words: Tang Dynasty epitaph; records; damaged character

（王静，河北大學文學院　保定　071002）

俗字演變與探源舉例二則*

李洪財

摘　要：通過對漢簡與後世俗字交叉研究，提出漢代以後簡體的“万”字俗形很多來源於漢簡草書；漢簡中的“厶”並非只代表草稿發文人，與後世敦煌遺書中的“厶乙”對比可知，兩者使用方式、性質、表義都相同，應該是前後演變的關係。提出俗字溯源要充分利用漢簡材料。

關鍵词：万；厶；厶乙

近幾年，隨着大量漢代簡牘材料的不斷出土和圖版公布，簡牘研究成爲當前學界的研究熱點，各學科都試圖在漢簡中尋找新鮮的研究點。不過各個學科之間，甚至同學科的各個方向間，因側重點和研究方式的不同，還缺少一些聯繫，使很多問題不能很好的解決。我們這裏舉兩個小例子，以説明漢簡與俗字研究縱向聯繫的重要性。

一、“万”字源流考

古文字材料中的“万”通常認爲是“丏”的古體（參看黃德寬主編，2007：2840），一般認爲“万”形與“萬”無法建立形體演變關係，那麼很容易認爲“萬”的簡體字“万”，是借用了音近的“丏”的古體而來。也就是説，漢以前古文字的“万”與後世“萬”的簡體字“万”只是同形，兩者並不是一字[①]。本文希望通過漢以後“万”

* 本文爲“古文字與中華文明傳承發展工程”項目“漢代簡牘草書整理研究及資料庫建設”（G3446）的階段性研究成果。

①按：季旭昇（2010:726）即把漢以前的古文字“万”形全部放在“丏”字之下，作者就將“万”形視爲“丏”字，與“萬”是假借關係。湯餘惠（2001:611）也是同樣將“万”形放在“丏”下。

字的各種情况，來考察漢代以後“万”與“萬”的關係。

漢以後“萬”字越來越普遍使用，在不同時代的不同材料中，“萬”字還有、、万、丏（各字形出處見後）等多種寫法，但是學界對其來源和形體演變關係没有確定一致的看法。有認爲此字來源於佛教符號“卐”。如《龍龕手鏡・雜部》：“三俗音萬，是如來身有吉祥文也。”①丁福保《佛學大辭典》（1984:1160）“万”字條下詳細指出，“卐”非字，也非“萬”字之原初，只是一種吉祥標誌。還有認爲是“方”字之省（胡吉宣，1989:3559）。這些説法都源於佛教，但於音義無法解釋。由於漢字簡化字中很多都來源於草書，因此我們推測“万”形可能與草書簡化有關係，但“萬”的傳世草書形與“万”還是有些差距，演變過程不是很清楚。

出土材料中可見最早用作數詞的“万”字，見於《隸辨》所載，其記曰：“《建平郫縣碑》賈二万五千。”②可惜我們未能找到《建平郫縣碑》原迹，不知其是否屬實。存見的漢碑中如永平元年《何君治閣道碣》“□徒万八千四百□”之“万”作“”等（毛遠明，2008:0018）③。在隋唐五代前後出現不少比較有趣的“万”字形，如敦煌文獻中“万”寫作、形（黄征，2005:417），也用作數詞。五代時期“應天元寶”後背的“万”還有寫作、④。《廣碑别字》中收《遼北大王墓誌》也見丏形（秦公、劉大新，1995:2）。總的來説，隋唐前後俗字“万”還有万、丏兩種特殊的寫法。

出土材料中用作數詞的“万”形，在漢印、銅器銘文、漢簡中都有出現。漢印中如臣郅千万（周曉陸，2010:178）、臣王千万（周曉陸，2010:254）、樊千万（周曉陸，2010:267）、日利千万（周曉陸，2010:297）、長樂千万（周曉陸，2010:380）等。銅器銘文中也出現多次，字形比較特殊的如“何大万”盉中的“万”寫作（徐正考，2007:4），“千万”鉤中的“万”寫作（徐正考，2007:4）。漢印中的“万”通常與“千”合在一起使用，如，“千万”兩字合在一起，很像合文。所以説漢印中“千万”的“万”，也有可能作丏形。

以上所見早期的資料主要是鑄刻的文字，字形變化的痕迹可能在鑄刻中被掩蓋掉。其實墨迹書寫的數詞“万”在漢簡中就已出現，只是因爲數量太少，而且字形奇怪，不容易引起大家注意，如：

①釋行均：《龍龕手鏡・雜部》卷三，《續古逸叢書》據上海涵芬樓叚江安傅氏雙鑒樓藏本影印，第67頁。

②顧藹吉：《隸辨》，康熙五十七年項氏玉淵堂刊本，第142頁上。

③此條承蒙審稿專家提供材料，在此謹表謝意。

④此圖片來源網絡：http://blog. sina. com. cn/s/blog_ba0b4daa0102vea5. html。

□四萬，未☐（居97 • 1B）①

積十四萬七千卌步。（居新EPT57 • 78）

萬四千五（肩伍73EJD:188B）

以上三簡“萬”字後所附爲原簡字形。從簡文内容可以確定，上舉諸形即是用作數詞的“万”。這是目前手抄文獻中，最早用作數詞的“万”形。我們發現漢簡中的“万”形來源與漢簡“萬”之草書有直接關係。萬，漢簡草書簡化幅度比較大，最簡化的字形可以寫作（居新EPF16 • 37）、（居484 • 2）、（敦1300）等。這些都是漢簡中比較常見的形體。這幾種字形與上舉銅器銘文中形，可以算作形體相同。兩者形體上存在的一些較小差異，主要是手寫文字與鑄刻文字形成方式造成的。“萬”字在漢簡中還有兩種形體作（額2000ES7SF:16A）、（肩73EJT9:136），與前面的漢簡字形對比，不難看出其間的簡化關係。將漢簡的“萬”字草化演變過程梳理成演變圖，就更容易清楚字形的演變關係，字形關係如下：

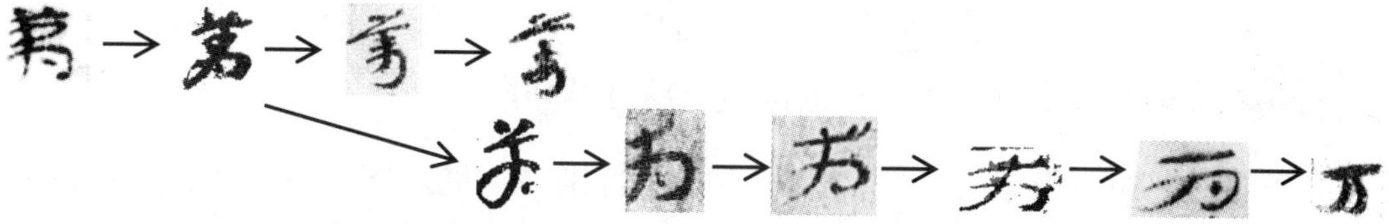

上面的形體中（居231 • 116）、（敦2189）算是初期草化幅度比較小的字形。（敦618A）、（東48B）兩形應該是前兩形的草化結果，“萬”的後世草書如（趙孟頫）形，就是採取這兩種字形改造規範而成。前舉銅器銘文中的形，應該是或形楷化簡省的結果。同時也可以清楚，後世的“万”寫作万、万形，其實是保留、等原始字形的痕迹。《字彙補》“萬”字頭下收一形，也應該是“萬”的草書楷化字，只是轉刻之後略有訛變。包括前面提到《龍龕手鏡》中的三形，可能也是手寫草書的“萬”形，轉刻成雕版後造成的訛形。由於在後世傳抄過程中，字形逐漸規範化，原始文字痕迹逐漸消失。如叢書集成本《玉篇 • 方部》所收“万”下也有万形，但其他修訂本的《玉篇》都修改作通行的“万”形。以至於完全看不出演變根源，所以才有了與佛教“卐”形相附和之説。

通過以上梳理可看出，漢以後的很多“万”形可與漢簡草書建立字形演變關係，同時後世的不少俗字也保留了漢簡草書的構形因素，如敦煌文獻、碑刻、字書等材料

①本文所引用的漢簡釋文和字形圖片均採用“簡稱+簡號”形式。各書籍的原始信息和簡稱（末尾括弧内爲簡稱）如下：簡牘整理小組《居延漢簡（壹-肆）》（居），“中研院”歷史語言研究所，2014-2017年；甘肅省考古文物研究所《居延新簡——甲渠候官》（居新），中華書局，1994年；甘肅簡牘保護研究中心等《肩水金關漢簡（壹-伍）》（肩），中西書局2011-2016年；甘肅省考古文物研究所《敦煌漢簡》（敦），中華書局，1991年；魏堅《額濟納漢簡》（額），廣西師範大學出版社，2015年；長沙市考古文物研究所等《長沙東牌樓東漢簡牘》（東），文物出版社，2006年。

中出現的万、万、㝵等俗字，實際是保留了“萬”字從草書演變而來的痕迹。説明漢以後的“万”有一部分是受漢簡草書影響簡化而來。同時，漢代一些“万”形可能保留了戰國時借用“丏”古文字形體的用法。那麽，漢以後的“万”形至少由兩條綫發展而來。一條是繼續借用戰國時“丏”的古文字形體，一條是從漢簡草書簡省字形發展而來。本文則强調的是漢以後“萬”的各種俗字形體大部分是受草書影響而來。

二、漢簡中的“厶”與後世俗寫的關係

漢簡中有一種以“厶”代名字的情況，例如：

謹已劾厶領職教敕吏毋狀叩頭死罪（居新EPF22 • 131）

十月晦具[①]書大泉都厶再拜言（敦60）

望闕廷過獲誅則余魂毋所恨臣厶叩頭（敦145）

上舉的情況在漢簡還有一些，但數量不是特别多。從内容上看，“厶”應該是代替人名，李均明（2009:137）認爲這些地方代表的是草稿發文人，並認爲凡是人名處用“厶”代替的簡牘都是草稿。這種説法有一定道理，不排除有這種可能，但僅憑這個“厶”字來作判斷，似乎有些簡單。除了李均明所舉敦煌簡外，在居延新簡中也有類似的情況，如：

彭祖徒署白石部，移書責厶。（居新EPS4T2 • 52第二欄第二行）

厶爰書自證，不當償彭祖錢，已决絶。（居新EPS4T2 • 52第二欄第三行）

複責厶錢，厶自證爰書在殄北候官。（居新EPS4T2 • 52第二欄第四行）

□□□山央跡界，郭跡。正月六日，候史利詣厶治所。（居44 • 8+44 • 10）

居新EPS4T2 • 52簡是一枚長牘，内容很多，上舉爲相關内容節録。此牘主要是爰書性質，主要記録民事債務關係。其中的“厶”也是代替人名。上舉居延舊簡中“詣厶治所”性質與上面的相同，雖然不能確定是代替人名還是官名，但可以確定其代替的方法、性質與上面所説的都一樣。

在敦煌遺書中有“厶乙”作代稱的情況，與上面的漢簡相似。蔣禮鴻《敦煌變文字義通釋》（1991:4）“某乙、厶乙”條解釋説：“是一種‘寓名’，可用於自稱，也可以用於他稱，而且貴賤男女通用。”按，某即是厶，傳世典籍作“某”，手抄俗

①具，以往釋文皆作“闕”，形義皆不合，當改釋。

寫作"厶"，蔣禮鴻文中有非常清楚的解釋。蔣文中舉了很多傳世文獻和敦煌變文的例子，例如：

唐天子太宗皇帝李厶乙生魂。（《敦煌變文集》209頁。按：厶乙代替唐太宗）

有唐嗣天子臣某乙，敢昭告於昊天上帝。（《大唐新語》卷十三，《郊禪》第三十。按：某乙代皇帝名）

内侍省牒言："弓箭庫使正議大夫内謁者監某乙，請少恩例，用階蔭子。"（《唐闕史》卷上，鄭侍郎判司勳檢條。按：某乙代替官人名）

將這些情況與上舉漢簡中的"厶"出現的情況對比，可知兩者的書寫内容、形式、代替方法都没什麼特殊的差别。不排除漢簡中的"厶"有草稿書寫時的特殊代寫原因，但與後世的相似情況聯繫來看，漢簡的"厶"也同"某"，漢簡中的"厶"與後世的"厶（某）乙"應該是前後繼承發展關係。所以，漢簡中的"厶"不一定只是草稿中的代稱，可能在日常書寫中，甚至在上奏文書中已經作爲一種謙稱使用。

還有一個字形與上面所舉幾支簡相同，但是産生的原因可能不一樣。或者也可以説明漢簡俗字變化與敦煌俗字變化的聯繫。簡文作：

厶籠一，破。（居311 • 31A）

這支簡中的"厶"，《甲乙編》未釋，《集成》釋文作"狗"。如果單從字形上完全看不出是"狗"字，與前面所説的"厶"没什麼太大區别。之所以釋作"狗"，主要是通過簡文内容對讀出來的。厶籠就是狗籠。但在字形上很不好解釋，漢簡中没有出現過這種情況。如果聯繫敦煌俗字的演變過程，就容易説明這個問題了。中村不折藏敦煌經卷044號《小乘戒律注疏》："我舍厶法僧、辟支厶。"從文義内容可以明顯看出，這段經文中的"厶"即是"佛"的俗字（參看于淑健，2008）。敦煌文獻中常見"佛"俗寫作"仏"（黄征，2005:114）。"厶"作爲"佛"的俗字，應該是從仏到厶的簡化過程。漢簡中的"狗"寫作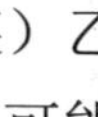（敦1985），由這種形簡化作"厶"，其實與敦煌"佛"俗字的演變情況是完全一致的。不過，敦煌俗字從佛到仏形，是一個偏旁符號化的過程，然後取俗字一部分代替原字。而從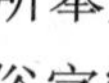形到厶則是直接取字形一部分代寫。

我們在整理漢簡時發現，很多後世的俗字在漢簡中就已經使用了。我們上面所舉的萬、厶就是這種情況。像這種情況還有不少，比如"老"漢簡寫作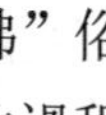（肩73EJT9:332）、（肩73EJT4:8）。漢《孔宙碑》中也有這種寫法。中古文獻中"老"寫作"先人"的寫法（張涌泉，2010:26），其俗變在漢代就已經開始。這種情況還有"涼"寫作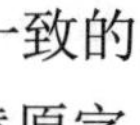（肩73EJT8:64）、"餐"寫作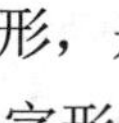（敦243B）等，都可以稱得上是後世俗字之源。其實還有很多俗字在漢簡中都能找到源頭，只是現在研究漢簡者不太關注

後世敦煌文獻、墓誌碑刻等中古文獻，而作中古文獻研究者對漢簡的熟悉程度又不太够，其結果必然失之偏頗，無法找到完美的結合。近幾年有很多相關的碩博論文，大多注重單一材料的挖掘而缺少縱向聯繫，這就難免忽視對不同時段不同材料的深入交叉研究，如果能做到前後聯繫看問題，上面所說的萬、厶這種小問題，應該很容易就發現。

當然，不同時段不同材料的文字交叉研究的前提，是對每個時段的每種材料的深入。儘管如此，我們在研究任何一個時間段的任何一種文字都應該有貫通融合的意識，這樣才能建立文字横向和縱向的二維空間，才能更清晰文字的發展演變軌迹。

參考文獻：

黄德寬（主編）　2007　《古文字譜系疏證》，商務印書館。
李旭昇　2010　《説文新證》，福建人民出版社。
湯餘惠（主編）　2001　《戰國文字編》，福建人民出版社。
丁福保　1984　《佛學大辭典》，文物出版社。
胡吉宣　1989　《玉篇校釋》，上海古籍出版社。
黄　征　2005　《敦煌俗字典》，上海教育出版社。
蔣禮鴻　1991　《敦煌變文字義通釋》，上海古籍出版社。
李均明　2009　《秦漢簡牘文書分類輯解》，文物出版社。
毛遠明　2008　《漢魏六朝碑刻校注》，綫裝書局。
秦　公、劉大新　1995　《廣碑别字》，國際文化出版公司。
徐正考　2007　《漢代銅器銘文研究》，作家出版社。
于淑健　2008　《敦煌佛經俗字誤讀釋正》，《文獻》第2期。
張涌泉　2010　《漢語俗字研究》，商務印書館。
周曉陸　2010　《二十世紀出土璽印集成》，中華書局。

On the Evolution and Origin of Two Common Characters

Li hongcai

Abstract: Through the crossover study of Han Dynasty bamboo slips and later common characters, this paper proposes that the simplified Chinese character "万" comes from cursive script of the Han Dynasty bamboo slips, and that "厶" in Han Dynasty bamboo slips and "厶" in the remaining Dunhuang(敦煌) manuscripts in later times should be the relationship of evolution before and after because they have the same usage mode, nature and expression meaning. Based on the crossover study, it is proposed that Han Dynasty bamboo slips should be fully utilized to analyse the origins of common characters.

Key words: 万；厶；厶乙

（李洪財，湖南大學嶽麓書院　長沙　410082）

《新見漢牘〈倉頡篇〉〈史篇〉校釋》簡介
——附論《倉頡篇》《史篇》的形制

劉 桓

摘 要：漢牘《蒼頡篇》是漢代閭里書師增補本，總字數2160字，屬於字數最多之本，新見本保留很多整板文字，多存序號，據此可知書中許多章的先後次序，包括《蒼頡》《爰歷》《博學》三個部分所屬。凡此，對於研究《蒼頡篇》版本及各章文意、訓詁，具有重要价值。《史篇一》《史篇二》重昭於世，特别是《史篇一》的辨識，具有一定的學術價值。凡此構成研究《蒼頡篇》《史篇》新的基礎。漢牘《蒼頡篇》形制有传承，每板長度根據西漢尺計算應爲二尺，而非二尺四寸。

關鍵詞：漢牘；《蒼頡篇》；《史篇》；版本比較

2009年，我在北京有幸得到一位朋友收藏的上面用漢隸書寫的漢代木牘的圖片資料。而對這些圖片上的隸書文字，我陸續作釋文和釋讀研究，始知其中包括三種古書，即漢代的《蒼頡篇》和兩種《史篇》，此外還有一首漢代《風雨詩》。因爲没有書名，除了《蒼頡篇》之外，當時不知道是什麼書，故定名兩種《史篇》頗爲躊躇，經過研究比較才基本弄清書名，分别定名爲《史篇》一、《史篇》二。其中釋讀文字難度較大的是《蒼頡篇》，因爲有的地方文字漫漶，難以識别，斷斷續續，歷時數年，先後参考阜陽漢簡本《蒼頡篇》、北大本《蒼頡篇》和甘肅水泉子七言本《蒼頡篇》，反復覈對字形，修改釋文，才編撰出《新見漢牘〈蒼頡篇〉〈史篇〉校釋》一書（中華書局，2019年）。

秦始皇二十六年（前221），秦初併天下，就開始“書同文字”，即進行統一文字的工作。據《漢書·藝文志》記載，丞相李斯等作的《蒼頡篇》，其中包括李斯作《蒼頡》七章，車府令趙高作《爰歷》六章、太史令胡毋敬作《博學》七章，其文字多取《史籀篇》，用所謂秦篆，作爲標準字體。漢代閭里書師將這三篇合爲一書，名《蒼頡篇》。此書經他們增補修訂後分55章，每章60字，共3300字。漢代木牘《蒼頡篇》係墨寫隸書，秀麗有法度，每板60字，大致完整及每板字數達到一半的有四十五板，殘板十餘板，總字數爲2160字，是目前所知比北大漢簡《蒼頡篇》（1325字）、阜陽漢簡《蒼頡篇》（541字）字數都要多的本子，而且其中很多木牘序號墨迹清晰可辨識，可以看到很多整板的文字，據此可知原書許多章的先後次序，而且還能看到《蒼頡篇》一書將近60%的内容，若加上參校諸本補上的文字，則大約可以看到全书70%的内容，甚爲可貴。非但如此，還可以首次从内容上十分清楚地區分出書中《蒼頡》《爰歷》《博學》三個部分，可以判知這三個部分各占多少篇幅。尤其重要的是，借助漢代木牘《蒼頡篇》，可以對北大本《蒼頡篇》原來根據押韻情况排列的順序重新加以調整排列，由此筆者對漢代《蒼頡篇》的幾個本子的異同及先後順序産生了新的認識。《蒼頡篇》諸本，以阜阳漢簡本最早，應是漢文帝十五年（前165）以前的本子；北大本次之，是漢武帝後期的本子；漢牘本略晚於北大本，可能是漢武帝晚期的本子，下限不會晚到漢元帝時期，漢牘本應略早於水泉子漢簡七言本。

由於漢牘《蒼頡篇》的發現，再加上自20世紀以來《蒼頡篇》殘簡的幾次發現，特别是70年代阜陽漢簡《蒼頡篇》的出土，還有2007年《英國圖書館藏斯坦因所獲未刊漢文簡牘》的出版，其中有《蒼頡篇》的殘片。此後甘肅水泉子七言本《蒼頡篇》的公布，以及《北京大學所藏西漢竹書（一）》即《蒼頡篇》的出版，遂使《蒼頡篇》研究，柳暗花明般地進入了一个新的階段。現在的研究，已經不同於清代學者所做的傳世文獻的輯佚，而是以出土文獻爲主與傳世文獻相印證；也不同於以前只能進行零星字句，至多是個别篇章的研究，而是開始既能够對照諸本進行更多的字句訓詁研究，也能够從許多整板（章）的文字中探討文意，從聯屬的字句中尋繹其訓詁，也就是開始在一个在新的基礎上進行研究。儘管我們看到的仍非全書，却已經不是管中窺豹，能看到全書的一多半，從而大大縮短了將來或許能得窺全豹的距離；同時，我們已經有條件對上述四个重要本子進行比較研究，判斷各自的時代先後，流傳演變。這樣我們就可以不同於過去的尋章摘句，而能以新的視角審視和發現問題，並解决一些疑難問題。

《蒼頡篇》每章60字，已經是按字數分章，漢代閭里書師五十五章本是3300字。可能是因爲字数還是不敷使用，滿足不了社會上的人想多識字的需求，漢牘《蒼頡篇》雖然五十五章應相同，但其中有六章各爲兩板120字，文字有所擴充，總字數達到3660字之多。因爲不是整本，估計全書字數還要多於此數。通過不同本子的比較研究，對照《説文解字叙》《漢書·藝文志》等文獻，可以確定漢牘《蒼頡篇》是漢代閭里書師五十五章本的增補本。過去學者看到阜陽漢簡《蒼頡篇》中有“飭端脩法”這一句，就認爲該本是秦本。現在回過頭來看西漢時期北大本、漢牘本都有“飭端脩法”這一句，始知不能以此作爲判斷秦本的依據。不僅如此，阜陽漢簡《蒼頡篇》、北京大學所藏西漢竹書《蒼頡篇》的一些字句大都見於漢牘《蒼頡篇》，可知阜陽漢簡本《蒼頡篇》、北大本《蒼頡篇》所依據的原本並非秦本，而是漢初閭里書師已經有所修改的本子，只是修改的程度不一，保留秦本原貌的情況有所不同而已。

本書在不同本子的文字校正方面頗有創獲，例如阜陽漢簡《蒼頡篇》有兩句：“殣棄臞（字下端從“又”爲繁文）瘦，兒孺旱陽”（此句，復旦大學出土文献與古文字研究中心讀書會對照水泉子本第6簡校訂爲“兒孺旱殤”），北大本後一句作“兒孺旱殤”；然水泉子本此句“旱”字筆畫稍有殘缺，有點像“旱”，又很像“里”，過去受阜陽漢簡本、北大本的影響，研究者大都認爲應該讀“旱”。但是漢牘本第十二板清楚地作“殣棄臞瘦，兒孺俚殤”，而且《一切經音義》引《蒼頡》曰：“國之下邑曰俚。”清朱琦《説文假借義證》引此説：“是以俚为里之假借。”现在看来水泉子本“旱”應釋讀爲“里”，通俚。又如《英斯》（《英國圖書館藏斯坦因所獲未刊漢文簡牘》的簡稱）3477有“景桓昭穆”之句，漢牘《蒼頡篇》第四板“景桓昭穆”的“桓”，僅能看清木字旁，阜陽漢簡《蒼頡篇》也是一樣，通过互校“桓”字可以确定；但是阜陽漢簡“景”作“鬲”，文意欠通，釋文值得重新考慮。根據《淮南子》等文獻，可知“景桓”應指齊國的景公、桓公，較爲合適。看來阜陽漢簡《蒼頡篇》的“鬲”字，若非本身是錯字，則很可能就是因爲“景”字模糊不清造成的誤釋。類似别的文字校正，還涉及北大本，在此不能一一舉例説明。

在文字訓詁方面，《蒼頡篇》號稱難讀。我認爲《蒼頡篇》與《説文》的訓詁有同有異，同於《説文》字義的可能不多，更多的是不同於《説文》的字義。《蒼頡篇》的資料中，還有一些傳统的訓詁資料，在《漢書・藝文志》和《説文解字叙》都有一些記載。如揚雄《蒼頡訓纂》一篇，杜林《蒼頡訓纂》一篇，杜林《蒼頡故》一篇。此外，還有《隋書・經籍志》記載的《三蒼》三卷，郭璞注；《埤蒼》三卷，張揖撰。可惜這些資料早已失傳，没有很好地保存下來，因此需要從古書中輯佚。自從清代乾隆年間學者孫星衍的《蒼頡篇》輯本出來之後，至近人王國維時已經出現了十餘個輯佚本。從中可以看到前人解讀《蒼頡篇》的詞語訓詁，從而得到這樣的認識。另外原本《玉篇》和《廣雅疏證》也有若干與《蒼頡篇》相關的訓詁資料。本書循此以求，希望恢復訓詁原義，頗有創獲。例如漢牘《蒼頡篇》第三十六板中有一句“頳犺播耕”，過去不知道怎麼講，根據王念孫《廣雅疏證》引《説文》：“健，伉也。”又，“犺，健犬也。”《漢書・宣帝紀》：“犺健習騎射。”顔師古注：“伉，强也。”可知犺應讀伉，指强健者。播耕，耕種，《韓非子·外儲説左上》提到“夫賣庸而播耕者”，可爲證。所以這句大意是説，依靠强健者進行墾田耕種。又如第四十二板“淺污（阜陽本作“䍃”）盱復”，“淺污”怎麽講？《儀禮·士虞禮》：“淳尸盥執槃。”鄭玄注：“槃以盛棄水，爲淺汙人也。”清朱珔《説文假借義證》：“淺音箭，與濺同。”像这樣疑難的字句，所在多有。對於注釋的補充，只能是儘可能爲之，亦不可强求。本書在這方面也做了一些工作，或填補缺釋的空白，或豐富注釋的材料。由於本書材料的豐贍有序，能顯示全篇大意的頗多，通過不同版本來研究注釋，就可以弄清一些疑難字句的文義。我相信，随着大家掌握材料的增多，理解能力的提升，對於疑難字句的正確解讀必然会更多。

本書的另一項收獲是通過漢牘本《蒼頡篇》參考其他各本，尋求未按60字分章前此書文字的原貌，來解讀文字訓詁。例如第六章，根據漢牘《蒼頡篇》、北大漢簡《蒼頡篇》、阜陽漢簡《蒼頡篇》，並參考甘肅水泉子七言本《蒼頡篇》以上各簡連綴起來，可以看出第六章按60字分章後是：

> 變大制裁，男女蕃殖，六畜逐（遂）字，顫觥觭贏，骫奊左右，勢悍驕裾，誅罰貲耐，丹勝誤亂，圄奪侵試，胡貉離絶，冢槨棺柩，巴蜀筡竹，筐篋奩笥，廚宰犓豢，甘醪羹胾。

“變大制裁”出現在第六章首句，頗顯突兀，文意也不好理解。北大本《蒼頡篇》“飭端脩灋，變大制裁”還没有分屬兩章，這兩句連在一起講，則文意清楚，比較好理解。我意這兩句秦本即有，“端”最初也許本應作“政”，即“端”有可能就是“政”的避諱字，延續下來諸本皆作“端”，文意未變。秦國飭政教、修法令的傳統做法在秦始皇時期得到發揚，此時實行皇帝中央集权制，一旦發現某一政治勢力要變大，就會加以制裁。《史記·秦始皇本紀》記載的嫪毐被殺就是這方面的一個例子，與此相關聯的是“十年，相國吕不韋坐嫪毐免”。看來“變大制裁”不是一句空話，而是依據具體史實概括出來的。由於政治穩定，生産發展，這才出現“男女蕃殖，六畜逐（遂）字”，即人口增長，六畜興旺的景象。

再看漢牘《蒼頡篇》少有的記載，在一定程度上反映了當時的社會生活。例如第三十五板儘管文字頗見縮略語，很顯然叙述的是鬼薪、白粲從事的舂米勞動以及逃亡的故事，鬼薪、白粲秦律有記載，《蒼頡篇》有這方面的内容是非常難得的。

漢牘《蒼頡篇》因爲原來圖版漫漶，有的字無法看清，釋文難免會有出入，幸好在本書稿校對之際，遇到北大簡率先出版，經過與北大簡仔细對照，重新覈對釋文，保證了釋文的準確。由於《蒼頡篇》内容較多，有些地方釋讀難度很大，加上古代訓詁的失傳，得到原文一句或两句確釋，洵非易事。本書的注釋，只能是盡力爲之，亦不可强求。筆者在這方面也花费時間做了努力，儘量豐富注釋的材料。儘管筆者下了很大功夫，但以一人之力想解决諸多疑難問題，亦勢所不能。本書由於材料豐贍有序，版本研究有所推進，注釋能照顧到全篇，因此嘗試解讀了若干疑難字句的文意，这些解讀到底是對還是不對，有的目前可以判定，有的可能還要在相當長的時間裏反復驗證來判定。

由秦到西漢，先是用篆書、隨後用隸書書寫的《蒼頡篇》終於取代了周朝用籀文書寫的繁難的《史籀篇》，可是《蒼頡篇》仍然不够通俗易懂，其中疑難字詞不少，所以終於在漢元帝時被史游編撰的文字平易的《急就篇》所取代。後來到南北朝時期，又讓周興嗣的《千字文》獨領風騷。唐宋以降，《兔園册》《百家姓》等蒙學著作流傳甚廣。看來文化流向普及方向、文字書寫追求便捷這一歷史潮流，是不可抗拒的。

作为本書重要内容的《史篇》，亦稱《史書》，過去只是在讀《漢書》《説文解字》時看到《史篇》書名，却難知其詳。對此做过研究的如清代段玉裁、近人王國維只能籠統地説，而不能實指其書。應該説最初的《史篇》本指《史籀篇》，是西周時期的文字學著作，其字形是大篆。《説文》收録了若干個字。郭忠恕的《汗簡》一書亦收録了一些《史篇》（稱爲《史書》）文字，全都是古文字字形，説明這個《史篇》《史書》是《史籀篇》的簡稱。到了漢代，《史篇》已經不是《史籀篇》，而成爲内容較爲淺易、用隸書書寫的另一種文字學書。由此判斷，唐宋以來前人恐怕都無缘一睹漢代的《史篇》。從現代考古發現來説，其實漢代《史篇》的殘簡，英國圖書館所藏就有著録，也就是説《史篇》考古發現其實可以追溯到上个世紀1906-1908年斯坦因第二次中亞探險。近年考古发掘在甘肅水泉子出土的漢簡七言本《蒼頡篇》中也混有《史篇》的殘簡。唯因缺少依據，以前對上述两書中混在《蒼頡篇》中的《史篇》均無法鑒別區分開來，一直被誤認爲是《蒼頡篇》。這次在這批漢牘資料中清晰顯示出《蒼頡篇》和《史篇》兩書的共存關係，漢代揚雄《法言·吾子》云："或欲學《蒼頡篇》《史篇》（李軌注："多知奇難之字，故欲學之。"），曰：史乎史乎，愈於妄闕也（李注："再言'史乎'者，善之也。言勝于不學而妄名，不知而闕癈。"）。"即以兩書相提並論。這種共存關係，其實在《英斯》和甘肅水泉子出土的七言本《蒼頡篇》中也同樣存在，以前與《蒼頡篇》的文字混雜在一起無法區分，現在借助漢牘本，水泉子本《蒼頡篇》和《英斯》兩書中的《史篇》文字都可以區分出來。《史篇》重昭於世，這不能不説是《史篇》研究中一件幸事。

説到《史篇》一、《史篇》二，《史篇》一的内容有十五板，主要是叙述史者的遭遇和所見所聞，反映秦漢社會生活的真實情況。其中若干詞語，後來爲《急就篇》所採用。《史篇》二的板數多達四十九板，内容更爲豐富，如第一板説：

> 興章造寫，教勑僮子，發蒙昭性，從表入里，以著卷次，天地本紀，陰陽變化，消息所起，五方□□，〔四〕時之始，〔萬〕物升降，人道義理，聖賢所貴，脩文書史，勉力亟學，福禄歸之。

从“教勑僮子”“修文書史”等句来看，這當是閭里書師教授的《史篇》一類的識字課本。因此其内容是由淺入深，從天地形成、陰陽變化到人道義理，方方面面，全都谈到。各板内容涉及为君之道、为臣之道等政治倫理道德，冠禮、昏禮、丧禮等禮儀，還有家庭倫理道德，包括孝道，以及個人修養，内容十分豐富。此書涉及許多古代典籍，如《詩經》《易經》《論語》《孟子》《禮記》《儀禮》《管子》《荀子》《文子》《淮南子》《孝經》和賈誼《新書》，其中《禮記》的内容最多，有的部分甚至可以説是《禮記》内容的普及本。值得注意的是個别内容還見於王符的《潛夫論》。

至於本書收載的那首漢《風雨詩》，敦煌漢簡亦有之，詩名就是前人定的。董珊（2010:417）曾有簡明介紹：“1913年至1915年，斯坦因第三次中亞考察時，在甘肅敦煌哈拉湖南岸漢烽燧遺址獲得一批木簡，其中的一板木簡上寫有一首詩，在民國時張鳳著《漢晉西陲木簡彙編》中命名爲‘風雨詩木簡’。”關於風雨詩的著録與研究情况，董珊（2010）、許雲和（2011）都有較爲詳盡的闡釋。應該説從版本比較來看，漢牘本在年代上要早於敦煌漢簡本，在文字方面頗有優長之處，可以訂正敦煌本的錯字。本書於《風雨詩》在以上兩家研究的基礎上，斟酌取舍，對詩的作者和詩義又做了新的解讀。例如從詩的内容來分析判斷，《風雨詩》的作者很有可能就是一位閭里書師，而不是一位地方官。

《新見漢牘〈蒼頡篇〉〈史篇〉校釋》一書出版不久，就有學者質疑漢牘《蒼頡篇》《史篇》，説材料是假的。其中一個重要理由是，此牘的上端涂紅色，穿孔，每板三行文字，這種形制從來没有見過。並且説牘的長度47釐米，約等於漢代二尺四寸，古書説“二尺四寸，聖人文語”。《蒼頡篇》《史篇》怎麼可能記在記“聖人文語”的二尺四寸的簡牘上？

關於此書材料的真僞，我想凡是研讀過此書的學者自能鑒别，相信自有公論，不須由我再詞費。不過形制問題，既然提出來，還是應該加以説明的，因爲在考古方面並非全無佐證。所説漢牘的上端涂紅色，穿孔，下面爲序號，這種形制是以前没見過的。按近年發現的漢海昏侯墓出土的木牘（M1:92），从圖片上看上端未涂紅，但是有穿孔，下面爲序號，則很清楚（江西省文物考古研究所等，2016:60）。又説每板三行文字，從來没有見過。按四川省青川县戰國墓出土的秦國木牘有兩板，其中一板文字已殘損不清，無法辨識；另一板正面文字清清楚楚就是一板三行（四川省博物馆、青川縣文化館，1982:11）。這兩方面相結合大體就是漢牘《蒼頡篇》的形制了。以上資料廣泛傳播，爲學者所熟知，考古工作者當能提供更多的資料。

至於漢牘長度折算問題，頗可討論。誠然，可能有些地區漢牘長度47釐米，約等於漢代二尺四寸，古書《論衡》説“二尺四寸，聖人文語”。確實所謂“聖人文語”，一般指儒家經典，當然不會包括《蒼頡篇》《史篇》。漢牘《蒼頡篇》長47釐米，西漢一般以一尺爲23.1釐米，質疑者説等於漢代二尺四寸，乍看不能算錯。不過，西漢時期，實際上各地尺度情況複雜，標準並不統一，23.1釐米一尺，不能視爲一成不變。《漢語大詞典》的《附録》有《中國歷代度制演變測算簡表》列舉了考古發現的西漢尺，一尺有23.5釐米的，有23.6釐米的，有23.2釐米的，有23釐米的，等等。如果按一尺23.5釐米算，47釐米正好二尺。另一方面，考慮到一般人根本不敢逾制，我認爲47釐米應爲二尺（我在此書《前言》中未加詳細説明，只説是“二尺餘”），而非二尺四寸，較爲合適。還有一个旁證，張存良、吴葒（2009:88）説甘肅永昌水泉子漢簡長度爲19-20釐米，約合漢尺八寸。引用《儀禮》孔疏引鄭玄注《論語序》曰：“《易》《詩》《書》《禮》《樂》《春秋》策，皆長二尺四寸；《孝經》謙，半之；《論語》八寸策者，三分居一，又謙焉。”如果按一尺23.1釐米算，2.31×8=18.48釐米，8寸顯然不到19釐米。若按一尺23.6釐米算，2.36×8=18.88釐米，勉强接近19釐米。東漢骨尺一尺23.8釐米，2.38×8=19.04釐米，這個8寸才過了19釐米，但是也不到20釐米。這説明西漢23.1釐米一尺，在一些地方並不通用。從多方面綜合分析，漢牘長度47釐米，約等於漢代二尺四寸的説法，不符合漢代社會各地尺度標準並不整齊劃一的實際，故此説未允。

最後，關於《蒼頡篇》我想説的是，最近得讀張傳官先生的《談談新見木牘〈蒼頡篇〉的學術價值》一文，感到要在新的基礎上研究《蒼頡篇》漸成共識。在古代《蒼頡篇》流傳時期，研習此書及《爾雅》《廣雅》者頗多，故一度盛行“蒼雅之學”。但是隨着《蒼頡篇》的亡佚，文字資料散失，此學亦隨之式微。在出土文獻不斷出現的新的歷史時期，由於幾種《蒼頡篇》本子陸續著録，無疑將使《蒼頡篇》的研究登上一个新臺階。展望未來，學者借助這些《蒼頡篇》的不同本子，在深入研究比較不同本子的基礎上，無論是文字訓詁，還是各章文意以及全書的結構，通過攻堅克難，一定會不斷取得新的成績，距離恢復全書的原貌及前人的訓詁，一定越來越近，傳承光大“蒼雅之學”，就在眼前。至於《史篇》一、《史篇》二的研究，有待開闢拓荒之處尤多，學者特别是秦漢史學者，一定能從中發現很多有價值的新材料，使研究不斷取得新的進展。

参考文獻：

董　珊　2010　《敦煌漢簡風雨詩新探》，復旦大學出土文獻與古文字研究中心編《出土文獻與傳世典籍的詮釋——紀念譚樸森先生逝世兩周年國際學術研討會論文集》，上海古籍出版社。

許雲和　2011　《敦煌漢簡〈風雨詩〉試論》，《首都師範大學學報（社會科學版）》第2期。

江西省文物考古研究所　南昌市博物館　南昌市新建區博物館　2016　《南昌市西漢海昏侯墓》，《考古》第7期。

四川省博物馆　青川縣文化館　1982　《青川縣出土秦更修田律木牘》，《文物》第1期。

張傳官　2020　《談談新見木牘〈蒼頡篇〉的學術價值》，復旦大學出土文獻與古文字研究中心編《出土文獻與古文字研究》（第9輯），上海古籍出版社。

張傳官　2020　《新見漢牘蒙書三種校讀筆記》，復旦大學出土文獻與古文字研究中心編《出土文獻與古文字研究》（第9輯），上海古籍出版社。

張存良　吴　葒　2009　《水泉子漢簡初識》，《文物》第10期。

A Brief Introduction to *Xinjian Handu Cangjiepian Shipian Jiaoshi*: Also on the Shape of *Cangjiepian* and *Shipian*

Liu Huan

Abstract: The *Cangjiepian*(倉頡篇) in the wooden tablets of Han Dynasty, the most complete one among all extant versions of the book, had ever been supplemented by suburban scribers in the Han Dynasty, its characters totaling 2160. In this version, all the characters on a tablet are often still extant; serial number for these tablets often remain, hence it is easy to identify the order in which many chapters in the book are arranged and distinguish *Cangjie*(蒼頡) and *Yuanli*(爰歷) and *Boxue*(博學) from each other. Without doubt this version has an important value for textual criticism, explanation and commentary works on *Cangjiepian*(倉頡篇). The rediscovery of *Shipian I*(史篇一) and *Shipian II*(史篇二), especially the textual explication of the former, would become the new foundation for their future studies. The physical forms of *Cangjiepian*(倉頡篇) in the wooden tablets of Han Dynasty conforms to the tradition of wooden tablet texts in the Han Dynasty, and the length of its every tablet should be 2 Chi(尺), not 2 Chi(尺) 4 Cun(寸), measured by the units in the Western Han Dynasty.

Key words: wooden tablets of Han Dynasty; *Cangjiepian*(倉頡篇); *Shipian*(史篇); version comparison

（劉桓，黑龍江省地方志辦公室編審　哈爾濱　150001）

《出土文獻綜合研究集刊》稿約

（2021年啓用）

《出土文獻綜合研究集刊》是由西南大學出土文獻綜合研究中心、漢語言文獻研究所主辦的學術刊物，旨在探賾索隱，推陳出新，宏揚原創，發表海内外有關出土文獻語言研究、文字研究、文獻研究等方面的學術論文和學術評論。本刊2012年开始籌辦，2014年正式創刊（半年刊），由巴蜀書社出版，現爲中文社會科學引文索引（CSSCI）收録集刊和人大複印資料來源刊物，並已收入中國知網和維普中文期刊服務平臺。

一、注意事項

（一）來稿若不屬本刊範疇，或經查證一稿多投，將直接作退稿處理。

（二）來稿字數以不超過3萬字爲宜，請按本刊规定格式用繁體字（一律使用新字形）排印，全文1.25倍行距。

（三）來稿請寄Word和PDF格式各一份至本刊編輯部電子郵箱，並以"《題目》、作者、（單位）、投稿日期（如《××××××》張三××大學20210609）"格式命名的附件發送。來稿切勿投寄個人，以免延誤審稿進度。

（四）來稿若用到特殊字體，請用附件形式把相應的字體文件發送過來；若用到自造字、圖表或其他特殊形式，請做成圖像文件發送過來；將Word文件轉換成PDF文件時，請確認來稿内容（尤其是自造字和生僻字）可以在PDF文件中正確顯示。

（五）來稿引文務請核對原文，確保準確無誤。

二、稿件格式

來稿請按16開（18.4cm×26cm）、每頁34（行）×36（字）排印。稿件内容請按如下順序撰寫：題目、作者、摘要、關鍵詞、正文、（徵引書目）、參考文獻、題目（英文）、作者（英文）、摘要（英文）、關鍵詞（英文）。作者簡介與聯繫方式請另附文檔。

（一）題目、作者、摘要、關鍵詞

來稿的中文題目限20字以内，摘要限300字以内，關鍵詞一般在3至6個。題目字體與字號爲宋體三號加粗（副標題宋體小三號），作者姓名爲仿宋體四號。“摘要”“關鍵詞”爲黑體小五號，摘要、關鍵詞的内容爲宋體小五號（左右縮進2個字符，並且首行縮進2個字符）。

題目、作者、摘要、關鍵詞的英文置於參考文獻後，字體爲Times New Roman。英文題目字號爲小四號加粗，其餘内容字號均爲11號。英文題目與關鍵詞請注意大小寫問題。

（二）題注

來稿若有所關涉的項目及需要向有關人員表示感謝等，應以“*”題注的形式標在稿件正文首頁下方，字體與字號爲宋體小五號，左側縮進2個字符，同時括注項目批准編號。

（三）正文

1. 正文文字請用宋體11號。

2. 正文中標題編排格式爲：一級小標題用“一”（居中、黑體四號）；二級小標題用“（一）”（左側縮進2個字符，宋體11號加粗）；三級小標題用“1. ……”（左側縮進2個字符，宋體11號）。

3. 正文中徵引的文獻例句用楷體11號（左右縮進2個字符，並且首行縮進2個字符），可於句後括注出處；例句如需排列，請采用（1）（2）（3）……的形式連續編號。例如：

（1）牧隻羌。（《甲骨文合集》39490/《合集》39490）

（2）韋橐，大、小十。（《敦煌漢簡》1147）

（3）躍躍毚兔，遇犬獲之。（《詩經·小雅·巧言》）

引文獨立成段時格式如下：

《風俗通義·過譽》有下面這樣的話：

孔子稱：“可寄百里之命，託六尺之孤，臨大節而不可奪。”相於之義，具於此矣。

4. 正文中涉及公元世紀、年代、年、月、日、時刻和計數等，均使用阿拉伯數字。

5. 正文中的圖片一定要清晰（不低於300dpi），達到出版標準；自造字或表外字一律采用圖片格式插入正文（不使用編碼方式造字），未經隸定的原形圖片字應儘量脱去底色。

6. 正文中圖片、表格如超過一個，請分別用“圖1”“圖2”……及“表1”“表2”……的形式標明序號。表格若跨頁，續表加排表頭，同時要標注“續表”二字。圖表内文字一律用宋體小五號，圖片名位於圖片下端並居中；表格名位於表格上端，齊表頭。

7. 正文中引述文獻標注順序爲：作者（編者）、發表年份、(頁碼)，作者（編者）與發表年份中間加逗號，發表年份與頁碼中間加“:”號，外加圓括號。例如：(朱德熙，1986)；(裘錫圭，2013:32)。參看文獻格式爲：參看、作者（編者)、發表年份、(頁碼)，作者（編者）與發表年份中間加逗號，發表年份與頁碼中間加“:”號，外加圓括號。例如：(參看裘錫圭，1992)；(參看李學勤，1995:78)。

如果引述或參看文獻不止一個，中間用分號隔開。例如：(參看朱德熙，1982；裘錫圭，2013:69)。正文中已出現作者姓名時，可在其後括注發表年份。例如：朱德熙（1986）指出；李學勤（1998:75）認爲；可參看裘錫圭（1992)。

8. 注釋

正文中的説明性注釋均采用當頁脚注（左側縮進2個字符，宋體小五號)，每頁重新編號，注碼采用①②③……的形式。僅是參考或引述的文獻等内容一般不作爲注釋出現。

（四）參考文獻

排在正文後，空一行。“參考文獻”黑體小五號，頂格。所引文獻、書目等宋體小五號，另起一行，頂格，回行空7個字符。參考文獻格式爲：

1. 期刊、輯刊或論文集中的文章書寫順序爲：作者或編者（2人以上，中間空1個字符)、出版年份（前後各空1個字符)、文題（加書名號)、(編者名)、刊名或論文集名（加書名號)、(出版社)、期數、(頁碼)。例如：

喻遂生　2002　《甲骨文單個祭祀動詞句的轉换和衍生》，《語言研究》第2期。
裘錫圭　1983　《戰國璽印文字考釋三篇》，《古文字研究》(第10輯)，中華書局。
李學勤　2016　《清華簡的文獻特色與學術價值》，姚小鷗主編《清華簡與先秦經學文獻研究》，生活 • 讀書 • 新知三聯書店。

2. 學位論文書寫順序爲：作者（2人以上，中間空1個字符)、出版年份（前後各空1個字符)、文題（加書名號)、學位授予機構及學位論文類型。例如：

陳　劍　2001　《殷墟卜辭的分期分類對甲骨文字考釋的重要性》，北京大學博士學位論文。

3. 專著書寫順序爲：作者或編者（2人以上，中間空1個字符)、出版年份、書名（加書名號)、有關章節的編號、出版社。例如：

張顯成　2004　《簡帛文獻學通論》，中華書局。
馬承源（主編）　2001　《上海博物館藏戰國楚竹書（一）》，上海古籍出版社。
太田辰夫　2003　《中國語歷史文法》（修訂譯本），蔣紹愚、徐昌華譯，北京大學出版社。

4. 報紙上的文章書寫順序爲：作者（2人以上，中間空1個字符）、出版年份（前後各空1個字符）、文題（加書名號）、報紙名（加書名號）、日期。例如：

黄德寬　2017　《漢語史研究要避免落入新材料的陷阱》，《文匯報》2月3日。

5. 外文參考文獻等書寫順序同中文。文章、書名排斜體。例如：

鷹取祐司　2017　《肩水金関遺址出土の通行証》，鷹取祐司編《古代中世東アジアの関所と交通制度》，汲古書院。
William H. Baxter, Laurent Sagart　2014　*Old Chinese: A New Reconstruction*, New York: Oxford University Press.

6. 其他。

非正式出版的論著或非紙質媒體發表的論著，可以當頁脚注的形式注明。

同一作者（編者）如有數條文獻的，逐條分行排列，按文章发表年份順序排列。作者（編者）在三人以上時，可在第一作者（編者）後加“等”字。

中文目録的編排順序以作者（編者）姓氏的音序排列；譯著按中文目録格式寫。外文目録一律排在中文目録後，順序先日文（文獻順序按作者姓氏中文讀音排序）後西文。

（五）作者簡介與聯繫方式

宋體五號。作者簡介包括：作者姓名、出生年月、籍貫、單位、職稱、學位、研究方向等。作者聯繫方式包括：通訊地址、郵政編碼、電子郵箱、聯繫電話等。

三、來稿處理

（一）本刊采用雙向匿名審稿制度。編輯部一般在收到來稿後三個月内將審稿結果通過電子郵件告知作者。若編輯部未能如期處理稿件，作者可在三個月後來信咨詢。若需撤稿，請及時告知編輯部。

（二）本刊不向作者收取版面費、審稿費等。稿件一經發表，本刊將贈送樣書兩册並支付薄酬。

四、聯繫方式

通訊地址：重慶市北碚區天生路2號西南大學漢語言文獻研究所《出土文獻綜合研究集刊》編輯部（400715）

電子郵箱：ctwxzhyj@163.com

聯繫電話：023-68252385

圖書在版編目（CIP）數據

出土文獻綜合研究集刊. 第十四輯/西南大學出土文獻綜合研究中心、西南大學漢語言文獻研究所主辦. —成都：巴蜀書社，2021.12

ISBN 978-7-5531-1597-9

Ⅰ.①出… Ⅱ.①西…②西… Ⅲ.①出土文物—文獻—研究—中國—叢刊 Ⅳ.①K877.04-55

中國版本圖書館CIP數據核字(2021)第253341號

出土文獻綜合研究集刊（第十四輯） 西南大學出土文獻綜合研究中心 西南大學漢語言文獻研究所 主辦

CHUTU WENXIAN ZONGHE YANJIU JIKAN

責任編輯	周昱岐
封面設計	冀帥吉
出　　版	巴蜀書社 成都市槐樹街2號　郵編 610031 總編室電話（028）86259397
網　　址	www.bsbook.com
發　　行	巴蜀書社 發行科電話（028）86259422　86259423
經　　銷	新華書店
印　　刷	成都蜀通印務有限責任公司 電話（028）64715762
版　　次	2021年12月第1版
印　　次	2021年12月第1次印刷
成品尺寸	260mmx185mm
印　　張	12
字　　數	230千
書　　號	ISBN 978-7-5531-1597-9
定　　價	70.00圓

本書如有印裝質量問題，請與本社發行科聯繫調換